淡定的人生
不寂寞

邢思存　编著

静心贵在静，
波澜不惊，
生死不畏，
于无声处听惊雷。

中国华侨出版社
北京

图书在版编目（CIP）数据

淡定的人生不寂寞 / 邢思存编著.—北京：中国华侨出版社，2018.5
ISBN 978-7-5113-7697-8

Ⅰ.①淡… Ⅱ.①邢… Ⅲ.①人生哲学—通俗读物 Ⅳ.①B821-49

中国版本图书馆CIP数据核字（2018）第083144号

淡定的人生不寂寞

编　　著：	邢思存
出 版 人：	刘凤珍
责任编辑：	待　宵
封面设计：	施凌云
文字编辑：	焦金云
美术编辑：	张　诚
插图绘制：	周心悦
经　　销：	新华书店
开　　本：	720mm×1020mm　1/16　印张：24　字数：365千字
印　　刷：	北京鑫海达印刷有限公司
版　　次：	2018年6月第1版　2018年6月第1次印刷
书　　号：	ISBN 978-7-5113-7697-8
定　　价：	48.00元

中国华侨出版社　北京市朝阳区静安里26号通成达大厦3层　邮编：100028
法律顾问：陈鹰律师事务所
发 行 部：（010）58815874　　　　传　　真：（010）58815857
网　　址：www.oveaschin.com　　　E-mail：oveaschin@sina.com

如果发现印装质量问题，影响阅读，请与印刷厂联系调换。

前言
Preface

在人生的走廊中，寂寞如同一道时空的门槛，前进一步是光明，后退一步就是黑暗。然而，生活中的很多人，却常常经受不住寂寞的考验，在寂寞中倍感空虚，在寂寞中变得越来越浮躁，进而对人生失去信心，对未来失去希望……其实，有时候不是生活黯然失色，而是我们的胸怀不够开阔；不是人生孤独寂寞，而是我们不知道如何面对、如何取舍。倘若在世间的变化里不能处变不惊，以静制动，那么我们终将被寂寞吞噬而一事无成。而能将人从寂寞的泥潭里拉出来的，唯有淡定。

淡定不完全是一种性格，它更多的是一种心态、一种修养、一种智慧。淡定不是处世消极，刻意放纵，而是阅尽沧桑的醒悟、了然于胸的坦然；它也不是自我封闭、孤芳自赏，而是不以物喜、不以己悲，超脱于外界环境的纷繁和喧嚣。它是对名利荣辱的淡然，是对爱恨情仇的超脱，是对世态人情的看破。正所谓"千磨万击还坚韧，任尔东南西北风"。走出人生迷局的人会发现，只有淡定才可以让人生不寂寞。

生活是一场旅行，途中有风亦有雨，过程我们无法预料、无从强求，但顺境中宠辱不惊、怡然自得；逆境里不悲不愁、不弃不馁，才能解世间浮沉，更见人生真义。淡看人生荣辱得失，一切均如过眼烟云，去留无痕，这才是淡定人生的最高境界。对名利淡定，便没了绞尽脑汁的夺取；对金钱淡定，便少了贪恋财物的心态；对爱情淡定，情路便少些坎坷。淡定看待生活，才能得之坦然、失之淡然、争其必然、顺其自然、历尽沧桑而悟然。

拥有淡定的心态，会让人从内心深处找回简单的自我，让心灵的绿洲远离寂寞的侵袭。楚兰生于幽林，不以无人而不芳；君子修道立德，不以穷困而变节。拥有淡定的心态，才会心智坚定、气定神闲、处变不惊，才会不被世俗所左右，不被利益所驱动；才能清楚地认识自己，客观地评价他人；面对外来的诱惑，才能保持清醒的头脑，不为所动；面对朋友的背弃、希望的破灭，才不会耿耿于怀，有太多的苦痛。学会了淡定，没有了尖酸刻薄，没有了斤斤计较，更不会自寻烦恼，只会宽容一切，善待自己，善待他人。

　　淡定会给人一种力量，让人经受住寂寞的考验，从平凡走向不凡。"暮色苍茫看劲松，乱云飞渡仍从容。"拥有了淡定，失意时，会鼓舞自己，耐心坚守；挫折面前，会告诫自己要重新振作，勇于承受；苦难面前，会命令自己跨过颓唐，去迎接新的挑战。淡定地看待人生，面对别人的成功，你只会将那些看成风景，不会怨天尤人，更不会自怨自艾，而是咬紧牙关，执着于脚下的路，苦练内功，"面壁十年图破壁"，等待和寻找胜出的机会。淡定的人可以不斤斤计较，可以不为繁琐困扰，可以不因窘境而沮丧，可以不被压力所逼迫……他们完全是超脱的，以至于成功总是青睐他们。人生如处荆棘中，不妄动则不伤。拥有淡定的人是不动则已，一动必将石破天惊！

　　淡定能让我们保持一种幽远平和的人生姿态，既安天命，又尽人力，收获快乐人生。拥有一颗平静心，才会坦然看待那变幻莫测的人生百态，找回充满乐观的信念、快乐喜悦的精神力量。以淡定的人生态度，用心去发现生活，将一些不该背负的重量卸下来，放下所有的沧桑、功利和爱恨情仇，不张扬、不虚荣、不苛求、不盲从，才可以为自己绘制一张详尽的人生蓝图，从而能尽情地享受生活，享受随遇而安的美丽。

　　淡定的人，因为看得透，所以不躁；因为想得远，所以不妄；因为站得高，所以不傲；因为行得正，所以不惧。一个淡定的人，更懂得什么是生活，什么是人生，更能走出寂寞的泥沼，将生活调节得有滋有味。心怀淡定的人，必将是最坦然、平和、幸福的人。

　　保持淡定，才能欣赏到最美丽的风景！保持淡定，人生从此不再寂寞。

目 录
Contents

第一章
甘于淡泊，乐于寂寞

静心是轻盈快乐的生活之道 / 2
是谁束缚了我们的内心 / 4
当下的内容是唯一的真实 / 6
静下心来，成功就在不远处 / 8
安贫乐道，静享人生 / 9
止水澄波，悟道须静 / 11
享受生命的大自在 / 13
不畏红尘遮望眼 / 15
气度要宏，意趣要乐 / 17
何必寻愁觅恨怨东风 / 18
顺应本性，自然活着 / 20
宁静沉淀出心中纷杂的浮躁 / 22
云飘水流，放下才能宁静 / 24
换个角度，莫让烦恼绊住快乐的双脚 / 26

第二章
非淡泊无以明志，非宁静无以致远

欲望让你的人生烦恼不安 / 30
欲望是一条看不见的灵魂锁链 / 32
名利不过是生命的尘土 / 34

1

尘世浮华如过眼云烟 / 36
最长久的名声也是短暂的 / 39
身外物，不奢恋 / 40
可以有欲望，但不可有贪欲 / 44
过重的名誉会压断你起飞的翅膀 / 45
放弃生活中的"第四个面包" / 47
远离名利的烈焰，让生命逍遥自由 / 49
过多的欲望会蒙蔽你的幸福 / 51
给自己的欲望打折 / 53
知足可以消除你的各种贪念 / 55
功成身退任自如 / 56
莫为名利诱，量力缓缓行 / 58
放弃复杂欲求，恢复简单生活 / 60
艳羡别人，不如珍惜自己的生活田园 / 61
学会控制不合理的欲望 / 63

第三章
荣辱皆不惊，寂寞自豁达

怎样的人生才算成功 / 66
人生的挫折不能省略 / 67
每一条成功之路都会有挫折 / 69
惨败的局面是大捷的前奏 / 71
信心面前，什么困难都会溃退 / 73
不要灰心，除非你达到目的 / 74
相信积极思想的力量 / 76
磨炼可以使我们的灵魂更加坚固 / 78
不要性急想跑在失败的前面 / 79
风雨中的玫瑰依然芬芳 / 81

磨难让我们变得更加坚韧 / 82
坚持不懈，才能取得最大的奖赏 / 84
脚踏实地是最好的选择 / 86
冬天里会有绿意，绝境中也会有生机 / 88
在顺境中修行，永远不能成佛 / 90
站起来，可以拥抱挫折 / 92
苦楚也可掩埋在微笑之下 / 94
人生的冷遇也是一种幸运 / 96
将失败像蜘蛛网一样轻轻抹去 / 97
从失败的阴影里走出来 / 100
击败逆境，你就能笑到最后 / 101
从失败中学得生活的智慧 / 103

第四章
取舍皆淡定，得失俱从容

从得中失去，才能从失中获得 / 106
必要的舍弃是为了更好地得到 / 107
聪明人不计较得失 / 109
患得患失，烦恼无穷 / 110
懂得舍弃的艺术，将拥有更多的幸福 / 111
患得患失者终生徘徊在烦恼中 / 113
每一次舍去都是一次升华 / 114
宽心的人懂得取舍的标准 / 116
明智的放弃胜过盲目的执着 / 117
难舍难得，天下事得失同生 / 118
人生得失寻常事 / 119
舍得，有舍才有得 / 121
左手给予，右手收获 / 122

舍要理智，得靠智慧 / 124
暂时的失去会获得新的拥有 / 125

第五章
顺境舒展身心，逆境安顿自己

严冬之后是暖春 / 128
人在低处也飞扬 / 129
人生没有过不去的坎儿 / 130
因为泥土的滋养，才有鲜花的芬芳 / 132
失误背后常隐藏着成功的美丽 / 133
放大承受的胸怀 / 135
换个角度看待折磨你的事儿 / 136
留住心中"希望的种子" / 137
每一次跌倒，都是为了再次爬起 / 139
每一次"丢脸"都是一种成长 / 140
甩掉你的消极，乐观面对 / 142
走出逆境和困惑 / 143
最糟也不过是从头再来 / 145
想要不再吃苦，就要战胜苦难 / 146

第六章
世界并不完美，人生当有不足

苛求完美，生活会和你过不去 / 150
完美只是海市蜃楼的幻想 / 151
思想成熟者不会强迫自己做"完人" / 153
阳光照不到你的生活，微笑着才发现沿途开满花朵 / 155

被批评不是什么坏事 / 156
战胜缺点的过程就是完善自我的过程 / 157
朋友如音乐,也有觉得刺耳的时候 / 158
当我跳下楼,从窗户看到别人比我更不幸 / 160
玫瑰有刺,完美主义者也应接受瑕疵 / 162
过度挑剔不如充实自己 / 163
别为打翻的牛奶哭泣 / 165
包容不完美,才有完美的心境 / 167

第七章
有退德乃大,有忍事乃济

"忍"是家庭和睦的秘诀 / 170
百川入海,宽心制怒成大器 / 171
避免冲突,平和地面对世界 / 173
冲动是魔鬼,三思而后行 / 174
切忌感情用事,给行为加点理性 / 176
控制情绪,心中藏一片清凉 / 177
控制自己的情绪 / 179
怒发冲冠,不如云淡风轻 / 181
平衡情绪,走出物欲的迷宫 / 182
忍耐并非软弱 / 184
忍让是一种通权达变的智慧 / 185
忍是一门学问,是一种处世的艺术 / 187

第八章
人生得于淡定时，成功须过寂寞关

只专注于脚下的路 / 190
大收获必须付出长久努力 / 192
不眼红别人的辉煌，心中只装着自己的目标 / 193
执着于成功，才能创造成功 / 195
永抱必胜之心 / 197
坚守寂寞，坚持梦想 / 198
坚忍的乌龟快过三心二意的兔子 / 200
一生只能认真做好一件事 / 202
用坚忍创造闪光的快乐 / 203
不怕失败才会成功 / 205
放低姿态，像南瓜一样默默成长 / 206
坚忍的骆驼在沙漠中行走自如 / 208
不抱怨的人才能在寂寞中爆发 / 209
耐得住寂寞是成功的前提 / 211

第九章
出世心做人，入世心做事

看轻自己也是积极的人生观 / 214
做人应该保持一颗谦卑的心 / 215
隐于野的心境，入于市的淡泊，登于朝的气度 / 217
花要半开，酒要半醉 / 218
低下高贵的头，收起虚荣的心 / 220
看高自己的人必会重重地摔下来 / 221
用平常心去代替高姿态 / 223
低姿态才能为自己保留一席之地 / 224

放下身份，路会越走越宽 / 226
弓越弯才能射得越远 / 227
骄矜的人无知，自知的人智慧 / 229
谷穗越成熟，头垂得越低 / 230
夜郎自大，付出沉重代价 / 232
把自己的位置放低一点 / 233

第十章
淡定坚守，寂寞求索

苦难让生命散发芳香 / 236
生命的雕琢，我们要学会接受 / 237
战胜心灵寂寞，人生从此不再难过 / 238
机遇可以等待，但也可以创造 / 243
成功的人生，始于准确地判断并抓住机会 / 244
机遇只青睐那些有准备的头脑 / 246
风险的背后，就是机会和成功 / 248
机遇是靠自己争取的 / 249
有"心机"才能发现转机 / 252

第十一章
淡看世间风光，枯荣皆有惊喜

在大起大落间保持平常心 / 254
看庭前花开花落，宠辱不惊 / 255
人生苦旅，等闲视之 / 256
时刻保持一份淡然的心境 / 258
事业重如山，名利淡如水 / 259

是非成败转头空 / 261
随高就低，顺其自然 / 263
天塌下来也要淡定 / 264
望天上云卷云舒，去留无意 / 265
以淡泊的心境看待人生 / 267
自嘲也是解脱 / 268

第十二章
是非不必争人我，彼时何须论短长

"不辩"是一种大胸襟 / 272
不斗气，不生气 / 273
放下名利之争是明智之举 / 274
圣人之道，为而不争 / 276
无所争未必无所得 / 277
争一步不如让一步 / 279
争一世而不争一时 / 280
只有无争，才能无忧 / 282
主动让人是一种可敬的智慧 / 283

第十三章
挣脱情绪枷锁，得享自在人生

火气太大，难免被列入作恶者之中 / 286
操纵你的是隐蔽在内部的信念 / 288
一个发条上得太紧的表不会走得太久 / 289
用沉默来回应无理 / 291
卸下情绪的重负，对自己说"没关系" / 293

情绪低落时不妨假装一下快乐 / 294
用幽默和微笑来战胜不良情绪 / 296
生气是拿别人的过错来惩罚自己 / 297
做自己情绪的主人 / 299
不生气等于消除坏情绪的源头 / 301
情绪化常常让人丧失理智 / 302
把烦恼写在沙滩上 / 304
心情的颜色影响世界的颜色 / 305
连根拔除内心的冲动之苗 / 308

第十四章
烦恼如梦幻泡影，世事无常心平常

生命的原生态：不矫揉，不做作 / 312
顺境舒展身心，逆境安顿自己 / 313
淡看世间风光，枯荣皆有惊喜 / 315
淡定从容，更能让人折服 / 317
受挫不惊，解困不喜 / 319
一呼一吸间，看透自然的归宿 / 320
人生是一个自然规律 / 322
失去，生命中永恒的主题 / 324
既然缘变无迹可寻，不如娴雅度过一生 / 326
"不以物喜，不以己悲"是我们追求的境界 / 328

第十五章
十年寂寞心，一朝成名事

守得云开见月明 / 330

创业是一个过程，辉煌是从寂寞开始的 / 333

成功是熬出来的 / 335

寂寞是铺就成功之路的基石 / 336

永远，永远，永远不要放弃 / 338

靶子只能有一个 / 340

本来无一物，何处惹尘埃 / 341

目标专一，方成大器 / 343

清除妄念之草，勤植心灵后花园 / 345

清心寡欲淡无忧 / 346

认真做好每一件小事 / 348

绳锯木断，水滴石穿，做事一定要专注 / 349

剔除无谓的欲望，专注人生目标 / 351

第十六章
淡泊容天下，快乐过一生

包容有多少，拥有就有多少 / 354

友情如水，宽容是杯 / 355

若容不下生活，生活也容不下你 / 357

气量大一点，生活才祥和 / 358

将怨恨收藏于心，只会让自己再度受到伤害 / 359

宽容别人也是方便自己 / 361

宽容别人，还心灵一份纯净 / 362

宽容和忍让是一种大智慧 / 364

宽容是滋润心灵的甘泉 / 365

宽容是一种风范 / 367

心宽之人，看世界满是鸟语花香 / 368

第一章 /

甘于淡泊，乐于寂寞

心乱只是因为身在尘世，心静只是因为身在禅中。没有中断就没有连续，没有来也就没有去。

静心是轻盈快乐的生活之道

　　静心贵在静，波澜不惊，生死不畏，于无声处听惊雷。因为胸括万殊，生活永不枯燥。利不能诱，邪不可干，心能昭日月。一身正气，两袖清风，做堂堂正正的人。上不负天，下无愧人，桓赧其奈我何？旦夕祸福，知天达命，不违自然。有情有义，侠骨柔肠，远离颠倒梦想。悲悯众生，造福众人，却能始终如一，从最平常的事物中发现至真至美。

　　佛家传诵着一个著名的故事，是关于著名禅师雪峰法师的：

　　一日，有个叫玄机的和尚对自己的苦心修行非常不满，心道："我整日打坐，是逃避吗？打坐，就是为了心无杂念，如果靠打坐才能达到这样的效果，打坐和吸食鸦片有什么两样呢？"

　　他眼神中充满了迷惘，目光渐渐黯淡了。然后他起身去拜见雪峰禅师，希望能从他那里得到答案。

　　雪峰禅师看着眼前的这个人，觉得他虽然有向佛之心，但是本性中有许多缺点不自然地表露了出来，于是点点头，问道："你从哪里来？"

　　"大日山。"雪峰微笑，话里暗藏机锋："太阳出来了没有？"意思是问他是否悟到了什么禅理。

　　玄机以为雪峰是在试探他，心想："连这个我都答不上来的话，这几年学

禅，岂不是白白浪费时间了吗？"便扬着眉毛说："如果太阳出来了，雪峰岂不是要融化？"雪峰叹息着又问："您的法号？"

"玄机。"雪峰禅师心想："这个和尚太傲了，心里装的东西也太多了，且提醒他一下吧！"于是问道："一天能织多少？"

"寸丝不挂！"玄机心想："就这个也能考住我玄机和尚，真是太小瞧我了！"

雪峰禅师看他这样固执，不由得感叹道："我用机锋来提醒他，他却和我争辩口舌，自以为是，却不知心中已经藏了多少名利的蛛丝！"

玄机看雪峰禅师无话可说，便起身准备离去，脸上还是那样得意的神态。

他刚转过身去，雪峰禅师就在身后叫道："你的袈裟拖地了。"玄机不由自主地回过头来，见袈裟好好地披在身上，只见雪峰禅师哈哈大笑："好一个寸丝不挂！"

雪峰禅师的一句寸丝不挂，看似讽刺玄机，其实是告诉玄机心中有杂念。其实，寸丝不挂的意思就是心里不能装事，不要总想着别人会怎么看你。对于我们来说，寸丝不挂就是少思寡欲、心思清静。生活越安静，我们才能活得越宽慰、越开心。

人活在世上都要扮演一定的角色，或许你觉得自己如今的生活很平淡，但是你也会有自己的幸福。

无论处于何种环境下，都能拥有平常心，那一定是个了不起的人，就如孔子所赞美的，不是个圣人，也是个贤人。只要我们努力，是能够以平常心去对待纷杂的世事和漫长的人生的，至少也能够做到以平常心跨越人生的障碍。静心是一种静美的人生哲学。一切大智慧、一切摆脱烦恼的秘诀原本不在大风大浪中，也不在沧桑变迁间，只在日常生活里。

索求越多，贪欲越多，不知付出，心中也就杂念繁多，不能自已。人只有心静，才能最大限度地获得生命的自由、独立，收获未来的光荣与辉煌，才能有让生命一次次远行的条件。

是谁束缚了我们的内心

"人心本来清明,他本来知道好坏……昏失的时候就是堕入气质、习惯、环境的时候。"若当心清明时,气质、习惯皆居于服从的地位。

原本在人的行为处事中,仁是占主导地位的,人也懂得是非、善恶之辨。如果鸠占鹊巢,变成由气质、习惯、环境主导,那就会不以是非为是非了,时间长了无人提醒更容易以黑为白,他人视为不耻的事他也能够做得心安理得。

关于隋炀帝开凿京杭大运河的由来后人有着不同的猜测。有人认为因为当时南方经济发达,修凿运河可以把江南的财物更为便利地送往京师;有人说是为了切断南京这六朝之都的王气。不管是哪一种,毫无疑问,当初作这个决定时隋炀帝是从国家政局的战略高度出发的,为了加强对南方的控制。一条大河接北通南,确实对国家大局产生了重大影响,但显然与隋炀帝原来的意图相悖。

唐朝末年皮日休有诗云:"尽道隋亡为此河,至今千里赖通波。若无水殿龙舟事,共禹论功不较多。"原先的家国天下后来却变成了水殿龙舟事,这才是隋亡之由。

从洛阳到江都两千多里,杨柳成行,树木成荫。在运河两岸设置有许多驿站,每两驿建一座离宫,总计有40多座,专供隋炀帝休息。隋炀帝还下令在扬州建置了江都宫。

大业元年八月,正是金色的收获季节,江南水乡的美丽景色吸引着隋炀帝。他不等运河全部完工,就从洛阳出发,坐龙舟前往江都。他前后几次下江南无不声势浩大。炀帝的龙舟高45尺,宽50尺,长200尺。整个龙舟分四重,上重有正殿、内殿和东西朝堂,中间二重共计160房,都是以金玉,雕刻花纹,下重有宦官和内侍居住。龙舟有殿脚(即挽船人)1080人用青丝大绦绳牵引前进。殿脚都穿着锦彩衣袍。皇后坐的船叫翔螭(音:chī)舟,比龙舟稍小而装饰一样,用殿脚900人引进。嫔妃乘坐的是浮景舟,共有9

艘，每艘用殿脚200人。贵人、美人和16院妃子所乘的船叫漾彩舟，共有36艘，每艘殿脚100人。此外，还有各式各样的华丽大船上千艘，上面坐着宫人、诸王公主、僧尼道士、各国使者宫廷卫士，总计用殿脚800多人。这支浩浩荡荡的船队，在运河中航行的时候首尾相接，前后长达200多里。两岸又有20万骑兵护送，旌旗蔽空。

这般行径，谁还能想到这是曾经誓言励精图治的杨广呢？若说他的初衷是出于忧心江山社稷的仁者之举，后来的他便是堕入了浑浊之中，由个人的欲念左右，只图一时享受，不以是非为是非了。梁漱溟先生说，人做坏事而不觉不安者，盖已陷入硬固的方向矣。隋炀帝正是如此，如马车陷入泥地，而他并没有想着要出来。没有自省的动力，也没有他人的棒喝，只能越陷越深。

气质为先天的习惯，是内在的，是人在进化中选择保留的东西，譬如欲望和人的国民性等。凡是后天所得的一切东西都是习惯，如学校的教育；而围绕一个人周围的东西称为环境。这三者之间并没有很鲜明的区分，譬如个人的习性归为习惯，其实和先天的气质不无相关，和个人的环境更是关系密切。

人的本性都是清明的，那些身处污秽而不自知的人只是心也被污秽沾满了而已，我们所能做的或许就是时时勤拂拭，莫使其惹尘埃。

从来没有什么东西能够束缚住我们的心灵，除了自己。与其在束缚中苦苦寻求心灵和道德的出路，莫不如给心灵松绑，在自由之中得到自己的快乐，与他人分享快乐，这才会更加接近幸福。

让自己的德行像光一样明亮，但不刻意对人显耀；行为信守承诺，但不会令人有所祈望。睡觉时不做梦，清醒时无忧虑。心神纯一精粹，没有欢乐与悲伤，对外物没有喜好与厌恶，持守精神的简洁和永恒，与世事无抵触，任何事情都不会违逆心意。获得心灵的自由与尘世的幸福原来就是如此简单。

当下的内容是唯一的真实

人生是一次单程旅行。生命的列车一旦启动,就会朝着一个地方隆隆驶去,绝无掉头的可能。我们每个乘坐这辆列车的人都要明白:昨天已经过去了,而今天也将转瞬即逝。珍惜现在的拥有,好好把握今天,才不愧对人生。

有个小和尚负责清扫寺院里的落叶。这是件苦差事。秋冬之际,每次起风,树叶总是随风飞舞。每天早上都需要花费许多时间才能清扫完树叶,这让小和尚头痛不已。他一直想要找个好办法让自己轻松些。

后来有个和尚跟他说:"你在明天打扫之前先用力摇树,把落叶都摇下来,后天就可以不用扫落叶了。"小和尚觉得这是个好办法,于是隔天他起了个大早,使劲地猛摇树,以为这样就可以把今天跟明天的落叶一次扫干净了,他一整天都很开心。

第二天,小和尚到院子里一看,不禁傻眼了,院子里如往日一样满地的落叶。

老和尚走了过来,对小和尚说:"傻孩子,无论你今天怎么用力,明天的落叶还是会飘下来。"

小和尚终于明白了,世上有很多事是无法提前的,唯有认真地活在当下,才是最真实的人生态度。

昨天是一张作废的支票,明天是一张期票,而今天是你唯一拥有的现金,所以应该聪明把握。很多人都有这样的习惯,他一边后悔着昨天的虚度,一边下定决心,从明天开始做出改变,而今天就在这后悔和决心之余被他轻轻放过。其实,很多人都不知道,你所能拥有的只有实实在在的今天。只有好好把握今天,明天才会更美好、更光明。

王子猷弃官后住在山阴,一天夜晚下大雪,他一觉醒来,打开房门,命仆人酌酒,四周望去,白茫茫一片。就起身徘徊,吟咏左思的《招隐诗》,忽然想起戴安道(戴逵字安道)。当时戴安道在剡县,王子猷就在夜晚乘小船到戴安道那里去。走了一夜才走到,到戴安道门前却不上前敲门就又返回了。

有人问他这样做的缘故,王子猷回答说:"我本来是乘兴而来,现在兴尽就返回家,为什么一定要见到戴安道?"

对于当下奔波于尘世之中那些忙忙碌碌的人来说,谁还会不计成本不计时间去做这些事情?纵然是心向往之,也难以真的落到实处去。其实,这种有趣味的态度才是对生命的认真,因为生命本身就是快乐的,能从中体味到这一点的人才是真正懂得享受生活、懂得幸福真谛的人。

幸福是太多和太少之间的一站。

幸福有时就在我们的手中,但是拥有幸福的我们却不知道,也不懂得珍惜。人世间的痛苦莫过于去追求自己手中已有的事物,而我们却为"得不到"常常忧思。珍惜现在所拥有的吧,不要等到失去了才觉得原来幸福曾经来过。

活在当下就要满足于当前的现状,要相信每一个时刻发生在你身上的事情都是最好的,要相信自己的生命正以最好的方式展示着;你如果抱怨现状不好,只是因为你不知道还有更坏的,如果你不活在当下,就会失去当下。

活在当下,应该放下过去的烦恼,舍弃未来的忧思,顺其自然。把全部的精神用来承担眼前的这一刻，因为失去此刻便没有下一刻，不能珍惜今生也就无法向往未来。

静下心来，成功就在不远处

罗马非一日建成，冰冻三尺非一日之寒，追求效率原本没错，然而，一旦陷入浮躁的旋涡之中，失败便已注定了。

子夏一度在莒父做地方首长，他来向孔子问政，孔子告诉他为政的原则："无欲速，无见小利；欲速则不达，见小利则大事不成。"就是要有长远的眼光，百年大计，不要急功近利，不要想很快就能拿成果来表现，也不要为一些小利益花费太多心力，要顾全大局。"欲速则不达"便是其中的核心与关键，这是人所共知的道理。

确实，一味地求急图快，结果只能是越急事情越办不好，这和人们常说的"心急吃不了热豆腐"是同一个道理。万事万物都有一定的发展规律，越是着急，就越是会把事情弄得一团糟。

破茧成蝶的过程原本就非常痛苦与艰辛，但只有付出这种辛劳才能换来日后的翩翩起舞。外力的帮助，反而让爱变成了害，违背了自然的过程，最终让蝴蝶悲惨地死去。自然界中这一微小的现象放大至人生，意义深远。

现代社会中，许多人拥有的都是一颗浮躁的心，于是，人们在不断跳槽中度过了人生中适合进步与发展的最佳时机，人们在金钱至上的追逐中失去了欢笑与幸福的能力，人们在"速度就是一切"的观念中迷失了自我。

曾有一位朋友这样诉说自己的苦闷："我这一两年一直心神不定，老想出去闯荡一番，总觉得在我们那个破单位待着憋闷得慌。看着别人房子、车子、票子都有了，心里慌啊！以前也做过几笔买卖，都是赔多赚少；我去摸奖，一心想成个暴发户，可结果花了几千元连个声响都没听着，就没有影了；后来又跳了几家单位，不是这个单位离家太远，就是那个单位专业不对口，再就是待遇不好，总之找个合适的工作太难啊！天天跟无头的苍蝇一般，反正，我心里就是不踏实，闷得慌。"

这便是现代人典型的"浮躁"心理，面对急剧变化的社会，不知所以，对前途毫无信心，心神不宁，焦躁不安，于是，行动之前缺乏思考，变得盲目，只要能满足自己想要的，甚至可以不择手段。

其实，静下心来，耐心地去追求自己想要的，成功就在不远处。

现代人仿佛患上了浮躁的心理疾病，它使人失去了对自我的准确定位，使人随波逐流，使人漫无目的地努力，最终的结果必定是事与愿违。欲速则不达的道理大家都懂，但在实际行动中却总是背道而驰。就连宋朝著名的朱熹也曾犯过同样的错，直到中年时，才感觉到，速成不是创作的良方，之后经过一番苦功方有所成。他用"宁详毋略，宁近毋远，宁下毋高，宁拙毋巧"这十六字箴言对"欲速则不达"作了最精彩的诠释。

我们需铭记"非淡泊无以明志，非宁静无以致远"，时时擦拭心灵深处的浮躁，时时提醒自己"一口吃不成个胖子"，及时地给自己的心灵洗个澡，去除掉那些躁进的因子，恢复一颗淡泊、宁静的心，人生才会拥有更大的幸福和更多的快乐。

安贫乐道，静享人生

那些为了利而舍生、为了利而舍义、为了利而舍弃人格的行为，显然并非人们所推崇的。用一种世俗的话来说，我们努力赚钱，不过是为了更好地生活。究竟有多少钱才能过上更好的生活，究竟更好的生活是什么样子的，人们始终无法给出标准答案。

将自己眼前的生活完全交给工作，让自己变成一个百分百的工作狂，即使是赚了许多钱，最多也不过是个赚钱的机器而已。将自己的原则一降再降，让自己变成一个十足的趋利者，即使是获得了许多的财富，最多也不过是财富的附庸而已。将自己的开销一减再减，让自己变成一个完全的守财奴，即使是有座金山藏于家中，最多也不过是个守财奴而已。

银行家在一个沿海小渔村碰到了刚刚靠岸的一艘小渔船,船上只有一个渔夫,却载着几条大的金枪鱼。银行家夸奖渔夫捕鱼的本领好,并且问他捕到这些鱼需要多长时间。渔夫回答说:"要不了多长时间。"

银行家接着问:"那为什么不多干一会儿,多捕一些鱼呢?"

渔夫说:"这些鱼足够一家人吃了。"

银行家又问道:"那你剩下的时间都做些什么呢?"

渔夫说:"我睡个好觉,钓钓鱼,陪我的孩子玩耍,陪陪我的妻子玛丽亚,每天晚上我都会到村子里去,和朋友们吃吃饭、弹弹吉他。我的生活非常充实。"

银行家说:"我是哈佛大学的工商管理硕士,也许我可以帮助你。你应该花更多的时间捕鱼,挣钱买一艘更大的渔船,用大渔船挣来的钱再买更多的渔船,你就拥有一支船队了。你不用再把自己打来的鱼卖给中间商,而是直接卖给加工商,或者自己做批发零售。你可以离开这个小村子,到墨西哥城,然后到洛杉矶、到纽约,让公司的业务发展壮大。"

渔夫问道:"但是这要花多长时间呢?"

银行家回答:"大约15年到20年吧。"

"然后怎么样呢?"

银行家笑了笑说:"到时候你就可以申请上市,向公众出售公司的股份。你会成为富翁,拥有数百万财产。"

"数百万……然后怎么样呢?"

银行家说:"你就可以退休了。你搬到海边的一个小镇上,可以一觉睡到下午,钓钓鱼,陪孩子们玩耍,陪陪妻子,每晚到镇上和朋友们吃吃饭、弹弹吉他。"

渔夫回答说:"难道这些不是我现在就已经在做的事吗?"银行家无言以对。

梁实秋在《雅舍小品·图章》中说过,"安贫乐道的精神之可贵更难于用三言两语向唯功利是图的人解释清楚的了"。"安贫乐道"就是不要太奢侈,尤其在艰难困苦中,不要有过分的满足奢侈的要求。

与其在名利的海洋中拼命挣扎,

何不在满足的沙滩上安享人生!

什么是衡量人生成功的标准,是财富、是权力,还是享受一份粗茶淡饭的宁静日子?其实,生活有时就是一个圈,无论得到了多少,最终还是像渔夫和银行家的对话一样,回到原点。因此,安贫乐道未必就是不思进取,与之相随的反而还会有一种安全感。

柏杨先生曾说:"因为安全感是一种心理状态,所以永无止境。身无一文时,觉得一千元便安全;等到有一千元时,便觉得必须有一万元才安全;等到有一万元时,又觉得非十万元不可。钱数永远是安全感的十分之九,钱再多,它可以很接近安全感,但却一辈子都不能满足安全感,狂追下去的结果,永远达不到目的,反而弄得心如刀割。"一个绝妙的比喻,道出了金钱与安全感的关系。安全感是一种内心宁静的情感诉求,是幸福的前提。也就是说你本着一颗安贫乐道的心去对待生活,才能在满足中获得内心的宁静与真正的幸福。

止水澄波,悟道须静

在当下的生活中,一个人要想获得幸福,必须学会悟道。但怎样才能悟道呢?庄子说一个人必须学会保持自己内心的安静,只有内心安静了,才能在静中映出自己的真实本性,保持本性,获得幸福。

黄帝做了十九年天子,诏令通行天下,听说广成子居住在崆峒山上,特意前往拜见他。

黄帝见到广成子后说:"我听说先生已经通晓至道,冒昧地请教至道的精华。我一心想获取天地的灵气,用来帮助五谷生长,用来养育百姓。我又希望能主宰阴阳,从而使众多生灵随心地成长,对此我该怎么办?"

广成子回答说:"你所想问的,是万事万物的根本;你所想主宰的,是万事万物的残留。自从你治理天下,天上的云气不等到聚集就下起雨来,地上的草木不等到枯黄就飘落凋零,太阳和月亮的光亮也渐渐地晦暗下来。然而,谄媚的小人心地是那么褊狭和恶劣，又怎么能够谈论大道！"

黄帝听了这一席话便退了回来，弃置朝政，筑起清心寂智的静室，铺着干净的茅草，谢绝交往，独居三月，再次前往求教。

广成子头朝南地躺着，黄帝则顺着下方，双膝着地匍匐向前，叩头着地行了大礼后问道："听说先生已经通晓至道，冒昧地请教，修养自身怎么样才能活得长久？"

广成子急速地挺身而起，说："问得好！来，我告诉你至道。至道的精髓，幽深邈远；至道的至极，晦暗沉寂。什么也不看什么也不听，持守精神保持宁静，形体自然顺应正道。一定要保持宁寂和清静，不要使身形疲累劳苦，不要使精神动荡恍惚，这样就可以长生。眼睛什么也没看见，耳朵什么也没听到，内心什么也不知晓，这样你的精神定能持守你的形体，形体也就长生。小心谨慎地摒除一切思虑，封闭起对外的一切感官，智巧太盛定然招致败亡。我帮助你达到最光明的境地，直达那阳气的本原。我帮助你进入幽深渺远的大门，直达那阴气的本原。天和地都各有主宰，阴和阳都各有府藏，谨慎地守护你的身形，万物将会自然地成长。我持守着浑一的大道而又处于阴阳二气调谐的境界，所以我修身至今已经一千两百年，而我的身形还从不曾有过衰老。"

黄帝再次行了大礼叩头着地说："先生真可说是跟自然混而为一了！"

广成子主要说的是怎样才能得道，我们却可以从中体悟到"静"的作用，每个人想要得到幸福，都要保持自己心灵的平静。如果你的生命一直处于烦躁、嘈杂的状态之中，怎能找到自己的心灵呢？内心的平静是智慧的珍宝、长久努力自律的成果，它呈现出丰富的经验与不凡的真知灼见。一个人即使身处闹市，也要保持静的状态。

人们认为自己的想法愈成熟，自己就会变得愈沉稳，要有这样的体认必须了解别人亦是如此。他若有正确的体认，借着因果道理愈来愈透彻明白事物的关联性，便不再惊慌失措、焦虑悲伤，而是稳重镇定、从容沉着。

一个安静的人，因为学会自制，知道如何配合别人，而别人相对的也会敬重他的风范，从中学习并仰慕他。一个人的心愈是静，他的成就、影响力愈大，力量愈持久。头脑普通的生意人若能更自制与沉着，会发觉自己的生意日益兴隆，道理即因一般人喜欢与看起来稳重的人交易买卖。

若你受内心多变的情绪左右,则你需要他人或外力协助你踏稳生活的步伐。一旦自行踏稳了步伐且稍有成就时,则需学习面对并克服诸多干扰和妨碍。每天都应该练习修养心灵,亦即所谓的"进入静谧"。此方法能排除烦忧,换来平静,且化弱为强。

宁静是福,生活在喧嚣吵闹的都市中的人们,可能更懂得平静的弥足珍贵。与宁静的生活相比,追逐名利的生活是多么不值一提。宁静的生活是在真理的海洋中,在激流波涛之下,不受风暴的侵扰,保持永恒的安宁。

享受生命的大自在

"就薮泽,处闲旷,钓鱼闲处;无为而已矣。此江海之士,避世之人,闲暇者之所好也。"这段话中列举了几种人士:隐居江海的人,与世无争、逃避世事的人,清闲悠暇的人。这些人也没有什么荣辱毁誉的强烈愿望或忌讳,所以,栖身山林江湖,流浪旷野荒原,每日垂钓,闲散度日。这正是道家的处世态度,顺其自然,这些懂得隐居起来的人,是享受着生命的大自在的人。

然而,生活在当今时代的我们,不可能到山林中去归隐。人为了生存,必须生活在社会之中。一句话说得好,"大隐隐于市",只要一个人拥有一个自由的、超凡脱俗的心灵,即使是在闹市之中,也能体会到万籁俱寂的"静"。在复杂的社会中,自然有简单的道理,那就是只要你能够保持心灵的静美,学会享受生活,你就能享受生命的大自在。

一个人要过得快乐,必须学会享受生活。

一位得知自己不久于人世的老先生,在日记簿上记下了这样一段文字:

"如果我可以从头活一次,我要尝试更多的错误,我不会再事事追求完美。

"我情愿多休息,随遇而安,处世糊涂一点,不对将要发生的事处心积虑地计算着。其实人世间有什么事情需要斤斤计较呢?

"可以的话,我会多去旅行,跋山涉水,再危险的地方也要去一去。以前不敢吃冰淇淋,是怕健康有问题,此刻我是多么的后悔。过去的日子,我实在活得太小心,每一分每一秒都不容有失,太过清醒明白,太过合情合理。

"如果一切可以重新开始,我会什么也不准备就上街,甚至连纸巾也不带一块,我会放纵地享受每一分、每一秒。如果可以重来,我会赤足走到户外,甚至彻夜不眠,用这个身体好好地感觉世界的美丽与和谐。还有,我会去游乐场多玩几圈旋转木马,多看几次日出,和公园里的小朋友玩耍。

"只要人生可以从头开始,但我知道,不可能了。"

林语堂说:"我总以为生活的目的即是生活的真享受……是一种人生的自然态度。"生活中,许多人只是一直往前追,追逐着自己想要的生活,却忽略了现在已经拥有的阳光浴。很多时候,我们只顾匆匆赶路,而忘记了生活的真正意义,在高速度中失去了享受的权利。放慢你的脚步,欣赏途中的风景,时间就在你放慢速度的过程绽放它内在的美丽,让你璀璨无比。

有好多天,慧海和尚独坐寺内,郁闷不语。

师父看出其中玄机,并不言语,微笑着和弟子走出寺门。

门外是一片大好的春光。

放眼望去,天地之间弥漫着清新的空气,半绿的草芽,斜飞的小鸟,动情的小河……慧海和尚深深地吸了一口气,偷窥师父,师父正安详打坐于半山坡上。

慧海有些纳闷儿,不知师父葫芦里卖的什么药。

过了一个上午,师父才起身,还是不说一句话,打个手势,把慧海领回寺内。

刚入寺门,师父突然跨前一步,轻掩两扇木门,把慧海关在寺外。

慧海不明白师父的意思,独自坐于门前不语。很快天色就暗了下来,雾气笼罩了四周的山冈,树林、小溪,连鸟语、水声也变得不明朗起来。

这时师父在寺内朗声叫慧海的名字。

进去后师父问:"外边怎么样?"

"全黑了。"

"还有什么吗?"

"什么也没有了。"

"不,"师父说,"外边的清风、绿野、花草、小溪……一切都在。"

慧海顿悟，明白了师父的苦心。

慧海和尚封闭了自己的内心，因而他不能看到生活中的诸多美丽。其实一切都还在，只是你关紧了自己的心门，不肯睁开眼看看这世界原本的面目。穿梭于匆忙的城市中，你的脚步已身不由己。随着快餐的盛行，你的人生也成了快餐人生。繁忙已经成了一种习惯，闭上眼睛是高楼大厦，睁开眼睛是汽车疾行。至于那郊外的湖光山色，那小村里的宁静，对你来说也成了一种向往。人生短短几十年，说长不长，说短不短，人活着的意义是什么？有的人说赚很多钱，做自己想做的事。可是，又有多少人只为追逐未来的幸福，却放弃了眼前的幸福？

我们会工作、会学习，但如果不会享受眼前的生活，这对于我们来说，是人生的一大遗憾。所以我们要学会享受当下的生活，真正去领会生活的诗意、生活的无穷乐趣。学会享受生活，在享受中体验生命的大自在，这正是对庄子教给我们的哲理的最本质的解释。

不畏红尘遮望眼

人生在世总是喜欢过一种富裕的生活，总是会羡慕那些富贵的家庭，这是常人的一种思维和生活方式。但红尘滚滚，这个世界是被名利的浮云弥漫的。很多世人碌碌一生，追求的就是洪福齐天，圆心中的那个大富大贵的美梦。

但远远超越洪福的是另外的一种，常人是难以消受的，那就是清净、清凉的福分，叫作清福。人生洪福容易享，但是清福却不然，没有智慧的人不敢享清福。中国历史上著名的改革家，北宋宰相王安石有诗云："不畏浮云遮望眼，只缘身在最高层。"

清朝的顺治皇帝，作为大清朝的君主，十九岁的时候置皇后和众多后宫佳丽于不顾，偏偏爱上了一位江南总督进献的秦淮名妓董小宛，且爱得刻骨铭心，封其为贵妃。

不幸两年后，小宛溘然病逝，顺治痛不欲生，彻底看破红尘，三次逃离宫中，最后悄然在五台山出家。传说这位"痴道人"顺治初到五台山的时候，就窟居在荒芜的善财洞，他跋山涉水、形迹古怪。

后来，康熙在五台山一处寺庙发现大殿的山墙上题了一首长诗，最后一句这样说："十八年来不自由，南征北战几时休？朕今撒手归西去，管你万代与千秋。"

皇帝是人间洪福的顶峰，但是顺治却甘愿舍弃这一切，虽然有情感的原因，但最重要的还是顺治更喜欢出家解脱的清福吧！

有的人，本来可以享清福了，却反而觉得痛苦，身在福中不知福。因为一旦无事可管，情清境净，他反倒忍受不了、活不下去，无缘福分了。

一个人先要养成享受寂寞的习惯，在高寒处享受最大清凉的滋味，那你就差不多可以了解人生了，就可以体会到人生更高远的一层境界，这才会看到洪福是厌离心。

和珅很有才能，据说他懂好几种外族文字、翻译能力特强，其他方面也很能干。他生员出身，袭世职，乾隆时由侍卫提升为户部侍郎，并兼军机大臣二十多年，官至文华殿大学士，封一等公。乾隆晚年对他极为信任，还与他结成儿女亲家。但是随着地位的变化，和珅心态变了，贪欲越来越大，到处都要捞一把，非如此不过瘾，甚至各地进贡给皇帝的贡品都照捞不误。据说他贪污的财产相当于当时清政府十五年的财政收入。

这是一种什么样的心态呢？难道他不怕吗？如果分析一下他的心态，对于今人也很有用。

世间以富贵功名、洪福齐天为极致，可其实那是一场虚空，真正的幸福、真正的解脱之道，还在于能不能抛弃这些，如果你能够抛弃富贵，那就是解脱的开始！你能解脱是因为你在"最高层"，你拥有了最高远的境界，达到那种极乐的清凉，这样你就能不畏浮云遮望眼了。

的确，虚名无益，荣华富贵也无益，它们常会使人得意忘形，反而失去了本真。古哲云："嚼破虚名无滋味。"可谓一针见血！有多少人为了虚名浮利终其一生，世上能做到舍弃闲名的人又有几个。

正如郑板桥有词云："名利竟如何，岁月蹉跎，几多风雨几晴和，愁风愁雨愁不尽，总是南柯。"一个人的一生太短暂了，在当下的生活中，要去做的实事非常多，何必机关算尽为虚名和物质这些东西而累呢？

气度要宏，意趣要乐

痛苦与快乐似乎从来都是相伴相生的，二者之间相互矛盾又相互联系。所谓"没有痛苦也就无所谓快乐"，如果我们将痛苦与快乐看成是绝对的对立，从而加以逃避，那么，我们不仅不能得到快乐，反而会使自己更加痛苦，而我们之所以见苦便畏惧，是因为我们没有一个正确的苦乐观。

唐朝时江州刺史李渤，问明道禅师："佛经上所说的'须弥藏芥子，芥子纳须弥'未免失之玄奇了，小小的芥子，怎么可能容纳那么大的一座须弥山呢？有悖常识，是在骗人吧？"明道禅师闻言而笑，问道："人家说你'读书破万卷'，可有这回事？""当然！我岂止读书万卷？"李渤一派得意扬扬的样子。"那么你读过的万卷书如今何在？"李渤抬手指着头脑说："都在这里了！"明道禅师道："奇怪，我看你的头颅只有一个椰子那么大，怎么可能装得下万卷书？莫非你也骗人吗？"李渤听后，当下恍然大悟。

只拘泥于一种形式之中，只会让心灵关闭、固执己见、自以为是；开通心窍，才能融会贯通。人修道、治学、做人，不仅需要严谨，同时也需要洒脱自在的怡然，就像老子所说的"涣兮若冰之将释"，"敦兮其若朴"。春暖花开，冰消雪融，普润大地，一如圣人胸襟气度的潇洒与自得。

南美洲的一座火山爆发后，随之而来的泥石流狂泻而下，迅速流向坐落在山脚下不远处的一个小村庄。农舍、良田、树木，一切都没有躲过被毁的劫难。滚滚而来的泥石流惊醒了一位14岁的小女孩，流进屋内的泥石流已上升到她的颈部，小女孩只露出双臂、颈和头部。及时赶来的营救人员围着她一筹莫展，因为对于遍体鳞伤的她来讲，每一次拉扯无疑是一种更大的肉体伤害。此刻房屋早已倒塌，她的双亲也被泥石流夺去生命，她是村里为数不多的幸存者之一。

当记者把摄像机对准她时，她始终没叫一个"疼"字，而是咬着牙微笑着，不停地向营救人员挥手致谢，俩手臂做出表示胜利的"V"字形。她坚信政府派来的救援队一定能救她。可是营救人员最终也没能从固若金汤的泥石流中救出她。而她始终微笑着挥着手,直到慢慢被泥石流淹没。

在场的人含泪目睹了这庄严而又悲惨的一幕,心里充满了悲伤。世界极静,只见灵魂独舞。

用微笑面对人生,是一个乐观者的不二选择,而故事中那个坚强女孩的乐观而坚强的态度震撼人心。她那个"V"字所蕴含的是对死神最大的嘲弄,是对生命无比的热爱。那个穿透灵魂的微笑,足以震撼世界,让人生所有的苦难都如一缕轻烟。

没有苦中苦,哪有甜中甜呢?而乐又从何而来呢?苦是乐的源头,乐是苦的归结。"不经风霜苦,难得腊梅香",成功的快乐,正是经历艰苦奋斗后产生的。吃得苦中苦,方能得成果。古人"头悬梁,锥刺股",苦则苦矣,但他们下苦功实现上进之志,本身就是一种快乐,以苦为乐,苦中求乐,其乐无穷。人生的悲苦从来都是无法逃避的,我们应该做到能苦能乐的那份坦然、化苦为乐的那份智者的超然,这样便能拥有圆满的人生。

何必寻愁觅恨怨东风

"百年三万六千日,不在愁中即病中。"古人的诗句可谓一语道破了人生的真谛。世界上的人,每天大都在忙碌、不安和烦恼中度过,一个烦恼过去,下一个烦恼又来了,愁工作、愁财富、愁子女,甚至有时候顾影自怜……总之,各种各样的烦恼层出不穷,永不停息。

人们每天都在烦恼些什么呢?所有人都在"无故寻愁觅恨",其实生活中很多人都是如此。每天都被各种各样莫名其妙的烦恼所包围,明明没有什么事情,却仍然急躁不安,心灵永远没有平静的时候。

白云守端禅师在方会禅师门下参禅,几年来都无法开悟,方会禅师怜念他迟迟找不到入手处。一天,方会禅师借着机会,在禅寺前的广场上和白云守端禅师闲谈。方会禅师问:"你还记得你的师傅是怎么开悟的吗?"白云守端回答:"我的师傅是因为有一天跌了一跤才开悟的,悟道以后,他说了一首偈语：'我有明珠一颗，久被尘劳封锁，今朝尘尽光生，照破山河万朵。'"

方会禅师听完以后，大笑几声，径直而去。留下白云守端愣在当场，心想："难道我说错了吗？为什么老师嘲笑我呢？"白云守端始终放不下方会禅师的笑声，几日来，饭也无心吃，睡梦中也经常会无端惊醒。他实在忍受不住，就前往请求老师明示。

方会禅师听他诉说了几日来的苦恼，意味深长地说："你看过寺前那些表演猴把戏的小丑吗？小丑使出浑身解数，只是为了博取观众一笑。我那天对你一笑，你不但不喜欢，反而不思茶饭，梦寐难安。像你对外境这么认真的人，连一个表演猴把戏的小丑都不如，如何参透禅呢？"

这个故事正如这样一句古诗："多情自古空遗恨，好梦由来最易醒。"这就是人生。好梦最容易醒，醒来想再接下去，接不下去，所以，不要去叫醒梦中人，让他多做做好梦。那么佛说唤醒梦中人，到底是慈悲，还是狠心？

《西厢记》中也有对人心理情绪描写的词句："花落水流红，闲愁万种，无语怨东风。"没有可怨的，把东风都要怨一下。闲来无事再愁。闲愁究竟有多少？讲不出来的闲愁有万种。有人一天到晚怨天尤人，实在无事，也要"无语怨东风"。

"天下本无事，庸人自扰之。"在眼前的生活中，只要你不自扰，在面对世事变幻的时候，能够始终保持自己的本心，不自寻烦恼，就能获得一个快乐圆满的人生。

生活是一件艺术品，每个人也都有自认为不尽如人意的一笔，关键在于你怎样看待，烦恼存在于每个人的生活中，认真对待纷扰的人生才是最舒坦的。人最怕的就是怨天尤人，有烦扰才是人生，又何必寻愁觅恨怨东风？

顺应本性，自然活着

很多人在生活中往往处心积虑地追求幸福，结果往往追逐了一辈子，还是没有找到幸福的所在。幸福和不幸在于自己的心态，也就是怎样看待现在的自己。把痛苦和不幸的标准放在别人的身上，并不能使我们幸福。

我们的心灵本来很清净，只因为被外界物欲迷惑困扰，如同明镜蒙尘，就活得愚昧迷失了。体悟幸福，并不是要求你找一个标准来要求自己。顺应自己的天性，你便能发现幸福就在身边。

日本有一位非常有名的武士，在学艺的时候请教师傅："师傅，我用多长时间才能成为真正的武士呢？"

"大概要十年。"师傅告诉他。

"如果我非常努力地练习，那将要多久？"武士又问。

"要二十年。"师傅告诉他。

"如果我每天不睡觉，夜以继日不停地练呢？"武士又问。

"那你永远也成不了真正的武士。"师傅告诉他。

这个故事告诉我们，人生有一个自然而美好的节奏，只有按着这个美好的节奏一步一步走下去，才能到达美好人生的终点。生命需要积淀，需要思考，需要整理，而这些都与速度无关。有时候慢是为了更好地快，快慢之间、张弛之间，蕴涵了一种朴素的辩证哲学。

每一件事物都有其开始、延续和死亡，这些都是自然界中万物正常的活动。人生就好比这样一个过程：一只球被人掷起，尔后又开始下坠，最后落在地上；或者像一个水泡，它逐渐凝结起来，突然被伸到水面的树枝触碰了一下，转瞬间便完全破碎。生命也是这样一个从出生、成长到衰老、死亡的过程，这个过程的每一个阶段，都有其存在的道理。所有人都会走向同一个归宿，那就是死亡。所以，不要轻率或不耐烦地对待或蔑视死亡，而是要把它作为自然的一个活动静候它。就像你能够安静地等待一个孩子从母亲的子宫里分娩出一样，也请你从现在开始就准备着你的灵魂从皮囊中脱离的那个时刻的来临。这一切，只不过是自然的正常的活动，你不需要恐慌，只要静静等候就可以了。

有位孤独者倚靠着一棵树晒太阳，他衣衫褴褛，神情萎靡，不时有气无力地打着哈欠。

一位智者由此经过，好奇地问道："年轻人，如此好的阳光，如此难得的季节，你不去做你该做的事，却懒懒散散地晒太阳，岂不辜负了大好时光？"

"唉！"孤独者叹了一口气说，"在这个世界上，除了我自己的躯壳外，我一无所有。我又何必去费心费力地做什么事呢？每天晒晒我的躯壳，就是我要做的所有的事了。"

"你没有家？"

"没有。与其承担家庭的负累，不如干脆没有。"孤独者说。

"你没有你的所爱？"

"没有，与其爱过之后便是恨，不如干脆不去爱。"

"你没有朋友？"

"没有。与其得到还会失去，不如干脆没有朋友。"

"你不想去赚钱？"

"不想。千金得来还复去，何必劳心费神动躯体？"

"哦，"智者若有所思，"看来我得赶快帮你找根绳子。"

"找绳子干吗？"孤独者好奇地问。

"帮你自缢。"

"自缢？你叫我死？"孤独者惊诧道。

"对。人有生就有死，与其生了还会死去，不如干脆就不出生。你的存在，本身就是多余的，自缢而死，不是正合你的逻辑吗？"

孤独者无言以对。

"兰生幽谷，不为无人佩戴而不芬芳；月挂中天，不因暂满还缺而不自圆；桃李灼灼，不因秋节将至而不开花；江水奔腾，不以一去不返而拒东流。更何况是人呢？"智者说完，拂袖而去。

人世间万物皆是虚幻，都是一样的。生命的本源也就是生命的终点，结束就是开始。财富、成就、名利和功勋对于生命来说只不过是生命的灰尘与浮云。心乱只是因为身在尘世，心静只是因为身在禅中。没有中断就没有连续,没有来也就没有去。

真正的快乐不是周围的环境所给予的,而是靠自己创造的。即使自己的处境不顺心,也要试着心存感激地接受。顺应了自我的本性,你就是幸福快乐的。如果你还一味地追求什么快乐的标准,你就会离快乐的轨道越来越远。

顺应自己的本性,我们的人生永远是今天,是此刻,是转瞬即逝的现在。

宁静沉淀出心中纷杂的浮躁

宁静是一种心态,是生命盛开的鲜花,是灵魂成熟的果实。宁静在心,在于修身养性,宁静无处不在。只要有一颗宁静之心,追求宁静者便能心胸开阔,不被诱惑,坦荡自然。

皇帝提供了非常优厚的一份奖金,希望有人能画出最平静的画,以便自己在心情烦躁时能拿来缓解情绪。许多画家都来尝试。皇帝看完所有的画,只有两幅他最喜欢。

一幅画是一个平静的湖,湖面如镜,倒映出周围的群山,上面点缀着如絮的白云。大凡看到此画的人都同意这是描绘平静的最佳图画。

另一幅画也有山,但都是崎岖和光秃的山,上面是愤怒的天空,下着大雨,雷电交加。山边翻腾着一道涌起泡沫的瀑布,看来一点都不平静。但当皇帝靠近一看时,他看见瀑布后面有一个小树丛,其中有一鸟巢。在那里,在怒奔的水流中间,小鸟坐在它的巢里——完全的平静。

皇帝选择了后者,将奖金给了画这幅画的画家。

平静并不等于完全没有困难和辛劳,而是在那一切的纷乱中间,心中仍然宁静。所谓平静,即在于此。

人们往往在面对成功的欲望时不知所措,但内心却急躁不堪。浮躁是当前普遍的一种病态心理表现,具有浮躁心理的人轻浮,做事无恒心,见异思迁,心绪不宁,总想不劳而获,成天无所事事,脾气大,忧虑感强烈;盲目攀比,对于自身期望值过高,但却没有让自己更出色地发挥,做事情不明确

目标，对前途迷茫，这些都是产生浮躁心理的原因。浮躁使人失去对自我的准确定位，随波逐流、盲目行动，对此必须及时予以纠正。

消除浮躁需要静心，人常说"淡泊宁静以致远"就是这个道理。静下心来对很多事情进行理性的分析，和别人比较时，相比的是两个人的能力、知识、方法、投入是否一样，而非只看结果，这样心理的失衡就会减少。做事情的时候不要尽跟着感觉走，目标要实际，过程要坚实，稳扎稳打。

在生活中，并不只有功和利。尽管我们必须去奔波赚钱才可以生存，尽管生活中有许多无奈和烦恼，但只要我们拥有淡泊之心，量力而行，坦然自若地去追求属于自己的真实，做到宠亦泰然，辱亦淡然，有也自然，无也自在，如淡月清风一样来去不觉。唯有这样，生活，才会变得很轻松。有了平淡的处世心态，你就能简单快乐地过好当下的每一天。

云飘水流，放下才能宁静

我们工作，是为了得到一份更好的生活。本着这样简单而沉重的理想，有时我们竟然毫无察觉慢慢从指缝间溜走的时光。偶尔静下心来的时候，我们便会思考生命的意义，为什么会是这个样子呢？人的欲望总是太多，而且无止境，唯有放下才能得到你想要的快乐，懂得放下的人心中有一份大智慧。

一只蝗虫对青虫说："我今天很难受？"

青虫问道："是不是生病了？"

"病倒没生，只是早上吃得太多了，现在肚子胀胀的，飞也飞不起来了。你有什么好办法能帮帮我吗？"

青虫想了想，说："要不我陪你走走？"

于是，青虫带着蝗虫在四周走了几圈，但是蝗虫还是感到难受，而且它的肚子也开始疼痛起来。它躺在地上，嗷嗷乱叫。

青虫很同情蝗虫，于是它去请教自己的父亲，青虫的父亲来到蝗虫面前，说道："哎呀，为什么那么贪吃呢，不吃那么多不就没事了吗？"

"爸爸，你快想个办法救救它吧。"青虫在一旁喊道。

"我看只有一个办法了。"说着，它让蝗虫张开嘴巴，它拿着一根草在蝗虫的嘴里搔了搔，不一会儿，蝗虫便吐出一些东西来。吐完后，蝗虫长出了一口气，顿时觉得神清气爽，浑身舒服极了。

青虫的父亲叮嘱道："以后别猛吃东西了，否则肚子会被撑破。"

蝗虫因为贪吃而导致身体不适，而在现实生活中，人们因为索求太多，以致烦恼和负担始终挥之不去。不要去抱怨别人比自己快乐，比自己潇洒，比自己活得轻松宁静，看看别人是如何把握、控制自我的。事实上，每一个内心宁静的人，都是懂得放下之人。放下不是单纯的放弃，它是一种抉择——是禁锢自己，还是松绑自己。

实际上放下的目的是为了最终的得到，这种得到是去其糟粕而存其精华。因为外在的"物"太多，而人生的痛苦就在于"身为物役""心为内困"，如此说来，放下才能安享心的宁静。

一个女子提着大包小包，坐了半天的汽车去向一位智者求教，她对智者说："我只是想轻松一下，每天工作那么忙，说实话，我的公司最近效益也不好，想出来静静心，让自己快乐一点。"

智者说道："心魔在己身。一切的根源皆在于你想要的太多，想放的太少。我年轻的时候，看到一个农夫挑着满满的柴火向前走，他走得很辛苦，很艰难，我很替他心疼。那个人虽然已经有了柴火，但是在回家的路上，看到地上的树枝还是往身上放，两只眼睛不往前看，只盯着自己的脚下，正因如此，那农夫撞到了很多路人，路人对他很是不满，而他自己一路走来，柴火越来越重，脸上的表情也越来越复杂，一般人能有那么多的柴火一定很高兴，可他却愁眉苦脸。后来，在快到家的时候，他再也走不动了，倒在家门口，而挑的柴火也撒了一地。如果他能放下多余的柴火，那他走得肯定不会那么累，心情肯定也会很高兴和很舒畅。世人之所以感到内心浮躁，得不到安宁与快乐，其实是与那个打柴的农夫一样，只知道一味地拿，而不懂得放下。"

智者的一席话让人有茅塞顿开，耳目一新之感，的确，现代人心事太多，心情太重，每天起早贪黑，追逐着那些鲜艳夺目的美丽，就像那个打柴的农夫一样，即使走路，也是两眼只注视脚下，希望能获得更多的柴火，结果负担越来越重，到头来，身体和精神被全部压垮，哪里能获得身心的安宁与快乐？

　　正因为生命有限，才要"超然物外"，云飘水流，心外无物。只有这样，才能如同宁静的河流一般，在水波荡漾之间，领略黄昏时分的绚烂景色，而这也正是所谓"放下"的真正含义。实际上，心外的"物"始终是存在的，就像打水漂一样，虽然石子最后没入水中，激起的涟漪归于平静，但其终究荡起过波纹，会在人们的心中留下深刻印象。

　　由此看来，"心外无物"着重讲的不是"物"本身，而在于"心"。这个"心"是要受到石头激起的涟漪支配还是放下一切而自享宁静，都在于我们自己。这样，它才能释放出更多的空间来装载我们想要的自由和纯真，得到当下真正的快乐。

换个角度，莫让烦恼绊住快乐的双脚

　　一个人具有什么样的心态，他就可以成为一个什么样的人，他就能够拥有一个什么样的人生。事情往往是这样，你相信会有什么结果，就可能会有什么结果。人有时可以通过改变自己的心境来改变自己的人生，对于身处逆境中的人来说更是如此。且看如下一则故事：

　　有一位经营服装批发的商人，由于经营不慎，赔了几笔生意。为此他整天心情郁闷，每天晚上都睡不好觉。

　　妻子见他愁眉不展的样子十分担心，就建议他去找心理医生看看，于是他前往医院去看心理医生。

　　医生见他双眼布满血丝，便问他："怎么了，是不是受失眠所苦？"商人说："可不是吗？"心理医生开导他说："这没有什么大不了的！你回去后如果睡不着就数数绵羊吧！"商人道谢后离去了。

　　过了一个星期，他又来找心理医生。他双眼又红又肿，精神更加不振了，心理医生非常吃惊地说："你是照我的话去做了吗？"商人委屈地回答说："当然是呀！还数到三万多头呢！"心理医生又问："数了这么多，难道还没有一点睡意？"商人答："本来是困极了，但一想到三万多头绵羊有多少毛呀，不剪岂不可惜。"心理医生于是说："那剪完不就可以睡了？"商人叹了口气说："但头疼的问题来了，这三万头羊毛所制成的毛衣，现在要去哪儿找买主呀？一想到这儿，我更睡不着了！"

无论做人还是做事，我们都要想得长远一些。这位经营服装批发的商人若是想到他以后还有那么长的人生之路要走，无须想这么多无谓的事情，故事的结局就不会是这样的了。有些事想得太远，就会形成太多的压力，烦恼也会随之而来。因此我们要学会静心，不牵挂那些不该牵挂的事情，这样才能轻松快乐。有些时候，并不是烦恼在追着你跑，而是你追着它不放。大凡终日烦恼的人，实际上并不是遭遇了多大的不幸，而是自己的内心对生活的认识存在着片面性。真正聪明的人即使处在烦恼的环境中，也能够自己寻找快乐。

心理学家阿德勒一生都在研究人类的潜能，他曾经宣称他发现了人类最不可思议的特性——"人具有一种反败为胜的力量"。这种力量是每个人都拥有的，如果你不满意自己的现状，想改变它，那么请改变你自己的心态，让它始终处在阳光下。如果你有了积极的心态，能够积极乐观地改善自己的环境和命运，那么你周围所有的问题都会迎刃而解。

汤姆森太太的丈夫到一个位于沙漠中心的陆军基地去驻防。为了能经常与他相聚，她搬到基地附近去住。

那实在是个条件极差的地方，她简直没见过比那更糟糕的地方。她丈夫出外参加演习时，她就只好一个人待在那间小房子里。那儿热得要命——仙人掌阴影下的温度都高达52摄氏度，没有一个可以谈话的人。风沙很大，到处是沙子。

汤姆森太太觉得自己倒霉透了，觉得自己很可怜，于是她写信给她父母，告诉他们她放弃了，准备回家，她一分钟也不能再忍受了，她宁愿去坐牢也不想待在这个鬼地方。她父亲的回信只有三行，这三句话日后常常萦绕在她的心中，并改变了她的一生："有两个人从铁窗朝外望去，一个人看到的是满地的泥泞，另一个人却看到满天的繁星。"

她把父亲的这几句话反复念了多遍，忽然间觉得自己很笨，于是她决定找出自己目前处境的有利之处。她开始和当地的居民交朋友，他们都非常热心，当汤姆森太太对他们的编织和陶艺表现出极大兴趣时，他们会把那些舍不得卖给游客的心爱之物送给她。她开始研究各种各样的仙人掌，顶着太阳寻找土拨鼠，观赏沙漠的黄昏，寻找300万年以前的贝壳化石。

她发现的这片新天地令她既兴奋又刺激。于是她开始着手写一本小说，讲述她是怎样逃出了自筑的牢狱，找到了美丽的星辰。

汤姆森太太成了一个快乐的人，她终日保持着微笑，也因此赢得了当地人的喜爱。

是什么给汤姆森太太带来了如此惊人的变化呢？原因就在于她自己的改变。她改变了自己的消极观念，开始去尝试发现生活中的美好，也正是这种改变使她有了一段精彩的人生经历。生活中一些困难或愿望得不到实现时，人难免会产生负面的情绪体验。如果你不快乐，那么不妨仔细想一下，是不是那些悲观的念头像一张网一样缠绕了你的心灵？

第二章 /
非淡泊无以明志，
非宁静无以致远

生前枉费心千万，死后空持手一双。莫不如退一步，远离名利纷扰。

欲望让你的人生烦恼不安

我们接受教育和训练的目的是什么呢？难道是为了得到别人口头上的称赞吗？当然不是，其实在这个世界上真正值得尊重的事情并不是那种无价值的所谓名声，而是根据自己自身恰当的结构推动自己，即使自己不屈服于身体的引诱，不被感官压倒，只做自己应该做的事情，而不追求其他多余的东西，即不产生任何欲望。

人的一生是短暂的，很快我们就将化为灰尘，被世界遗忘。一个名称——甚至连名称也没有——而名称只是声音和回声。既然生命如此短暂，那在生活中被我们高度重视的东西也就是空洞的、易朽的和琐屑的，至于在肉体和呼吸之外的一切事物，要记住它们既不是属于你的也不是你力所能及的。

有人问智者："白云自在时如何？"智者答："争似春风处处闲！"

那天边的白云什么时候才能逍遥自在呢？当它像那轻柔的春风一样，内心充满闲适，本性处于安静的状态，没有任何的非分追求和物质欲望，放下了世间的一切，它就能逍遥自在了。

保持自己的理性，放下世间的一切假象，不为虚妄所动，不为功名利禄所诱惑，一个人才能体会到自己的真正本性，看清本来的自己。否则，我们只能使自己的心灵处在一种烦恼不安的状态之中。就好像种植葡萄的人目的在种而不在收，如果还要希望自己的葡萄比别人大、比别人多，那他产生的这种欲望将会使自己失去心灵上的自由。因为他会变得不知足，会变得妒忌、吝啬、猜疑，会变得反对那些比他拥有更多葡萄的人。

县城老街上有一家铁匠铺，铺子里住着一位老铁匠。时代不同了，如今已经没人再需要他打制的铁器，所以，现在他的铺子改卖拴小狗的链子。

他的经营方式非常古老和传统。人在门内，货物摆在门外，不吆喝，不还价，晚上也不收摊。你无论什么时候从这儿经过，都会看到他在竹椅上躺着，微闭着眼，手里是一只半导体收音机，旁边有一把紫砂壶。

当然，他的生意也没有好坏之说。每天的收入正好够他喝茶和吃饭。他老了，已不再需要要多的东西，因此他非常满足。

一天，一个文物商人从老街上经过，偶然间看到老铁匠身旁的那把紫砂壶，因为那把壶古朴雅致，紫黑如墨，有清代制壶名家戴振公的风格。他走过去，顺手端起那把壶。壶嘴内有一记印章，果然是戴振公的。商人惊喜不已，因为戴振公在世界上有捏泥成金的美名，据说他的作品现在仅存三件：一件在美国纽约州立博物馆；一件在我国台湾"故宫博物院"；还有一件在泰国某位华侨手里，是那位华侨1993年在伦敦拍卖会以56万美元的拍卖价买下的。商人端着那把壶，想以10万元的价格买下它，当他说出这个数字时，老铁匠先是一惊，然后很干脆地拒绝了，因为这把壶是他爷爷留下的，他们祖孙三代打铁时都喝这把壶里的水。

虽然壶没卖，但商人走后，老铁匠有生以来第一次失眠了。这把壶他用了近60年，并且一直以为是把普普通通的壶，现在竟有人要以10万元的价钱买下它，他转不过神来。

过去他躺在椅子上喝水，都是闭着眼睛把壶放在小桌上，现在他总要坐起来再看一眼，这种生活让他非常不舒服。特别让他不能容忍的是，当人们知道他有一把价值连城的茶壶后，来访者络绎不绝，有的人打听还有没有其他的宝贝，有的人甚至开始向他借钱。他的生活被彻底打乱了，他不知该怎样处置这把壶。当那位商人带着20万现金再一次登门的时候，老铁匠没有说什么。他招来了左右邻居，拿起一把斧头，当众把紫砂壶砸了个粉碎。

现在，老铁匠还在卖拴小狗的链子，据说，他现在已经106岁了。

通过这个故事证明，"人到无求品自高"，人无欲则刚，人无欲则明。无欲能使人在障眼的迷雾中辨明方向，也能使人在诱惑面前保持自己的人格和清醒的头脑，不丧失自我。在这个充满诱惑的花花世界里，要想真正做到没有一丝欲望，毫无牵挂的确很难。

要想做到"无欲"，首先要有一颗静如止水的心。不受到外界事物打扰，好好地坚持走正确的道路，正确地思考和行动，就能消除你的欲望，心淡如水是生命褪去了浮华之后，对生活中那些细微处的感动，只有用感恩的心生活，从而在一种幸福的平静流动中度过一生，才能在人生感悟之中找寻到生命的意义所在，才能做到不为"欲"所牵连、不为"欲"所迷惑，在欲望充斥的浊世之中仍能保持心中的一方净土。

欲望是一条看不见的灵魂锁链

画,远看则美。

山,远望则幽。

思想,远虑则能洞察事物本末。

心,远放则可少忧少恼。

……

在某些情境之下,距离是能够产生美的,对名利的疏远尤甚,能够给人带来清明的心智与洒脱的态度。

"天下熙熙,皆为利来,天下攘攘,皆为利往。"从古至今,多少人在混乱的名利场中丧失原则,迷失自我,百般挣扎反而落得身败名裂。古人说得好:"君子疾没世而名不称焉,名利本为浮世重,古今能有几人抛?"

这世上的人,有几人能够在名利面前淡然处之,泰然自若?

"人人都说神仙好,唯有功名忘不了",这是《红楼梦》里的开篇偈语,这一首《好了歌》似乎在诉说繁华锦绣里的一段公案,又像是在告诫人们提防名利世界中的冷冷暖暖,看似消极,实则是对人生的真实写照,即使在数百年后的今天依然如此。世人总是被欲望蒙蔽了双眼,在人生的热闹风光中奔波迁徙,被身外之物所累。

那些把名利看得很重的人,总是想将所有财富收到自己囊中,将所有名誉光环揽至头顶,结果必将被

名缰利锁所困扰。

一天傍晚，两个非常要好的朋友在林中散步。这时，有位小和尚从林中惊慌失措地跑了出来，俩人见状，便拉住小和尚问："小和尚，你为什么如此惊慌，发生了什么事情？"

小和尚忐忑不安地说："我正在移栽一棵小树，却突然发现了一坛金子。"

这俩人听后感到好笑，说："挖出金子来有什么好怕的，你真是太好笑了。"然后，他们就问，"你是在哪里发现的，告诉我们吧，我们不怕。"

和尚说："你们还是不要去了吧，那东西会吃人的。"

两人哈哈大笑，异口同声地说："我们不怕，你告诉我们它在哪里吧。"

于是和尚只好告诉他们金子的具体地点，两个人飞快地跑进树林，果然找到了那坛金子。好大一坛黄金！

一个人说："我们要是现在就把黄金运回去，不太安全，还是等到天黑以后再运吧。现在我留在这里看着，你先回去拿点儿饭菜，我们在这里吃过饭，等半夜的时候再把黄金运回去。"于是，另一个人就回去取饭菜了。

留下来的这个人心想："要是这些黄金都归我，该有多好！等他回来，我一棒子把他打死，这些黄金不就都归我了吗？"

回去的人也在想："我回去之后先吃饱饭，然后在他的饭里下些毒药。他一死，这些黄金不就都归我了吗？"

不多久，回去的人提着饭菜来了，他刚到树林，就被另一个人用木棒打死了。然后，那个人拿起饭菜，吃了起来，没过多久，他的肚子就像火烧一样痛，这才知道自己中了毒。临死前，他想起了和尚的话："和尚的话真对啊，我当初就怎么不明白呢？"

"财"这只拦路虎，它美丽耀眼的毛发确实诱人，人一旦骑上去，就无法使其停住脚步，最后必将摔下万丈深渊。

名利，就像是一座豪华舒适的房子，人人都想走进去，只是他们从未意识到，这座房子只有进去的路，却没有出来的门。枷锁之所以能束缚人，房子之所以能困住人，主要是因为当事人不肯放下。放不下金钱，就做了金钱的奴隶；放不下虚名，就成了名誉的囚徒。

庄子在《徐无鬼》篇中说："钱财不积则贪者忧；权势不尤则夸者悲；势

物之徒乐变。"追求钱财的人往往会因钱财积累不多而忧愁,贪心者永不满足;追求地位的人常因职位不够高而暗自悲伤;迷恋权势的人,特别喜欢社会动荡,以求在动乱之中借机扩大自己的权势。而这些人,正是星云大师所说的"想不开、看不破"的人,注定烦恼一生。

权势等同枷锁,富贵有如浮云。生前枉费心千万,死后空持手一双。莫不如退一步,远离名利纷扰,给自己的心灵一片可自由驰骋的广袤天空,于旷达开阔的境界中欣赏美丽的世间风景。

名利不过是生命的尘土

有一位高僧,是一座大寺庙的住持,因年事已高,心中思考着找接班人。

一日,他将两个得意弟子叫到面前,这两个弟子一个叫慧明,一个叫尘元。高僧对他们说:"你们俩谁能凭自己的力量,从寺院后面悬崖的下面攀爬上来,谁将是我的接班人。"

慧明和尘元一同来到悬崖下,那真是一面令人望而生畏的悬崖,崖壁极其险峻、陡峭。

身体健壮的慧明,信心百倍地开始攀爬。但是不一会儿他就从上面滑了下来。

慧明爬起来重新开始,尽管他这一次小心翼翼,但还是从悬崖上面滚落到原地。

慧明稍事休息后又开始攀爬,尽管摔得鼻青脸肿,他也绝不放弃……

让人感到遗憾的是,慧明屡爬屡摔,最后一次他拼尽全身之力,爬到一半时,因气力已尽,又无处歇息,重重地摔到一块大石头上,当场昏了过去。高僧不得不让几个僧人用绳索将他救了回去。

接着轮到尘元了,他一开始也和慧明一样,竭尽全力地向崖顶攀爬,结果也屡爬屡摔。

尘元紧握绳索站在一块山石上面,他打算再试一次,但是当他不经意地向下看了一眼以后，突然放下了用来攀上崖顶的绳索。然后他整了整衣衫，拍了拍身上的泥土，扭头向着山下走去。

旁观的众僧都十分不解，难道尘元就这么轻易地放弃了？大家对此议论纷纷。只有高僧静静地看着尘元的去向。

尘元到了山下，沿着一条小溪顺水而上，穿过树林，越过山谷，最后没费什么力气就到达了崖顶。

当尘元重新站到高僧面前时，众人还以为高僧会痛骂他贪生怕死、胆小怯弱，甚至会将他逐出寺门。谁知高僧却微笑着宣布将尘元定为新一任住持。众僧皆面面相觑，不知所以。

尘元向其他人解释："寺后悬崖乃是人力不能攀登上去的。但是只要在山腰处低头看，便可见一条上山之路。师父经常对我们说'明者因境而变，智者随情而行'，就是教导我们要知伸缩退变啊！"

高僧满意地点了点头说："若为名利所诱，心中则只有面前的悬崖绝壁。天不设牢，而人自在心中建牢。在名利牢笼之内，徒劳苦争，轻者苦恼伤心，重者伤身损肢，极重者粉身碎骨。"随后，高僧将衣钵锡杖传交给了尘元，并语重心长地对大家说："攀爬悬崖，意在勘验你们的心境，能不入名利牢笼，心中无碍，顺天而行者，便是我中意之人。"

不去追求虚假的得益，实实在在地施为，高僧传达的正是这个意旨。在这个世界上，名与利通常都是人们追逐的目标。虽然人人都道"富贵人间梦，功名水上鸥"，可真正要一人放弃对名利的追求，如自断肱骨，是难而又难的。对于名利的追求，已经渗入一些人的骨髓了。因为名利能给人带来优越的生活，显赫的地位。

然而，谁又能保证这种"心想事成"的梦幻生活，能保持5年、10年、甚至更久？13岁的李叔同就能写出"人生犹似西山月，富贵终如草上霜"的诗句，佛意十足。他自己也真正视名利如浮云，飘然出家。

出家，不过出的是家门，人仍在红尘内，名与利仍然如炎夏的蔓藤伸出小而软的触手，纠缠不清。做和尚也是有不同的，普通僧人青灯古卷，寒衣草履，有的僧人却来往前呼后拥，排场十足。弘一法师对此深感愧惜，而他自己对功名利禄则是毫无兴趣。

弘一法师出家后，极力避免陷入名利的泥沼自污其身，因此从不轻易接受善男信女的礼拜供养。他每到一处弘法，都要先立三约：一不为人师，二不开欢迎会，三不登报吹嘘。他谢绝俗缘，很少与俗人来往。

那时弘一法师在温州庆福寺闭关静修时，温州道尹张宗祥慕名前来拜访。能与道尹结交，是一般人求之不得的事情，弘一法师却拒不相见。无奈张宗祥深慕法师大名，非见不可，弘一法师的师父寂山法师只好代为求情，弘一央告师父，甚至落泪："师父慈悲！师父慈悲！弟子出家，非谋衣食，纯为了生死大事，妻子亦均抛弃，况朋友乎？乞婉言告以抱病不见客可也！"

张宗祥无奈，只好怏怏而去。

一个人，心要像明月一样皎洁，像天空一样淡泊，才能做到与人无争、与世无争。人世皆无争，才能安心做一名淡泊名利的人。心安定了，才能专注于修行。弘一法师研修律宗，最后能成为一代宗师，与他淡泊名利的心境是分不开的。

慧忠禅师曾经对众弟子说："青藤攀附树枝，爬上了寒松顶；白云疏淡洁白，出没于天空之中。世间万物本来清闲，只是人们自己在喧闹忙碌。"世间的人在忙些什么呢？其实不外乎名、利两个字。万物自闲，全是因为人们自己在争名夺利。不入名利牢笼，才能专注于眼前事、当下事，没有烦忧，达到洒脱的精神境界。

尘世浮华如过眼云烟

人生像一场梦，无定、虚妄、短促，还要承受某些无法避免的痛苦。人生就像天气一样变幻莫测，有晴有雨，有风有雾。无论谁的人生，都不可能一帆风顺，况且，一帆风顺的人生，就像是没有颜色的画面，苍白枯燥。

一个经历过苦难的人，即使他现在的生活依旧被困境所包围，他的内心也不会有太多的痛苦，苦难之于他，早已化为过去的云烟。生命的诞生即是体味困苦的开始，若因为惧怕苦痛而躲避在尘世之外，则永远也尝不到真正的快乐。

等人老了的时候，回过头看看自己走过的路，开心的、伤心的，不都成了过眼云烟吗？一路走过来，难免会有许多辛酸的泪水，难免会有许多欢乐的笑声，当一切成为过去，谁还记得曾经有多痛，曾经有多快乐。

按照这种思路想来，一切都会过去的。那么，对于眼前的不幸，又何必过于执着？尘世的一切荣华富贵，或是苦难病痛，最终都会如云烟般消散，既然如此，无论是幸或不幸，便没有了执着的缘由。

上帝经常听到尘世间万物抱怨自己命运不公的声音，于是就问众生："如果让你们再活一次，你们将如何选择？"

牛："假如让我再活一次，我愿做一只猪。我吃的是草，挤的是奶，干的是力气活，有谁给我评过功，发过奖？做猪多快活，吃罢睡，睡了吃，肥头大耳，生活赛过神仙。"

猪："假如让我再活一次，我要当一头牛。生活虽然苦点儿，但名声好。我们似乎是傻瓜懒蛋的象征，连骂人也都要说'蠢猪'。"

鼠："假如让我再活一次，我要做一只猫。吃皇粮，拿官饷，从生到死由主人供养，时不时还有我们的同类给它送鱼送虾，很自在。"

猫："假如让我再活一次，我要做一只鼠。我偷吃主人一条鱼，会被主人打个半死。老鼠呢，可以在厨房翻箱倒柜，大吃大喝，人们对它也无可奈何。"

鹰："假如让我再活一次，我愿做一只鸡，渴了有水喝，饿了有米吃，住有房，还受主人保护。我们呢，一年四季漂泊在外，风吹雨淋，还要时刻提防冷枪暗箭，活得多累呀！"

鸡："假如让我再活一次，我愿做一只鹰，可以翱翔天空，任意捕兔捉鸡。而我们除了生蛋、报晓外，每天还胆战心惊，怕被捉被宰，惶惶不可终日。"

女人："假如让我再活一次，一定要做个男人，经常出入酒吧、餐馆、舞厅，不做家务，还摆大男子主义，多潇洒！"

男人："假如让我再活一次，我要做一个女人，上电视、登报刊、做广告，多风光。"

上帝听后，大笑起来，说道："一派胡言，一切照旧！还是做你们自己吧！"

人们总渴望获得那些本不属于自己的东西，而对自己所拥有的不加以珍惜。其实，每一个生命的个体之所以存在于这个世界上，自有它存在的意义；每一个人该得的上帝一样不会少给，不该得的，绝不会多给。因此，安心做自己，才是智慧的人。

只有安心做自己的人，才能领会放下的大意境，明天在不断更新，何必总是着眼于过去呢？其实，一切事物都是不增不减的，它有它自然循环的道理。繁华的世态看似好，让人可以过享尽荣华富贵的生活，所以人们不遗余力地追求，但它背后的真实不过如此，为了追求它，人们在不留神之际便沦陷成名利的玩物，失去快乐的生活。在这里，并不是要人们面对幸福和易于得来的金钱而不去享用，只是把这些看得透彻些，活在当下，自在自然，坦然接受所拥有和能够拥有的一切，面对贫富的变迁少一些迷茫，多一些坦然，真正的幸福才能不请自来。

最长久的名声也是短暂的

看看周围那些你熟知的人，他们之中的一部分可能没有目标，做着一些对自己、对别人都毫无益处的事情，却不明白自己身上真正的本性是怎样的，有一点虚名就会沾沾自喜。这样的做法是不明智的，相反的，在做事情之前，我们一定要弄清楚自己的本性是什么，之后遵从自己的本性，只做属于自己该做的事情。一定要记住，你做的每一件事都要以这件事情的本身价值来进行判断，不要过分注意那些鸡毛蒜皮的小事，你将会对命运的安排和生活的赐予感到满足。

过去熟悉的一些词语现在已经不用了。同样，那些声名显赫的名字如今也很少被提起了，例如卡米卢斯、恺撒、沃勒塞斯、邓塔图斯以及稍后一些时候的西庇阿、加图，然后是奥古斯都，还有哈德里安和安东尼。很多事情很快就过去了，变成了历史，甚至有可能被有些人忘记了。上面提到的这些乃是在历史留下丰功伟绩的人，那么其他的人，一旦呼吸停止了，别人就不会再提起他了。如果这样的话，所谓的"永恒的纪念"是什么呢？只是虚无罢了。所以，认识到了本性的人，早就放弃了对名利的追求，即使他们偶然获得了荣誉，也完全不放在心上，只会淡化自己对于名利的渴望和与人攀比的虚荣。

居里夫人因取得了巨大的科学成就而天下闻名，她一生获得奖金颇多，各种奖章16枚，各种名誉头衔117个，但她对此全不在意。

有一天，她的一位朋友来访，发现她的小女儿正在玩一枚金质奖章，而那枚金质奖章正是大名鼎鼎的英国皇家学会刚刚颁给她的。这位朋友不禁大吃一惊，忙问："居里夫人，能够得到一枚英国皇家学会的奖章是极高的荣誉，你怎么能给孩子玩呢？"

居里夫人笑了笑说："我是想让孩子从小就知道，荣誉就像玩具，只能玩玩而已，绝不能够永远守着它，否则将一事无成。"

1921年，居里夫人应邀访问美国，美国妇女为了表示崇拜之情，主动捐赠1克镭给她,要知道,1克镭的价值是在百万美元以上的。

这是她急需的。虽然她是镭的母亲——发现者(但她放弃为此而申请专利),但她买不起昂贵的镭。

在赠送仪式之前,当她看到《赠送证明书》上写着"赠给居里夫人"的字样时,她不高兴了。她声明说:"这个证书还需要修改。美国人民赠送给我的这1克镭永远属于科学,但是假如就这样规定,这1克镭就成了我的私人财产,这怎么行呢?"

主办者在惊愕之余,打心眼儿里佩服这位大科学家的高尚人品,马上请来一位律师,把证书修改后,居里夫人这才在《赠送证明书》上签字。

居里夫人的成就在科学史上是空前的,可是她早就看淡了名利,这并不是每个人都能做到的。人的行为有时是受欲望支配的,可欲望是无穷的,尤其是对于外部物质世界的占有欲,更是一个无底深渊。现实生活中,到处都是诱惑,人的占有欲往往就这样被强烈地激发出来。但是,虽然人们承认欲望的客观存在,并不代表肯定欲望本身,欲望的永无休止只会给我们带来更深重的灾难,所以我们竭力要避免和舍弃的东西正是在欲望的支配下对名利无休无止的渴望。

身外物,不奢恋

从前,有一个非常富有的国王,名叫米达斯。他拥有的黄金数量之多,超过了世上任何人。尽管如此,他仍认为自己拥有的黄金数量还不够多。他碰巧又获得了更多的黄金,这使他非常高兴。他把黄金藏在皇宫下面的几个大地窖中,每天都在那里待上很长时间清点自己有多少黄金。

米达斯国王有一个小女儿名叫马丽格德。国王非常喜欢这个小女儿,他告诉她:"你将成为世界上最富有的公主!"但是马丽格德对此不屑一顾。与父亲的财富相比,她更喜欢花园、鲜花与金色的阳光。她大部分时间都是一个人自己玩,因为父亲为获得更多的黄金和清点自己有多少黄金忙得不可开交。和别的父亲不同的是，他很少给她讲故事，也很少陪她去散步。

一天，米达斯国王又来到他的藏金屋。他反锁上大门，将藏金子的箱子打开。他把金子堆到桌子上，开始用手抚摸，看上去他很喜欢那种感觉。他让黄金从手指缝间滑落而下，微笑着倾听它们的碰撞声，仿佛那是一首美妙的曲子。突然一个人影落到了那堆金子上面。他抬起头，发现一个身着白衣的陌生人正对着他笑。米达斯国王吓了一跳。他明明记得把门锁上了呀！他的财宝并不安全！但是陌生人继续对着他微笑。

"你有许多黄金，米达斯国王。"他说道。

"对，"国王说道，"但与全世界所有的黄金相比，那又显得太少了！"

"什么！你并不满足吗？"陌生人问道。

"满足？"国王说，"我当然不满足。我经常夜不能寐，想方设法获得更多的黄金。我希望我摸到的任何东西都能变成黄金。"

"你真的希望那样吗，米达斯陛下？"

"我当然希望如此了，其他任何事情都难以让我那样高兴。"

"那么你将实现你的愿望。明天早晨，当第一缕阳光透过窗子射进你的房间，你将获得点金术。"陌生人说完便消失了。

米达斯国王揉了揉眼睛。"我刚才一定是在做梦。"他说道，"如果这是真的，我该有多高兴啊！"

第二天米达斯国王醒来时，房间里晨光熹微。他伸手摸了一下床罩。什么也没有发生。"我知道那不是真的。"他叹了口气。就在这时，清晨的阳光透过窗户射进房间。米达斯国王刚

才摸的床罩变成了黄金。

"这是真的，是真的！"他兴奋地喊道。他跳下床，在房间中跑来跑去，见什么摸什么。屋里的家具都变成了金子。他透过窗户，向马丽格德的花园望去。"我将给她一个莫大的惊喜。"他自言自语道。

他来到花园中，用手摸遍了马丽格德的花朵，把它们都变成了金子。"她一定会很高兴。"他想。他回到房间中，等着吃早饭。他拿起昨天晚上看过的书，然而他一碰到书，书就变成了金子。"我现在无法看这本书了，"他说道，"不过让它变成金子当然更好。"

就在这时，一个仆人端着吃的东西走了进来。"这饭看起来非常好吃，"他说道，"我先吃那个熟透了的红桃子。"他把桃子拿到手中，但是他还没有尝到桃子是什么滋味，它就变成了金子。米达斯国王把桃子放回到盘子中。"桃子很好看，我却不能吃！"他说道。他从盘子上拿下一个卷饼，但卷饼又立即变成了金子。他端起一杯水，但还没喝水就变成了金子。"我可怎么办啊？"他喊道，"我又饥又渴，我既不能吃金子，也不能喝金子！"

这时，房门开了，小马丽格德手里拿着一支玫瑰花走了进来，眼里噙满了泪水。

"出了什么事，女儿？"国王问道。

"噢，父亲！你看我的玫瑰花都怎么了？它们变得又硬又丑！"

"嘿，它们是金玫瑰，孩子，你不认为它们比以前的样子更好看吗？"

"不，"她抽泣着说，"它们没有香气，也不再生长。我喜欢活生生的玫瑰。"

"不要在意了，"国王说，"现在吃早饭吧。"

马丽格德注意到父亲没有吃饭，一脸的悲伤。"发生了什么事，亲爱的父亲？"她问道，然后向他跑过来。她伸开双臂，抱住他，他吻了她。但他突然痛苦地喊了起来。他摸了一下女儿，她那漂亮的脸蛋变成了金灿灿的金子，双眼什么也看不到，双唇无法吻他，双臂无法将他抱紧。她不再是一个可爱的、欢笑的小女孩了。她已经变成了一尊小金像。米达斯低下头，大声哭泣起来。

"你高兴吗，陛下？"他听到一个声音问道。他抬起头，看到那个陌生人站在他身旁。

"高兴？你怎么能这样问！我是世界上最不幸的人！"国王说道。

"你掌握了点金术，"陌生人说道，"那还不够吗？"米达斯国王仍低头不语。

"在食物与一杯凉水以及这些金子之间，你更愿意要哪一个？"

"噢，把我的小马丽格德还给我，我愿放弃所有的金子！"国王说道，"我已经失去了应该拥有的东西。"

"你现在比过去明智多了，米达斯国王，"陌生人说道，"跳到从花园旁边流过的那条河中，取一些河水，洒到你希望恢复原状的东西上。"说完这句话，陌生人就消失了。

米达斯一下跳起来，向小河跑去。他跳进去，取了一罐水，然后急忙返回皇宫。他把水洒到马丽格德身上，她的脸蛋立即恢复了血色。她睁开那双蓝眼睛。"啊，父亲！"她说道，"发生了什么事？"米达斯国王高兴地叫了一声，把女儿抱到怀中。从那以后，米达斯国王再也不喜欢金子了，他只钟爱金色的阳光与马丽格德的金发。

物欲太盛造成灵魂变态，精神上永无宁静，永无快乐。正如故事中的国王一样，即使手中已有大量的黄金，还仍不满足。自学会点金术后，他可以拥有更多的金子，然而，凡他手可触及的地方，无论是什么东西，包括他的爱女，均变成了金的。国王陷入了烦恼，失去了快乐，也不再认为拥有更多的金子是幸福的。要想拥有幸福的生活，就要学会控制你的欲望，也要懂得放弃。放弃是一种让步，但让步不是退步。让一步，然后养精蓄锐，为的是更好地向前冲。放弃是量力而行，明知得不到的东西，何必苦苦相求，明知做不到的事，何必硬撑着去做呢？须知该是你的便是你的，不是你的，任你苦苦挣扎也得不到。有时你以为得到了，可能失去的会更多；有时你以为失去了不少，却有可能获得了许多。"身外物，不奢恋"，这是思悟后的清醒。谁能做到这一点，谁就会活得轻松，过得自在。

可以有欲望，但不可有贪欲

伊索有句话说："许多人想得到更多的东西，却把现在所拥有的也失去了。"对于生活，普通的老百姓没有那么多言辞来形容，但是他们有自己的一套语言。于是，老人们会在我们面前念叨："做人啊，要本分，不要丢了西瓜捡芝麻。"这个道理其实与文化人伊索说的是一样的。

的确，人生的沮丧很多都是源于得不到的东西，我们每天都在奔波劳碌，每天都在幻想填平心里的欲望，但是那些欲望却像是反方向的沟壑，你越是想填平，它就向下凹得越深。

欲望太多，就成了贪婪。贪婪就好像一朵艳丽的花朵，美得你兴高采烈、心花怒放，可是你在注意到它的娇艳的同时，却忘了提防它的香气，那是一种让你身心疲惫却永远也感受不到幸福的毒药。从此，你的心灵被索求所占据，你的双眼被虚荣所模糊。

年轻的时候，艾莎比较贪心，什么都追求最好的，拼了命想抓住每一个机会。有一段时间，她手上同时拥有13个广播节目，每天忙得昏天暗地，她形容自己："简直累得跟狗一样！"

事情总是对立的，所谓有一利必有一弊，事业愈做愈大，压力也愈来愈大。到了后来，艾莎发觉拥有更多、更大不是乐趣，反而成为一种沉重的负担。她的内心始终被一种强烈的不安笼罩着。

1995年，"灾难"发生了，她独资经营的传播公司日益亏损，交往了7年的男友和她分手……一连串的打击直奔她而来，就在极度沮丧的时候，她甚至考虑结束自己的生命。

在面临崩溃之际，她向一位朋友求助："如果我把公司关掉，我不知道我还能做什么？"朋友沉吟片刻后回答："你什么都能做，别忘了，当初我们都是从'零'开始的！"

这句话让她恍然大悟，也让她勇气再生："是啊！我们本来就是一无所有，既然如此，又有什么好怕的呢？"就这样念头一转，她不再沮丧。没想到，在短短半个月之内，她连续接到两笔很大的业务，濒临倒闭的公司起死回生。

历经这些挫折后，艾莎体悟到了人生"无常"的一面：费尽了力气去强求，虽然勉强得到，最后留也留不住；而一旦放空了，随之而来的可能是更大的能量。她学会了"舍"。为了简化生活，她谢绝应酬，搬离了150平方米的房子，索性以公司为家，挤在一个10平方米不到的空间里，淘汰不必要的家当，只留下一张床、一个小茶几，还有两只与她做伴的小狗。

艾莎这才发现，原来一个人需要的其实那么有限，许多附加的东西只是徒增无谓的负担而已。

人人都有欲望，都想过美满幸福的生活，都希望丰衣足食，这是人之常情。但是，如果把这种欲望变成不正当的欲求，变成无止境的贪婪，那无形中就成了欲望的奴隶。

在欲望的支配下，我们不得不为了权力、为了地位、为了金钱而削尖了脑袋向里钻。我们常常感到自己非常累，但仍觉得不满足，因为在我们看来，很多人生活得比自己更富足，很多人的权力比自己的大。所以我们别无出路，只能硬着头皮往前冲，在无奈中透支着体力、精力与生命。

这样的生活，能不累吗？被欲望沉沉地压着，能不精疲力竭吗？静下心来想一想：有什么目标真的非要实现不可，又有什么东西值得我们用宝贵的生命去换取？

过重的名誉会压断你起飞的翅膀

有一篇名为《蜗牛的奖杯》的文章。讲的是蜗牛原先善于飞行，在一次飞行比赛中荣获冠军，得到了一个奖杯，便成天背在身上，日久天长，奖杯成了外壳，翅膀也退化了，它只能慢慢爬行。做人也是一样，不能永远背着荣誉的外壳，要学会淡忘曾经的荣誉，才能走得更远，飞得更高。

信陵君杀死晋鄙，拯救邯郸，击破秦兵，保住赵国，赵孝成王准备亲自到郊外迎接他。唐雎对信陵君说:"我听人说:'事情有不可以让人知道的,有不可以不知道的;有不可以忘记的,有不可以不忘记的。'"

信陵君说:"你说的是什么意思呢?"唐雎回答说:"别人厌恨我,不可不知道;我厌恨人家,又不可以让人知道。别人对我有恩德,不可以忘记;我对人家有恩德,不可以不忘记。如今您杀了晋鄙,救了邯郸,破了秦兵,保住了赵国,这对赵王是很大的恩德啊,现在赵王亲自到郊外迎接您,我们仓促拜见赵王,我希望您能忘记救赵的事情。"信陵君说:"我谨遵你的教诲。"

唐雎叫信陵君谦虚谨慎,淡忘功劳,这的确是高明的处世哲学。其实不仅仅是做人,在市场经济的大潮中,同样需要淡泊曾经的功劳。

有资料称,每当年终岁末,日本的企业都要召开"忘年会"。会议上没有领导们的长篇总结报告和工作布置,也没有典型发言和表彰先进,只有简短的新年致辞:忘记昨天,新的一年继续努力吧!"忘年会"的内涵提示人们,成绩也好,荣誉也罢,代表的都是过去,在前进的道路上必须甩掉这些包袱,减轻"行囊"创造新的业绩。与日本的"忘年会"相比,我们有些企业正好相反,总是念念不忘过去那些成绩荣誉。要么躺在荣誉上面睡大觉,满足于已有的成绩,不思进取,要么沾沾自喜地背着"过去"前进,信赖"老办法""老套路",对新鲜事物视而不见或拒不接受,以致销售对象总是几个老

客户，管理核算还是以前的老方法，资金运作依赖贷款开场的老路子。

社会在与时俱进，市场瞬息万变，要发展就必须要创新。要创新，就得将装有"成绩""荣誉"之类的"行囊"减轻直至甩掉，不断地从新的"零"开始，在"白纸"上画新的图画。没有了"包袱"，解放了思想，放开了手脚，在技术创新、体制创新、管理创新、理论创新、经营理念创新等诸多创新中，一定能有所作为，一定能再创辉煌。

同样，在人生旅途中，我们可能会遇到坎坷和不幸，如竞争的失败、家道的中落、不测的病痛和突发的灾难；可能会遇到无端的误解和不公允的际遇；可能会有名利得失和荣辱毁誉；可能会有历史的伤痕和岁月的沧桑；可能会听到无中生有的流言蜚语，捕风捉影、飞短流长的小道新闻……

如果一切都是不可避免的，那我们不妨挥一挥衣袖，学会淡忘，淡忘应该淡忘的一切。淡忘功名利禄，那将使你不会高高在上，不会拥有那种孤独的高处不胜寒的悲凉；淡忘曾经的痛楚，那将有助于你寻找到另一份真正属于自己的幸福；淡忘曾经的仇恨，那将帮助你开辟另一条通往成功的大道；淡忘曾经的成功，那将有助于把你带往人生新的高峰。

放弃生活中的"第四个面包"

非洲草原上的狮子吃饱以后，即使羚羊从身边经过，也懒得抬一下眼皮；瑞士的奶牛也是一样，只要吃饱了肚子，它就会闲卧在阿尔卑斯山的斜坡上，一边享受温暖的阳光，一边慢条斯理地反刍。

有一位作家非常赞赏瑞士奶牛和非洲狮子的生存哲学。他说，假如你的饭量是三个面包，那么你为第四个面包所做的一切努力都是愚蠢的。

王立有一个做医生的朋友，几年前王立到一个宾馆去开会，一眼瞥见领班小姐，貌若天仙，便上前搭讪。小姐莞尔一笑，用一种很不经意的口气说："先生，没看见你开车来哦！"他当即如五雷轰顶，大受刺激，从此立志加入有车族。后来朋友和王立在一起吃饭，几杯酒下肚之后，朋友告诉王立，准备把开了一年的"昌河"小面包卖掉,换一辆新款的"爱丽舍",然后又问王立买车了没有?王立老老实实地回答,还没有,而且在看得见的将来也没有这种可能性。他同情地看着王立:"唉!一个男人,这一辈子如果没有开过车,那实在是太不幸了。"

这顿饭让王立吃得很惶惑。因为按他目前的收入水平,买辆"爱丽舍",他得不吃不喝地攒上好几年。更糟糕的是,若他有一天终于买上了汽车,也许在他还没有来得及品味"幸福"滋味的时候,一个有私人飞机的家伙对他说:"作为一个男人,没开过飞机太不幸了!"那他这辈子还有救吗?

这个问题让王立坐立不安了很长时间。如何挽救自己,免于堕入"不幸"的深渊,让他甚为苦恼。直到有一天,他无意中看到这样一段话:有菜篮子可提的女人最幸福。因为幸福其实渗透在我们生活中点点滴滴的细微之处,人生的真味存在于诸如提篮买菜这样平平淡淡的经历之中。我们时时刻刻拥有着它们,却无视它们的存在。

王立恍然大悟。原来他的朋友在用一个逻辑陷阱蓄意误导他:没有汽车是不幸的。你没有汽车,所以你是不幸的。但这个大前提本身就是错误的,因为"汽车"与"幸福"并无必然的联系。

在一个成功人士云集的聚会上,王立激动地表达了自己内心深处对幸福生活的理解:"不生病,不缺钱,做自己爱做的事。"会场上爆发了雷鸣般的掌声。

成功只是幸福的一个方面,而不是幸福的全部。人们对"成功"的需求是永无止境的,没完没了地追求来自外部世界的诱惑——大房子、新汽车、昂贵服饰等,尽管可以在某些方面得到物质上的快乐和满足,但是这些东西最终带给我们的是患得患失的压力和令人疲惫不堪的混乱。

两千多年前,苏格拉底站在熙熙攘攘的雅典集市上叹道:"这儿有多少东西是我不需要的!"同样,在我们的生活中,也有很多看起来很重要的东西,其实,它们与我们的幸福并没有太大关系。我们对物质不能一味地排斥,毕竟精神生活是建立在物质生活之上的,但不能被物质约束。面对这个已经严重超载的世界,面对已被太多的欲求和不满压得喘不过气的生活,我们应当学会用好生活的减法,把生活中不必要的繁杂除去,让自己过一种自由、快乐、轻松的生活。

远离名利的烈焰，让生命逍遥自由

古今中外，为了生命的自由、潇洒，不少智者都懂得与名利保持距离。

惠子在梁国做了宰相，庄子想去见见这位好友。有人急忙报告惠子："庄子来了，是想取代您的相位吧。"惠子很恐慌，想阻止庄子，派人在梁国搜了三日三夜。不料庄子从容而来拜见他，说："南方有只鸟，其名为凤凰，您可听说过？这凤凰展翅而起，从南海飞向北海，非梧桐不栖，非练实不食，非醴泉不饮。这时，有只猫头鹰正津津有味地吃着一只腐烂的老鼠，恰好凤凰从头顶飞过。猫头鹰急忙护住腐鼠，仰头视之道：'吓！'现在您也想用您的梁国相位来吓我吗？"惠子十分羞愧。

一天，庄子正在濮水垂钓。楚王委派的两位大夫前来聘请他："吾王久闻先生贤名，欲以国事相累。"庄子持竿不顾，淡然说道："我听说楚国有只神龟，被杀死时已三千岁了。楚王珍藏之以竹箱，覆之以锦缎，供奉在庙堂之上。请问大夫，此龟是宁愿死后留骨而贵，还是宁愿生时在泥水中潜行曳尾呢？"两位大夫道："自然是愿意在泥水中摇尾而行了。"庄子说："两位大夫请回去吧！我也愿在泥水中曳尾而行。"

庄子不慕名利，不恋权势，为自由而活，可谓洞悉幸福真谛的达人。

人活在世界上，无论贫穷富贵，穷达逆顺，都免不了与名利打交道。《清代皇帝秘史》记述乾隆皇帝下江南时，来到江苏镇江的金山寺，看到山脚下大江东去，百舸争流，不禁兴致大发，随口问一个老和尚："你在这里住了几十年，可知道每天来来往往多少只船？"老和尚回答说："我只看到两只船。一只为名，一只为利。"一语道破天机。

淡泊名利是一种境界，追逐名利是一种贪欲。放眼古今中外，真正淡泊名利的很少，追逐名利的很多。今天的社会是五彩斑斓的大千世界，充溢着各种各样炫人耳目的名利诱惑，要做到淡泊名利确实是一件不容易的事情。

旷世巨作《飘》的作者玛格丽特·米切尔说过："直到你失去了名誉以

后，你才会知道这玩意儿有多累赘，才会知道真正的自由是什么。"盛名之下，是一颗活得很累的心，因为它只是在为别人而活着。我们常羡慕那些名人的风光，可我们是否了解他们的苦衷？其实大家都一样，希望能活出自我，能活出自我的人生才更有意义。

　　世间有许多诱惑：桂冠、金钱，但那些都是身外之物，只有生命最美，快乐最贵。我们要想活得潇洒自在，要想过得幸福快乐，就必须做到：学会淡泊名利，割断权与利的联系，无官不去争，有官不去斗；位高不自傲，位低不自卑，欣然享受清心自在的美好时光，这样就会感受到生活的快乐和惬意。否则，太看重权力地位，让一生的快乐都毁在争权夺利中，那就太不值得，也太愚蠢了。

当然，放弃荣誉并不是寻常人能做到的，它是经历磨难、挫折后的一种心灵上的感悟，一种精神上的升华。"宠辱不惊，去留无意"说起来容易，做起来却十分困难。红尘的多姿、世界的多彩令大家怦然心动，名利皆你我所欲，又怎能不忧不惧、不喜不悲呢？否则也不会有那么多的人穷尽一生追名逐利，更不会有那么多的人失意落魄、心灰意冷了。只有做到了宠辱不惊、去留无意方能心态平和，恬然自得，方能达观进取，笑看人生。

过多的欲望会蒙蔽你的幸福

人很多时候是很贪心的，就像很多人形容的那样：吃自助的最高境界是：扶墙进，扶墙出。进去扶墙是因为饿得发昏，四肢无力，而扶墙出则是因为撑得路都走不了。人愿意活受罪是因为怕吃亏。而有些时候，人总是对自己不满，还是因为太贪心，什么都想得到。

很多人常常抱怨自己的生活不够完美，觉得自己的个子不够高、自己的身材不够好、自己的房子不够大、自己的工资不够高、自己的老婆不够漂亮，自己在公司工作了好几年了却始终没有升职……总之，对于自己拥有的一切都感到不满，觉得自己不幸福。真正不快乐的原因是：不知足。一个人不知足的时候，即使在金屋银屋里面生活也不会快乐，一个知足的人即使住在茅草屋中也是快乐的。

剑桥教授安德鲁·克罗斯比说："真正的快乐是内心充满喜悦，是一种发自内心对生命的热爱。"不管外界的环境和遭遇如何变化，都能保持快乐的心情，这就需要一种知足的心态。知足者常乐，因为对生活知足，所以他会感激上天的赠予，用一颗感恩的心去感谢生活，而不是总抱怨生活不够照顾自己。

有一个村庄，里面住着一个左眼失明的老头儿。

老头儿9岁那年一场高烧后，左眼就看不见东西了。他爹娘顿时泪流满面，一个独生的儿子一只眼睛看不见可怎么办呀！没料他却说自己左眼看不见了,右眼还能看得见呢!总比两只眼都看不见要好!比起世界上的那些双目失明的人,不是要强多了吗?儿子的一番话,让爹娘停止了流泪。

老头儿的家境不好,爹娘无力供他读书,只好让他去私塾里旁听。他的爹娘为此十分伤心,他劝说道:"我如今也已识了些字,虽然不多,但总比那些一天书没念,一个字不识的孩子强多了吧!"爹娘一听也觉得安然了许多。

后来,他娶了个嘴巴很大的媳妇。爹娘又觉得对不住儿子,而他却说和世界上的许多光棍汉比起来,自己是好到天上去了!这个媳妇勤快、能干,可脾气不好,把婆婆气得心口作痛。他劝母亲说:"天底下比她差得多的媳妇还有不少。媳妇脾气虽是暴躁了些,不过还是很勤快,又不骂人。"爹娘一听真有些道理,怄的气也少了。

老头儿的孩子都是闺女,于是媳妇总觉得对不起他们家,老头儿说世界上有好多结了婚的女人,压根儿就没有孩子。等日后我们老了,5个女儿女婿一起孝敬我们多好!比起那些虽有儿子几个,却妯娌不和,婆媳之间争得不得安宁要强得多!

可是,他家确实贫寒得很,妻子实在熬不下去了,便不断抱怨。他说:"比起那些拖儿带女四处讨饭的人家,饱一顿饥一顿,还要睡在别人的屋檐下,弄不好还会被狗咬一口,就会觉得日子还真是不赖。虽然没有馍吃,可是还有稀饭可以喝;虽然买不起新衣服,可总还有旧的衣裳穿,房子虽然有些漏雨的地方,可总还是住在屋子里边,和那些讨饭维持生活的人相比,可以算是天堂了。"

老头儿老了,想在合眼前把棺材做好,然后安安心心地走。可做的棺材属于非常寒酸的那一种,妻子愧疚不已,而老头儿却说,这棺材比起富贵人家的上等柏木是差远了,可是比起那些穷得连棺材都买不起、尸体用草席卷的人不是要强多了吗?

老头儿活到72岁,无疾而终。在他临死之前,对哭泣的老伴说:"有啥好哭的,我已经活到72岁,比起那些活到八九十岁的人不算高寿,可是比起那些四五十岁就死了的人,我不是好多了吗?"

老头儿死的时候,神态安详,脸上还留有笑容……

老头儿的人生观,正是一种乐天知足的人生观,永远不和那些比自己强的人攀比,用自己的拥有与那些没有拥有的人进行比较,并以此找到了快乐的人生哲学。人生不就这样吗？有总比没有强多了。

很多时候，我们就缺少老头儿的这种心境，当我们抱怨自己的衣服不是名牌的时候，是否想到还有很多人连一套像样的衣服没有；当我们抱怨自己的丈夫没有钱的时候，可否想到那些相爱但却已阴阳相隔的人；当我们抱怨自己的孩子没有拿到第一的时候，是否想到那些根本上不起学的孩子；当我们抱怨工作太累的时候，可否想到那些在街上摆着小摊的小贩们，他们每天起早贪黑，他们根本没有工夫去抱怨……其实，我们已经过得很好了，我们能够在偌大的城市拥有着自己的房子，哪怕只是租的，我们不用为吃饭发愁，我们拥有体贴的妻子、可爱的孩子，有着依旧对自己牵肠挂肚的父母……实际上我们已经拥有的够多了，还有什么不满意的呢？快乐也是在知足中获得的。

给自己的欲望打折

人，是有欲望的，有些人永远得不到满足，永远在为自己攫取着，最后终于沦为私欲的奴隶，把自己的心灵变成了地狱。而当一个人的人生走向终点时，他才会发现，人，是不会从他过多拥有的东西中得到乐趣的，而这些东西却总是以一种魔力引诱着人去追逐，失去理智也在所不辞。于是世界上成千上万的人带着这些东西走向了坟墓，悲哀而无奈。

一位虔诚的教徒受到天堂和地狱问题的启发，希望自己的生活过得更好，他找到先知伊利亚。

"哪里是天堂，哪里是地狱？"伊利亚没有回答他，拉着他的手穿过一条黑暗的通道，来到一座大厅。在大厅的中央放着一口大铁锅，里面盛满了汤，下面烧着火。整个大厅中散发着汤的香气。大锅周围已挤满两腮凹进、带着饥饿目光的人，都在设法分到一份汤喝。

但那勺子太长太重，饥饿的人们贪婪地拼命用勺子在锅里搅着，但谁也无法把汤送到自己的嘴里。有些鲁莽的家伙甚至烫了手和脸，还溅在旁边人的身上。于是大家争吵起来，人们竟挥舞着本来为了解决饥饿的长勺子大打出手。

先知伊利亚对那位教徒说:"这就是地狱。"

他们离开了这座房子,再也不忍听他们身后恶魔般的喊声。他们又走进一条长长的黑暗的通道,进入另一间大厅。这里也有许多人,在大厅中央同样放着一大锅热汤。就像地狱里所见的一样,这里的勺子同样又长又重,但这里的人营养状况都很好。大厅里只能听到勺子放入汤中的声音。这些人总是俩人一对在工作:一个把勺子放入锅中又取出来,将汤给他的同伴喝。如果一个人觉得汤勺太重了,另外的人就过来帮忙。这样每个人都在安安静静地喝。当一个人喝饱了,就换另一个人。

先知伊利亚对他的教徒说:"这就是天堂。"

被私欲蒙蔽心智的人在地狱中。因为只想满足自己的私欲所以谁也不懂得分享的美好,无论是谁都喝不到锅里的汤。如果你心里只有自己,就只能下地狱。这就是内心充满私欲的结局,实在是可怜。你自己的私欲往往就是你亲手为自己掘的一座坟墓。

私欲是一切生物的共性,所不同的是其他生物的私欲是有限的,人的私欲是无限的。正因为如此,人的不合理的私欲必须要受到社会公理、道义、法律的制约,否则这个社会就不属正常的社会。

要求人一点儿私欲都没有是不可能的:我们总是在做我们内心想做的事情。从这个角度说,每个人都是自私的,但自私并不都那么可怕,可怕的是私欲太盛,利令智昏,时时处处以自己为中心,以损公肥私和损人利己为乐事,围着自己想问题,围着自己办事情,在满足其一己之私的过程中,不惜损害公益事业,不惜妨害他人利益。这样的人谁不怕?怕的时间长了,也就如同瘟疫一样,人们避之唯恐不及;怕的人多了,也就如过街老鼠一样,人人见之喊打。这样的人即便是比别人多捞取了一些利益,也不会获得真正意义上的幸福。如果说,他们也侈谈什么成功,充其量不过是鸡鸣狗盗的成功,没有任何值得骄傲和自豪的。

"点燃别人的房子,煮熟自己的鸡蛋。"英国的这句俗话,形象地揭示了那些妨害他人利益的自私行为。而这样的人,等待他们的只有自酿的苦果。

知足可以消除你的各种贪念

老子曾说过:"祸莫大于不知足,咎莫大于欲得。"这句话在如今有着尤其特殊的意义。纵观今日一些落马之人,探其缘由,"祸咎"概莫能出其"不知足"和"欲得"之外。贪婪的欲望使得一个又一个春风得意的"能人",从马上倏然坠地,沦为"阶下囚",甚至走上"断头台"。

自老子以后,很多先哲都提倡"知足知止",这也确实在紧紧地约束着中国人的行止。比如庄子就是一个清心寡欲的人,他曾告诫人们:"知足者,不以利自累也。"王廷相则说:"君子不辞乎福,而能知足也;不去乎利,而能知足也。故随遇而安,有天下而不与也,其道至矣乎!"吕坤也有一言曰:"万物安于知足,死于无厌。"

从古至今,人类始终难以摆脱欲望。在欲望的支配下,人们会做出许多不可理解的事情。当自己的欲望得到了满足的时候,就万事顺心了。可是,当欲望没有达成的时候,人们的心理就会失衡,就会产生抱怨的情绪。所以,抱怨源自不知足,只有知足的人才能感受到人生的富足。

哲学家克里安德,当年虽已八十高龄,但依然仙风道骨,非常健壮,有人问他:"谁是世上最富有的人!"

克里安德斩钉截铁地说:"知足的人。"

这句话恰和老子的"知足者富"的说法如出一辙。

曾有人问当代美国最富有的石油大王史泰莱:"怎样才能致富?"

这位石油大王不假思索地回答:"节约。"

"谁比你更富有?"

"知足的人。"

"知足就是最大的财富吗?"

史泰莱引用了罗马哲学家塞涅卡的一句名言来回答说:"最大的财富,在于无欲。"

塞涅卡还有一句智慧的话:"如果你不能对现在的一切感到满足,那么纵使让你拥有全世界,你也不会幸福。"

最妙的是,罗马大政治家兼哲学家西塞罗也曾有类似的说法:"对于我们现在有的一切感到满足,就是财富上的最大保证。"

知足者常乐,知足便不作非分之想;知足便不好高骛远;知足便安若止水、气静心平;知足便不贪婪、不奢求、不巧取豪夺。知足者温饱不虑便是幸事;知足者无病无灾便是福泽。过分地贪取、无理的要求,只是徒然带给自己烦恼而已,在日日夜夜的焦虑企盼中,还没有尝到快乐之前,已饱受痛苦煎熬了。因此古人说:"养心莫善于寡欲。"我们如果能够把握住自己的心,驾驭好自己的欲望,不贪得、不觊觎,做到寡欲无求,生活上自然能够知足常乐、随遇而安了。

知足不是自满和自负,不是装饰,不是自谦,而是知荣辱、乐自然。知足的人即满足于自我的人,知足者能认识到无止境的欲望和痛苦,于是就干脆压抑一些无法实现的欲望,这样虽然看起来比较残忍,但它却减少了更多的痛苦。在能实现的欲望之内,他拼命为之奋斗,一旦得到了自己的所求,快乐便油然而生,每上一个台阶,快乐的程度也会高出一个台阶。只有经常知足,在自我能达到的范围之内去要求自己,而不是刻意去勉强自己,去强迫自己,而是自觉地知足,才能心平气和去享受独得之乐。

功成身退任自如

天上月圆月缺,地上花开花谢,海中潮涨潮落,四季暑往寒来。社会也与这变化中的万物一样,难以永恒,就像登上山顶看完壮丽的日出就要下山一样,当壮志已酬之时,也就是含蓄收敛、急流勇退的时候了。

庄子曾讲过一种"真人",他恬淡无为,行事适可而止,功成名就时态度依然平静如常。南先生说"真人"的人生既是乐观的又是高明的。他们虽然站在最高的位置,也有很高的成就,但他所做的一切并非源自欲望驱使,而是为了天下而为之。所以贡献的一切从来不需要别人的感恩戴德,且会在合适的时机全身而退。

　　历来能够"功遂，身退，天道"的风流人物，是大多数人一直深感佩服的。南怀瑾先生就曾在《功成身退数风流》一文中说，"功遂，身退，天道"的几字真言，在一般人眼中总觉得消极意味太浓。然而，大家只是忘记观察自然界的"天之道"的原因。仔细看天道，日月经天，昼出夜没，暑往寒来，都是很自然的"功遂，身退"正常现象。植物世界如草木花果，都是默默无言完成了自己的使命，然后悄然消逝；动物世界一代交替一代，谁又能不自然地退出生命的行列呢？如果有，那是人类的心不死，不肯罢休，妄图占有，然而妄想违反自然，何其可悲。

　　功成身退乃天之道，入世时心怀天下，出世时不留一念，这才是正确的处世态度。许多人一面身在世外，却心不肯走，往往自惹烦恼和祸患。

　　例如东晋的抱朴子葛洪和南朝齐梁之际的陶弘景。葛洪早早抽身，自求出任"勾漏令"，以宦途当作隐遁的门面，暗暗地修炼着自己的仙道，得以善终；而陶弘景更是及早地名冠"神武门"，每天优哉乐哉地山中玩乐，做了个地道的"山中宰相"，满足自己精神领域上的追求。

　　韦睿是汉丞相韦贤的后裔，后来跟随了梁武帝，屡次升迁至侯爵的地位。梁武帝北伐时期，韦睿奉命统部北伐，

屡建奇功，他虽身体奇弱，却用兵如神，敌人对他畏惧万分。一次，前方军情告急，梁武帝派遣亲信曹景宗与他会师。韦睿对曹景宗执礼甚谨，每每有军事上的胜利，均让景宗去领功，自己则从不争功。在与曹景宗赌博的时候，韦睿也故意输给他，好不引起景宗对他的嫉恨。

梁武帝知道韦睿厉害，所以一般不委以重任，对他始终心存顾忌。好在韦睿自知苟活乱世需要圆融的手段，退隐山林不是上策，争名逐利也不是上策，所以即便成功之时仍深自谦退，以免猜忌。所以，韦睿平平安安地活到了七十九岁得以善终，遗嘱上要求穿薄服葬了，也不要陪葬品。在他身死之后，梁武帝总算被他的诚信感动了，来到他坟前痛哭流涕，为他完成了最后的挽歌。

也许生活中有许多华丽的舞台在等待你走上去，但这些舞台未必总是尽如人意，也许它就是暴露你弱点的契机，让你在不知不觉间掉入陷阱。就比如秦代的名相李斯，当初他贵为秦相时，"持而盈""揣而锐"，最后却以悲剧告终。临刑之时，他才对其子说："吾欲与若复牵黄犬，出上蔡东门，逐狡兔，岂可得乎？"他临死才幡然醒悟，渴望带着孩子过着牵狗逐兔的返璞归真生活，在平淡中找寻幸福，但却悔之晚矣。

进一步，容易；退一步，难。成功有时易得，安然退却成难事。少数人看透功名实质，重视过程，淡看结果，终能悠然返航，而大多数人还沉迷于名利的旋涡，越陷越深，何其可悲！

莫为名利诱，量力缓缓行

懂得知足的人往往会量力而行。即使前面有很多诱惑，但是他仍然能够不为所动，仔细斟酌自己一天至多能行多远。他深思熟虑之后才去安排行程。尤其是在一条从没走过的道路，他会花费更多的心思去衡量：何处崎岖、何处坎坷、何处严寒、何处酷热，他都要弄得一清二楚。不管别人给他施加多少压力，或者前方有多少诱惑，他都不急不躁，沿着既定的路线缓缓而行。

蒋方初到广州时，曾为找工作奔波了好长一段时间，起初他见几个跑业务的同学业绩不俗，赚了不少钱，学中文专业的他便找了家公司做业务员，然而，辛辛苦苦跑了几个月，不但没赚到钱，人反而瘦了十几斤。同学们分析说："你能力不比我们差，但你的性格内向，不爱与人交谈、沟通，不善交际，因此不太适合跑业务……"

后来蒋方见一位在工厂做生产管理的朋友薪水高、待遇好，便动了心，费尽心力谋到了一份生产主管的职位，可是没做多久他就因管理不善而引咎辞职了。之后，蒋方又做过公司的会计、餐厅经理等，最终出于各种原因都被迫离职。

最后，蒋方痛定思痛，吸取了前几次的教训，不再盲目追逐高薪或舒适的职位，而是依据自己的爱好和特长，凭借自己的中文系本科学历和深厚的文字功底，应聘到一家刊物做了文字编辑。这份工作相比以前的职位，虽然薪水不高，工作量也大，但蒋方却做得非常开心，工作起来得心应手。几个月下来，他就以自己突出的能力和表现让领导刮目相看，器重有加。回顾以往的工作历程，蒋方深有感触地说："无论是工作还是生活，我们都应当根据自己的能力找到合适自己的位置。一味地追逐高薪、舒适的工作，曾让我吃尽了苦头，走了不少弯路。事实上，我们无论做什么事都应结合自身条件，依据自己的爱好和特长去选择相应的事来做。放弃不适合自己的生活，只有这样我们才会快乐。"

就如同故事里的蒋方，很多人都是受到了生活的诱惑，总觉得自己有能力可以获取更多，可是事实是我们还不具备那么多的力量，贪图诱惑，朝着更大的目标行进，只会加大我们的压力，让自己无法适从。

生活中，有人看到了巨大的利益，所以不停地调整自己的路线，甚至急躁地想要直奔利益的终点，可是急于求成的人往往会事倍功半。还有一些人，他们整天都在为了未来的事情操心，可能几十年以后才可能面对的难处，他们现在就开始忧心忡忡了。但是命运只肯按照现实的样子向我们展示，根本不可能因为我们的急躁就提前向我们展开未来的画卷。所以，我们只能按照自己既定的生活之路，一步一步地为未来打开局面。

放弃复杂欲求，恢复简单生活

生活在当下，我们是否应该回头看一看现代人的生活？所有人都莫名其妙地忙碌着，被包围在混乱的杂事、杂务，尤其是杂念之中，一颗颗跳动的心被挤压成了有气无力的皮球，在坚硬的现实中疲软地滚动着。也许是因为在竞争的压力下我们丧失了内心的安全感，于是就产生了担心无事可做的恐惧，所以才急着找事做来安慰自己。这样不知不觉中，我们已经陷入了一种恶性循环，离真正的快乐、甚至真正的生活越来越远。

在20世纪末，人类对自然的征服可谓达到了顶峰，人们恨不得把地球上能开发的地方都开发出来以满足人们日益增长的消费需求。我们深深地被工业、电子、传媒、科技等人工风景紧紧地包围着。信息的汹涌和浩大正如大海的波涛一样，我们每一个人都在这海里沉浮着，在一层层海浪的推举下荡来荡去。也许我们并没失去什么，却凭空地感到凄凉。现代人已经很难找到宁静和从容，找到自己内心的真实。

很多时候，并不是我们在行动，而是大海的力量左右我们的行动。但如果我们认识到自己的处境，从而奋力反抗时势的捉弄，还有可能获得抵达遥远彼岸的希望。可怕的是，我们并没有充分认识到这一点，我们的心已被时代蒙住，看不到自我行动的艰难，而思想的虚弱顺理成章，又极易把被动错认成自由。

也许是我们真的太累了。在追逐生活的过程中，我们也应该尝试着放弃一些复杂的东西，还原生命的本源，让一切都恢复简单的面孔。其实生活本身并不复杂，复杂的只是我们的内心。所以，要想恢复简单的生活，必须重新开始。

艳羡别人，不如珍惜自己的生活田园

生活中有些人羡慕那些明星、名人日日淹没在鲜花和掌声中，名利双收，以为世间苦痛都与他们无缘。这是羡慕别人的盲区，也是一些人老是羡慕别人光鲜处的原因。事实上，走进明星、名人真正的生活，他们同样有着不为人知的心酸。

俗话说，人生失意无南北，宫殿里也会有悲恸，茅屋里同样也会有笑声。只是，平时生活中无论是别人展示的，还是我们关注的，总是风光的一面，得意的一面，这就像女人的脸，出门的时候个个都描眉画眼、涂脂抹粉、光艳亮丽，这全是给别人看的。回家以后，一个个都素面朝天。于是，站在城里，向往城外，而一旦走出了围城，就会发现生活其实都是一样的，有许多我们一直在意的东西，在别人看来也许根本就不算什么。所以，我们根本就没必要将自己的眼光一直投放到别人的生活上，多关注一下自己，欣赏一下自己的人生才能让你真实体会到生活的快意。

故事一：

在一条河的两岸，一边住着凡夫俗子，一边住着僧人。凡夫俗子们看到僧人们每天无忧无虑，只是诵经撞钟，十分羡慕他们；僧人们看到凡夫俗子每天日出而作，日落而息，也十分向往那样的生活。日子久了，他们都各自在心中渴望着：到对岸去。

一天，凡夫俗子们和僧人们达成了协议。于是，凡夫俗子们过起了僧人的生活，僧人们过上了凡夫俗子的日子。

几个月过去了，成了僧人的凡夫俗子们发现，原来僧人的日子并不好过，悠闲自在的日子只会让他们感到无所适从，便又怀念起以前当凡夫俗子的生活来。

成了凡夫俗子的僧人们也体会到，他们根本无法忍受世间的种种烦恼、辛劳、困惑，于是也想起做和尚的种种好处。

又过了一段日子，他们各自心中又开始渴望着：到对岸去。

可见，在你眼中他人的快乐，并非真实生活的全部。每个生命都有欠缺，不必与人作无谓的比较，珍惜自己所拥有的一切就好。

故事二：

一青年总是埋怨自己时运不济，生活不幸福，终日愁眉不展。

这一天，走过一个须发俱白的老人，问："年轻人，干吗不高兴？"

"我不明白我为什么老是这么穷。""穷？我看你很富有啊！"老人由衷地说。"这从何说起？"年轻人问。老人没有正面回答，反问道："假如今天我折断了你的一根手指，给你1000元，你干不干？""不干！"年轻人回答。"假如斩断你的一只手，给你一万元，你干不干？""不干！""假如让你马上变成80岁的老翁，给你100万，你干不干？""不干！""这就对了，你身上的钱已经超过了100万呀！"老人说完，笑吟吟地走了。

由此看来，那些总是认为自己太差的人，他们心灵的空间挤满了太多的负累，从而无法欣赏自己真正拥有的东西。

永远不要眼红那些看上去幸福的人，你不知道他们背后的悲伤。这个社会上，达官显贵不知平凡，他们的外表实在都令人羡慕，但深究其里，每个人都有一本很难念的经，甚至苦不堪言。

所以，不要再去羡慕别人，好好珍惜上天给你的恩典，你会发现你所拥有的绝对比没有的要多出许多，而缺失的那一部分，虽不可爱，却也是你生命的一部分，接受它且善待它，你的人生会快乐豁达许多。爱你的生命，它会焕发出更明亮的光。

学会控制不合理的欲望

合理、有度的欲望本是人奋发向上、努力进取的动力，但倘若欲望变质了我们就容易上当、受骗。人的欲望一旦转变为贪欲，那么在遇到诱惑时就会失去理性。

一个顾客走进一家汽车维修店，自称是某运输公司的汽车司机。她对店主说："在我的账单上多写几个零件，我回公司报销后，有你一份好处。"但店主拒绝了这样的要求。顾客继续纠缠道："我的生意很大，我会常来的，这样做你肯定能赚很多钱！"店主告诉她，无论如何也不会这样做。顾客气急败坏地嚷道："谁都会这么干的，我看你真的是太傻了。"店主火了，指着那个顾客说："你给我马上离开，请你到别处谈这种生意。"谁知这时顾客竟露出微笑并紧紧握住店主的手说："我就是这家运输公司的老板，我一直在寻找一个固定的、信得过的维修店，我终于找到了，你还让我到哪里去谈这笔生意呢？"

面对诱惑不动心，不为其所惑，虽平淡如行云，质朴如流水，却让人领略到一种山高海深，让人感到放心，这样的人也是真正懂得如何生存的人。

荀子说："人生而有欲。"人生而有欲望并不等于欲望可以无度。宋学大家程颐说："一念之欲不能制，而祸流于滔天。"古往今来，因不能节制欲望，不能抗拒金钱、权力、美色的诱惑而身败名裂，甚至招至杀身之祸的人不胜枚举。诱惑能使人失去自我，这个世界有太多的诱惑，一不小心往往就会掉入陷阱。找到自我，固守做人的原则，守住心灵的防线，不被诱惑，你才能生活得安逸、自在。

1856年，亚历山大商场发生了一起盗窃案，共失窃8只金表，损失16万美元，在当时，这是相当庞大的数目。就在案子尚未侦破前，有个纽约商人到此地批货，随身携带了4万美元现金。当她到达下榻的酒店后，先办理了贵重物品的保存手续，接着将钱存进了酒店的保险柜中，随即出门去吃早餐。在咖啡厅里，她听见邻桌的人在谈论前阵子的金表失窃案，因为是一般社会新闻，这个商人并不当一回事。中午吃饭时，她又听见邻桌的人谈及此事，他们还说有人用 1 万美元买了两只金表，转手后即净赚 3 万美元，其他人纷纷投以羡慕的眼光说："如果让我遇上，不知道该有多好！"

然而，商人听到后，却怀疑地想："哪有这么好的事？"到了晚餐时间，金表的话题居然再次在她耳边响起，等到她吃完饭，回到房间后，忽然接到一个神秘的电话："你对金表有兴趣吗？老实跟你说，我知道你是做大买卖的商人，这些金表在本地并不好脱手，如果你有兴趣，我们可以商量看看，品质方面，你可以到附近的珠宝店鉴定，如何？"商人听到后，不禁怦然心动，她想这笔生意可获取的利润比一般生意优厚许多，便答应与对方会面详谈，结果以 4 万美元买下了传说中被盗的 8 块金表中的 3 块。

但是第二天，她拿起金表仔细观看后，却觉得有些不对劲，于是她将金表带到熟人那里鉴定，没想到鉴定的结果是，这些金表居然都是假货，全部只值几千美元而已。直到这帮骗子落网后，商人才明白，从她一进酒店存钱，这帮骗子就盯上了她，而她听到的金表话题也是他们故意安排设计的。骗子的计划是，如果第一天商人没有上当，接下来他们还会有许多花招准备诱骗她，直到她掏出钱为止。

贪婪自私的人往往鼠目寸光，所以他们只瞧见眼前的利益，看不见身边隐藏的危机，也看不见自己生活的方向。贪欲越多的人，往往生活在日益加剧的痛苦中，一旦欲望无法获得满足，他们便会失去正确的人生目标，陷入对蝇头小利的追逐。贪婪者往往自掘坟墓而不自知。我们一定要随时提醒自己，控制自己不合理的欲望，因为你的贪欲很可能让你失去一切。

金钱本身不代表财富，唯有具备与金钱价值相等的东西才是真正的财富。财富是无所不在的。金钱、土地、股票、债券是财富，但是水、空气、太阳、山、海、树木、花草、爱与帮助也是财富。凡是大自然所赋予人类的一切均为财富，若能充分享受这些恩惠，才能算得上是一个内心充盈的人、一个最富有的人。

第三章
荣辱皆不惊，寂寞自豁达

生命，有起有落，有悲有喜，起伏不定，然而，明天，总是美好的。

怎样的人生才算成功

成功是个如此激动人心的字眼，我们每个人都在渴望着成功，对一个人最终最好的评价莫过于说他的一生是成功的一生。那么究竟怎样的人生才算成功呢？相信很多人都曾有过这样的疑问，但答案却没有固定的标准。

说到底，成功的人生是一种内心的感觉，一种让我们感觉踏实、安宁、舒适的体验。它不取决于名誉，不取决于地位，更不取决于金钱，它像阳光一样公平地照在每一个人的身上，只要有心，就能感觉得到。我们把这种美好的感觉叫作幸福。

在繁华的城市中，每天都会有许多人，在忙碌中寻找着自己的方向。一位哲人说，由古至今，人类文明的延伸，唯一的动力和目的即是追求幸福。关于幸福，每个人有着不一样的体验。尽管每个人的人生际遇不同，但命运对每个人都是公平的。外面的世界有泥泞也有星空，就看你能否用自己的心，透过岁月的风尘寻觅到辉煌灿烂的星空。

当今社会，科技迅猛发展迫使人们的工作、生活节奏越来越快，压力也越来越大。在紧张的劳碌中，人们的心灵变得疲惫和脆弱不堪。于是人们在享受日新月异的物质文明的同时，也面临着时尚、奢华的魅惑，在不断的攀比、盲从中，逐渐地迷失了本性，丧失了自我，心灵被重重烟尘所覆盖，再难寻见往昔的纯净与安宁。渐渐地，人们开始忘记了生活的本意，也忘记了享受该有的幸福。

其实，尽管每个人的幸福不同，但幸福并不是世间的稀缺品，它如同阳光普照大地，惠及万物生灵。它又似一杯透明的水，虽淡然无味，口渴之人却能品咂出其中的甘甜。许多时候，只需换一种心情，换一个角度，本来索然无味的事也许会变得精彩无比。

海伦·凯勒又盲又聋，但是怀揣梦想，积极地走向通往成功的路。

贝多芬生活坎坷，但他扼住了命运的咽喉，矢志不渝地成就着自己的梦想。

有些人，他们没有留下名字，他们没有惊心动魄的故事，但是他们同样怀着追逐幸福的梦，走在追逐幸福的路上，他们的人生同样是成功的人生。

无数人的幸福，归结为生活，无数人对幸福的追求，归结为人生。关于人生的解读，唯有幸福堪称是最佳的标注。

人生的挫折不能省略

生命是一次次的蜕变过程。唯有经历各种各样的折磨，才能拓展生命的宽度。通过一次又一次与各种折磨握手，历经反反复复的较量，人生的阅历就在这个过程中日积月累、不断丰富。

在人生的岔道口面前，若你选择了一条平坦的大道，你可能会拥有一个舒适而享乐的青春，但你可能失去一个很好的历练机会；若你选择了坎坷的小路，你的青春也许会充满痛苦，但人生的真谛也许就此被你打开。

蝴蝶的幼虫是在一个洞口极其狭小的茧中度过的。当它的生命要发生质的飞跃时，这个天定的狭小的通道对它来讲无疑成了"鬼门关"，那娇嫩的身躯必须竭尽全力才可以破茧而出。许多幼虫在往外冲杀的时候力竭身亡，不幸成了飞翔的悲壮祭品。

有人怀了悲悯恻隐之心，企图将那幼虫的生命通道修得宽阔一些。他们用剪刀把茧的洞口剪大，但这样一来，所有受到帮助而见到天日的蝴蝶都不是真正的精灵——它们无论如何也飞不起来，只能拖着丧失了飞翔功能的双翅在地上笨拙地爬行！原来，那"鬼门关"般的狭小茧洞恰恰是帮助蝴蝶幼虫两翼成长的关键所在。穿越的时候，通过用力挤压，血液才能被顺利输送到蝶翼的组织中去；唯有两翼充血，蝴蝶才能振翅飞翔。人为地将茧洞剪大，蝴蝶的双翅就没有了充血的机会，爬出来的蝴蝶便永远与飞翔绝缘。

人成长的过程恰似蝴蝶的破茧过程，在痛苦的挣扎中，意志得到磨炼，力量得到加强，心智得到提升，生命在痛苦中得到升华。当你从痛苦中走出来时，就会发现，你已经拥有了飞翔的力量。如果你没有经受挫折，也许你就会像那些受到"帮助"的蝴蝶一样，萎缩了双翼，平庸一生。

有个渔夫有着一流的捕鱼技术,被人们尊称为"渔王"。依靠捕鱼所得的钱,"渔王"积累了一大笔财富。然而,年老的"渔王"却一点儿也不快活,因为他三个儿子的捕鱼技术都极其一般。

于是他经常向人倾诉心中的苦恼:"我真想不明白,我捕鱼的技术这么好,我的儿子们为什么这么差?我从他们懂事起就传授捕鱼技术给他们,从最基本的东西教起,告诉他们怎样织网最容易捕捉到鱼,怎样划船最不会惊动鱼,怎样下网最容易'请鱼入瓮'。他们长大了,我又教他们怎样识潮汐、辨鱼汛……凡是我多年辛辛苦苦总结出来的经验,我都毫无保留地传授给他们,可是他们的捕鱼技术竟然赶不上技术比我差的其他渔民的儿子!"

一位路人听了他的诉说后,问:"你一直手把手地教他们吗?"

"是的,为了让他们学会一流的捕鱼技术,我教得很仔细、很有耐心。"

"他们一直跟随着你吗?"

"是的,为了让他们少走弯路,我一直让他们跟着我学。"

路人说:"这样说来,你的错误就很明显了。你只是传授给了他们技术,却没有传授给他们教训,对于才能来说,没有教训与没有经验一样,都不能使人成大器。"

人们往往把外界的折磨看作人生中纯粹消极的、应该完全否定的东西。当然,外界的折磨不同于主动冒险,冒险有一种挑战的快感,而我们忍受折磨总是迫不得已的。但是,人生中的折磨总是完全消极的吗?清代金兰生在《格言联璧》中写道:"经一番挫折,长一番见识;容一番横逆,增一番气度。"由此可见,那些挫折和横逆的折磨对人生不但不是消极的,还是一种促使你成长的积极因素。如果一路都是坦途,那只能像渔夫的儿子那样,沦为平庸之人。

你还在遭受工作的折磨吗?

你还在遭受老板和上司的折磨吗?

你还在遭受失恋的折磨吗?

你还在遭受家人和师长的折磨吗?

你还在遭受病痛的折磨吗?

……

如果你现在还在遭受这样那样的折磨,你就该庆幸,因为命运给了你战胜自我、升华自我的机会。换一种眼光来看待这些折磨吧,感谢那些在工作和生活上折磨你的人,你就会获得幸福。唯有以这种态度面对人生,才能获得真正的成功。

每一条成功之路都会有挫折

每一条成功之路都会有挫折,没有谁能够真正地一帆风顺。

荣膺"世界十大知名美容女士""国际美容教母"称号的我国香港蒙妮坦集团董事长郑明明在谈起自己的成功时,说这要得益于父亲的"不倒翁理论":"我父亲很爱玩不倒翁,他说,奋斗的过程,会不断碰到一大堆困难,只要像不倒翁一样不断站起,理想就会实现。"也正是这样一种信念激励着她在悲观失望的时候,能够勇敢地站起来,重新开始。

1973年,郑明明经历了事业上的一次重大挫折。当时,她的"贵夫人"化妆品已经在印尼打开了市场。就在雅加达分支机构即将开张时,一场大火将存放化妆品的仓库毁于一旦,她因此耗光了老本还欠了银行一屁股的债。那时,郑明明觉得上天太不公平了!她不仅两手空空,脑海里也似乎空荡荡的了。她在床上躺了两天,不吃也不喝,只想抱怨。就在她极度悲观的时候,她想起了父亲的"不倒翁理论"。她思来想去,没有别的办法,也没有别的路可走,只有依靠自己的双手重新创造一切,把失去的一切再补回来。

事后整整一年,郑明明在香港的店里,带领大家埋头苦干,白天做生意,晚上教学生,谢绝一切应酬,一切从简,每天只限一个半小时处理私事,其余除了吃饭、睡觉全部花在工作上。在一次又一次克服困难之后,她理解了苦难的意义。一年以后,她终于还清了银行贷款,手上逐渐有了积蓄,脸上的阳光驱散了阴影。

挫折似乎是人生必备的大餐,经历过挫折后人才会成长。每个人的一生都会经历很多挫折,而对挫折的认知水平决定了人们未来的发展,我们可以这样说,"问题不在于发生了什么,而在于如何对待它"。

一个极度渴望成功的年轻人却在他短短的人生旅途中接二连三地受到打击和挫折,他处于崩溃的边缘,几乎就要绝望了。苦闷的他仍然心有不甘,在彷徨和迷茫中,去请教了一位智者。

见到智者后,他很恭敬地问:"我一心想有所成就,可总是失败,遇到挫折。请问,到底怎样才能成功?"

智者笑笑,转身拿出一个东西递给年轻人,他吃惊地发现躺在自己手心的竟然是一颗花生。年轻人困惑地望着智者。

智者问道:"你有没有觉得它有什么特别之处呢?"

年轻人仔细地观看了一番,仍然没有发现它和别的花生有什么差别。

"请你用力捏捏它。"智者见年轻人没有说话,接着说。年轻人伸出手用力一捏,花生壳被他捏碎了,只有红色的花生仁留在了手中。

"请你再搓搓它,看看会发生什么事。"智者又说,脸上带着微笑。

年轻人虽然不解,但还是照着他的话做了,就在他轻轻的一搓之中,花生红色的皮脱落了,只留下白白的果实。

年轻人看着手中的花生,不知智者是何意思。"再用手捏它。"智者又说。

年轻人用力一捏,他发觉他的手指根本无法将它捏碎。

"用手搓搓看。"智者说。

年轻人又照做了,当然,什么也没搓下来。

"虽屡遭挫折,却有一颗坚强、百折不挠的心,这就是成功的一大秘密啊!"智者说。

年轻人蓦然顿悟,遭遇几次挫折就要崩溃、绝望了,这样脆弱的心灵又怎么能够成功呢?从智者那里出来,他又挺起了胸膛,心中充满了力量。

我国古书《易经》上也说:"穷则变,变则通。"的确,天无绝人之路,上天总会给有心人一个反败为胜的机会。

我们在做某一件事之前,应该对自己的行为以及能力进行切合实际的评估,预先设想可能会发生的种种状况以及应对的方法。这样的话,即使遭遇挫折也不会太过慌张。如果所遇到的困难是没有预想到的,也不要急躁行事或唉声叹气、怨天尤人,乐观地面对、积极地解决问题才是最重要的。只要你已经尽了最大努力去干一件事,即使最终失败了也没有关系。过程比结果更重要。但是无论如何,绝对不能失去重新开始一切的勇气。

惨败的局面是大捷的前奏

在人们看来往往悲惨的局面,却被命运安排成了大捷的前奏。许多时候,眼前的悲惨并不是最终的结果,只有等到所有事情都结束,幸运才会凸显出来。

一天夜里,一场雷电引发的山火烧毁了美丽的"万木庄园",这座庄园的主人迈克陷入了一筹莫展的境地。面对如此大的打击,他痛苦万分,闭门不出,茶饭不思,夜不能寐。

转眼间,一个多月过去了,年已古稀的外祖母见他还陷在悲痛之中不能自拔，就意味深长地对他说："孩子，庄园成了废墟并不可怕，可怕的是，你的眼睛失去了光泽，一天一天地老去。一双老去的眼睛，怎么能看得见希望呢？"

迈克在外祖母的劝说下，决定出去转转。他一个人走出庄园，漫无目的地闲逛。在一条街道的拐弯处，他看到一家店铺门前人头攒动。原来是一些家庭主妇正在排队购买木炭。那一块块躺在纸箱里的木炭让迈克的眼睛一亮，他看到了一线希望，急忙兴冲冲地向家中走去。在接下来的两个星期里，迈克雇了几名烧炭工，将庄园里烧焦的树木加工成优质的木炭，然后送到集市上的木炭经销店里。

很快，木炭就被抢购一空，他因此得到了一笔不菲的收入。他用这笔收入购买了一大批新树苗，一个新的庄园初具规模了。

几年以后，"万木庄园"再度绿意盎然。

灾难会让懦弱的人颠簸，却不会让有勇气的人倒下去。而眼前的悲惨，只是命运给懦弱的人制造的一种假象，因为只要我们有勇气再向前一步，就可能等到大捷的结果。

懦弱的人是看不到成功的，更不会从失败中获得甜美的成果。因为成功是从不断的挫折和失败中建立起来的，它不仅是一种结果，更是一种不怕失败、在磨难中永不屈服的能力。

松下幸之助说："成功是一位贫乏的教师，它能教给你的东西很少；我们在失败的时候，学到的东西最多。"因此，不要害怕失败，失败是成功之母。没有失败，你不可能成功。那些不成功的人是永远没有失败过的人。

若每次失败之后都能有所"领悟"，把每一次失败都当作成功的前奏，那么就能化消极为积极，变自卑为自信。作为一个现代人，应具有迎接失败的心理准备。世界充满了成功的机遇，也充满了失败的风险，所以要树立持久心，以不断提高应付挫折与干扰的能力，调整自己，增强社会适应力，坚信失败乃成功之母。

在成功的道路上难免会遭遇坎坷和曲折，有些人把痛苦和不幸作为退却的借口，也有人在痛苦和不幸面前寻得复活和再生。只有勇敢地面对不幸和超越痛苦，永葆青春的朝气和活力，用理智去战胜不幸，用坚持去战胜失败，我们才能真正成为自己命运的主宰，成为掌握自身命运的强者。

要战胜失败所带来的挫折感，就要善于挖掘、利用自身的"资源"。应该说当今社会已大大增加了这方面的发展机遇，只要敢于尝试，勇于拼搏，就一定会有所作为。虽然有时个体不能改变"环境"的"安排"，但谁也无法剥夺其作为"自我主人"的权利。

只有经历了风雨的彩虹才会放出美丽的光彩，只有从困境中走出的人才是真正的强者。

你是否在遭遇困难与痛苦时，总是认为自己根本无力承担，更没有办法去解决？假若你这样认为，就是极大的错误。就像文中的迈克一样，如果他在失去一切后没有积极思考，想办法克服重重困难，那也就不会有后来辉煌的人生。你有相当好的经历，而且也有着丰富、宝贵的才华，为什么发生在你身上的事，就无法解决呢？其实，最主要的还在于，你是否能够在面对困难的时候，既不被眼前的悲惨局面所迷惑，也不为可能面临的失败感到沮丧，而是正视困境，寻求解决的办法，坚忍执着地走下去。

信心面前，什么困难都会溃退

只要有信心，你就能移动一座山。只要坚信自己会成功，你就能成功。

宋朝，有一段时期战争频频，国患不断，大将军狄青带领人马杀赴疆场，不料自己的军队势单力薄，寡不敌众，被困在小山顶上，眼看将被敌军吞没。就在士气大减，甚至将要缴械投降之际，大将军狄青站在大家面前说："士兵们，看样子我们的实力是不如人家了，可我却一直都相信天意，老天让我们赢，我们就一定能赢。我这里有九枚铜钱，向苍天企求保佑我们冲出重围。我把这九枚铜钱撒在地上，如果都是正面，一定是老天保佑我们；如果不全是正面的话，那肯定是老天告诉我们不会冲出去的，我就投降。"

此时，士兵们闭上了眼睛，跪在地上，烧香拜天祈求苍天保佑，这时狄青摇晃着铜钱，一把撒向空中，落在了地上，开始士兵们不敢看，谁会相信九枚铜钱都是正面呢！可突然一声尖叫："快看，都是正面。"大家都睁开了眼睛往地上一看，果真都是正面。士兵们跳了起来，把狄青高高举起喊道："我们一定会赢,老天会保佑我们的!"

狄青拾起铜钱说:"那好,既然有苍天的保佑,我们还等什么,我们一定会冲出去的!各位,鼓起勇气,我们冲啊!"

就这样,一小队人马竟然奇迹般战胜了强大的敌人,突出重围,保住了有生力量。过些时候,将士们谈起了铜钱的事情,还说:"如果那天没有上天保佑我们,我们就没有办法出来了!"

这时候狄青从口袋掏出了那九枚铜钱,大家竟惊奇地发现,这些铜钱的两面都是正面的!

虽然只是几枚小小的铜钱,却让这小队人马的命运为此而改变。细细体味故事时,我们能够领悟到,战斗胜利的根源其实是在于:信心。

信心比金钱、势力、出身、亲友更有力量,是人们从事任何事业的最可靠的资本。信心能排除各种障碍、克服种种困难,能使事业获得完满的成功。有的人最初对自己有一个恰当的估计,信心能够处处胜利,但是一经挫折,他们却又半途而废,这是因为他们自信心不坚定的缘故。所以,树立了自信心,还要使自信心变得坚定,这样即使遇到挫折,也能不屈不挠、向前进取,决不会因为一时的困难而放弃。

那些成就伟大事业的卓越人物在开始做事之前,总是会具有充分信任自己能力的坚定的自信心,深信所从事之事业必能成功。这样,在做事时他们就能付出全部的精力,破除一切艰难险阻,直达成功的彼岸。

不要灰心,除非你达到目的

探险家大卫·利文斯顿曾经说过:"不管我的前方面临的是什么,我都不会灰心,除非我达到了自己的目的。"因为这种精神,他在一次又一次的探险中发掘出了别人不曾看到的价值,并给后人留下了非常宝贵的精神财富。

不管做任何的事情,都可能会遇到困难,尤其是我们确定了生活的目标,朝着一个方向迈进的时候，困难总是会阻隔我们前行的脚步。这时候，如果我们没有坚定的信念和锲而不舍的精神，那么我们将一事无成。

在美国，有一位穷困潦倒的年轻人，即使在身上全部的钱加起来都不够买一件像样的西服的时候，仍全心全意地坚持着自己心中的梦想，他想做演员、拍电影、当明星。

当时，好莱坞共有500家电影公司，他逐一数过，并且不止一遍。后来，他又根据自己认真划定的路线与排列好的名单顺序，带着自己写好的为自己量身定做的剧本前去拜访。但第一遍下来，所有的500家电影公司没有一家愿意聘用他。

面对百分之百的拒绝，这位年轻人没有灰心，从最后一家被拒绝的电影公司出来之后，他又从第一家开始，继续他的第二轮拜访与自我推荐。

在第二轮的拜访中，500家电影公司依然拒绝了他。

第三轮的拜访结果仍与第二轮相同。这位年轻人咬咬牙开始他的第四轮拜访，当拜访完第349家后，第350家电影公司的老板破天荒地答应愿意让他留下剧本先看一看。

几天后，年轻人获得通知，请他前去详细商谈。

就在这次商谈中，这家公司决定投资开拍这部电影，并请这位年轻人担任自己所写剧本中的男主角。

这部电影名叫《洛奇》。

这位年轻人的名字就叫席维斯·史泰龙。现在翻开电影史，这部叫《洛奇》的电影与这个日后红遍全世界的演员皆榜上有名。

在史泰龙的身上，我们看到了一种百折不挠的精神和勇气，也正是因为这种坚持，他才取得了最后的胜利。可是在生活中，我们很多人都不曾有他这种对于梦想的执着和坚持到底的信念。当我们开始确立梦想的时候，可能会面对很多的困难。这些困难让我们感到沮丧，于是我们在浅浅的尝试了之后，就放弃了自己的梦想。

成功是需要持之以恒地去追求的，即使是名人也不例外。大歌唱家鲁宾斯坦曾说过："若是我一天不练嗓子，我自己会觉得诧异；若是我两天不练嗓子，我的朋友会觉得诧异；若是我三天不练嗓子，所有人都会觉得诧异。"同理：如果经历了一次放弃，我们就离成功远了一步，两次三次之后，我们就再也不会追上成功的脚步了。所以，在困境面前，不要灰心，更不要沮丧，而应该一直坚持，直到你达成了自己的目的。

相信积极思想的力量

2008年年底，在一片肃杀的气氛中，美国华尔街三一教堂忽然热闹了起来，穿着西装、提着公文包来祷告的信徒越来越多。"对比前几年，现在金融从业者来教堂的数量有所回升，"牧师马克·琼斯说，"这不足为奇，因为人们不知道他们明天是否还在位。"在此后几周内，这个教堂举办了讲习班和研讨会，主题包括"在不确定时期如何应对压力"和"职业生涯导航"等。与此同时，梵蒂冈圣彼得教堂的神父彼得·麦迪根也发现来祷告的人数逐渐多了起来，他说："过去几天，人们焦虑和不安的情绪非常严重。面对暗淡的前景，能帮助我们渡过困境的就是信念。"

英国思想家、哲学家斯图尔特·米尔曾说过："一个有信念的人，所发出来的力量，不亚于99位仅心存兴趣的人。"这也就是为何信念能使人渡过难关并开启卓越之门的缘故。由此可见，困境之下，由信念所带来的信心就是一剂灵丹妙药，即使它不能在短期内帮我们解决燃眉之急，但却能给我们心灵带来慰藉，给我们生活带来力量，帮助我们积极乐观地前行。有了信心的指引，生活中的任何磨难都会变得微不足道。

这是一个发生在美国内战期间最奇特的故事。

那个时候的艾迪太太认为生命中只有疾病、愁苦和不幸。她的第一任丈夫，在他们婚后不久就去世了，她的第二任丈夫又抛弃了她，和一个已婚妇人私奔，后来死在一个贫民收容所里。她只有一个儿子，却由于贫病交加，不得不在4岁那年就把他送走了。她不知道儿子的下落，整整31年都没有再见到他。

她生命中戏剧化的转折点，发生在马萨诸塞州的林恩市。一个很冷的日子，她在城里走着的时候，突然滑倒了，摔倒在结冰的路面上，而且昏了过去。她的脊椎受到了伤害，不停地痉挛，甚至医生也认为她活不久了。医生还说即使是奇迹出现使她活命，她也绝对无法再行走了。

躺在一张看来像是送终的床上，艾迪太太打开她的《圣经》。她读到马太福音里的句子："有人用担架抬着一个瘫子到耶稣跟前来，耶稣就对瘫子说：'孩子，放心吧，你的罪赦了。起来，拿你的褥子回家去吧。'那人就站起来，回家去了。"

她后来说，耶稣的这几句话使她产生了一种力量，一种信仰，一种能够医治她的力量。使她"立刻下了床，开始行走"。

"这种经验，"艾迪太太说，"就像引发牛顿灵感的那只苹果一样，使我发现自己怎样好了起来，以及怎样能使别人也做到这一点。我可以很有信心地说：一切的原因就在你的思想，而一切的影响力都是心理现象。"

这不是神话，也不是偶然。我们活得愈久，就愈深信信心的力量。生命中总有一些转折点，抓住这样一个转折点，我们的人生就会有突破和进展。

信心不能给我们需要的东西，却能告诉我们如何得到。给自己一分信心，你的生活就会多一分希望。

真的，世界上没有任何力量能像信心那样影响我们的生活。人生到底是喜剧收场还是悲剧落幕，是成功辉煌还是黯然神伤，全在于你保持着什么样的信心。一个没有信心的人，就好比少了马达的渡轮，注定要在汪洋中沉没。信心是决定我们潜能发挥程度的关键，有信心在人生之路上为你牵引，无论你身处什么样的折磨环境，你都能克服，最终走出不利局面。

在竞争激烈、强手如林的现代社会，我们总会陷入困境的时候，或事业不顺，或经济困窘，这时，我们就应该把消极悲观扔在背后，满怀信心地积极争取，这样才有希望和机会渡过难关。这个世界上，所有的成功者无一例外都是满怀信心的人，都是坚信自己可以成功的人，都是在任何时候也不放弃自己的人。一个失去信心的人，没有办法全力以赴，自然也就成了一个失败者。

磨炼可以使我们的灵魂更加坚固

为了造就我们，命运常常让我们落入试炼当中。可是人们总是错看命运的安排，认为是上苍在跟我们过不去。人们甚至埋怨：既然给了我们有阳光的白天，又为什么一定要将我们搁置在周围漆黑的深夜呢？不错，试炼将我们推向了黑夜，但是它还是留下了一些空隙，让我们能够趁机看到光明。而试炼之后，我们也将变得更加坚强，更加能够接近成功的梦想。

张老师对大家要求很严。这让大家觉得他是个很凶的人。他的讲台上常放着一把宽约三厘米，长约尺余的教鞭。教鞭的一头由于手的摩擦和汗水的浸泡，已由青泛黄，闪烁着光亮。另一头则被劈开七八厘米长。这样打起手板来一夹一夹的，痛着呢！胆大的常偷偷把他的教鞭丢进茅厕和山林中。不想第二天他又找来一把一模一样的教鞭，让你怀疑这教鞭是不是被他发现后从山林里找回来的那一把。

说到教鞭，张刚就有恨。

那次，大队部放电影，张老师却说电影内容不适合同学们看，何况大家期考将至，要他们好好复习功课，不允许看电影，一经发现就打30下手板。张刚以为他与爸爸要好，又是自己的本家，自己看电影是不会被打手板的，就偷偷去看了。谁知竟被他发现了，张刚吓得拔腿便逃。

第二天，张刚极不情愿地举起手，张老师打手板时，劲用得十分大。他觉得一下一下打得不是手。"一、二、三……"刚打了十来下张刚的手就红彤彤的了。手缩了又缩。张老师却不讲情面地说："不许缩，缩了再加罚。"他硬是把当时已泪流满面的张刚打了整整30下手板。为此，张刚开始记恨起他来。

后来，只要看到张老师愁眉苦脸的样子，张刚就高兴。他家发生了不愉快的事自己也会在一旁偷着乐。他家开始不是鸡少了一只，就是鸭跛了一只脚，不用说，那都是张刚干的好事。读初中时，张刚开始了他的学画生涯。老师为了让他考个好学校，让他到市里去参加美术培训。张老师在得知他为培训费而苦恼时，将家里养的能卖的鸡鸭都卖了，为他筹了上百元的学费，还请张刚和他父亲到自己家吃饭。

当看到他宰的是那只被自己打跛了脚的鸭子时，张刚的脸红了。张老师看出来了，什么责备的话也没说："来，吃吃我弄的鸭子，原本想将它卖了换个油钱的，但婆婆说它会生蛋，一直舍不得卖。今天是个高兴的日子，说不定将来我们张家会出一个大画家的。宰了这只鸭子，值得！"张刚一直将头低得很沉，不知是出于惭愧还是感激，张刚的泪慢慢流了出来。

现在，张刚没成为画家，倒成了城里人，成了与张老师一样靠摇笔杆子吃饭的读书人。想起张老师的沉思状和他的教鞭，张刚就想起那只被打跛了腿的鸭子。

他知道，他今生是难以走出张老师的似海恩情了。

老师在学生的眼里，总是一副很严肃的样子，对学生过于严格，他们看似是在折磨学生，其实是在用心栽培学生。因为正是老师给我们增加了许多试炼，才让我们逐渐成长起来。

在生活中，我们可能要面对的试炼更多，工作中的、感情上的……每一次通过试炼的时候，我们都能感受到自己的成熟。所以，别刻意地拒绝生活的试炼，勇敢地承受这些试炼，你的人生才会成长得更快。

不要性急想跑在失败的前面

生活里，很多人害怕面对失败，所以在失败的结果出现以前，自己就先放弃了。这样的人注定了会一事无成，因为纵观世界上那些成功人士的生平经历就会发现，那些声振环宇的伟人，都是在经历过无数的失败后，又重新开始拼搏才获得最后的胜利的。

1510年，帕里斯出生在法国南部，他一直从事玻璃制造业，直到有一天看到一只精美绝伦的意大利彩陶茶杯。这一下，改变了他一生的命运。

"我也要造出这样美丽的彩陶。"这是他当时唯一的信念。

他建起烤炉，买来陶罐，打成碎片，开始摸索着进行烧制。

几年下来，碎陶片堆得像小山一样，可他心目中的彩陶却仍不见踪影，他甚至无米下锅了。他只得回去重操旧业，挣钱来生活。

他赚了一笔钱后，又烧了三年，碎陶片又在砖炉旁堆成了山，可仍然没有结果。

以后连续几年，他挣钱买燃料和其他材料，不断地试验，都没有成功。

长期的失败使人们对他产生了看法。都说他愚蠢，是个大傻瓜，连家里人也开始埋怨他，他也只是默默地承受。

试验又开始了，他十多天都没有换衣服，日夜守在炉旁。燃料不够了，他拆了院子里的木栅栏，怎么也不能让火停下来呀！又不够了，他搬出了家具，劈开，扔进炉子里。还是不够，他又开始拆屋子里的板。劈劈啪啪的爆裂声和妻子儿女们的哭声，让人听了鼻子都是酸酸的。马上就可以出炉了，多年的心血就要有回报了，可就在这时，只听炉内"嘭"的一声，不知是什么爆裂了。所有的产品都沾染上了黑点，全成了次品。

眼看到手的成功，又失败了！帕里斯也感受到了巨大的打击，他独自一人到田野里漫无目的地走着。不知走了多长时间，优美的大自然终于使他恢复了心里的平静，他平静地又开始了下一次试验。

经过16年无数次的艰辛历程，他终于成功了，而这一刻，他却一片平静。他的作品成了稀世珍宝，价值连城，艺术家们争相收藏。他烧制的彩陶瓦，至今仍在法国的卢浮宫上闪耀着光芒。

帕里斯的成功之路是艰辛而漫长的。他的成功来得何等不易。在一次又一次的失败中又一次重新站起来，这正是帕里斯成功的原因。

奋斗者不会在失败以前就放弃，即使是面对失败的结果，也会把它当作是学习和发展新技能及策略的机会。有人认为失败一无是处，只会给人生带来阴暗。其实恰恰相反，人们从每次的错误中可以学习到很多东西，并调整自己的路线，重新回到正确的道路上来。错误和失败是不可避免的，甚至是必要的；它们是行动的证明——表明你正在做着事情。你犯的错误越多，你成功的机会就越大，失败表示你愿意尝试和冒险。奋斗者应该明白：每次的失败都使你在实现自己梦想的道路上前进了一步。

西奥多·罗斯福说："最好的事情是敢于尝试所有可能的事，经历了一次次的失败后赢得荣誉和胜利。这远比与那些可怜的人们为伍好得多，那些人既没有享受过多少成功的喜悦，也没有体验过失败的痛苦，因为他们的生活暗淡无光，不知道什么是胜利，什么是失败。"在这个世界上，有阳光，就必定有乌云；有晴天，就必定有风雨。从乌云中解脱出来的阳光比以前更加灿烂，经历过风雨洗礼的天空才能更加湛蓝。人们都希望自己的生活如丝顺滑，如水平静，可是命运却给予人们那么多挫折坎坷。此时，我们要知道，困难和坎坷只不过是人生的馈赠，它能使我们的思想更清醒、更深刻、更成熟、更完美。

所以，不要性急地在失败的结果出现之前就放弃，更不要害怕失败，在失败面前，只有永不言弃者才能傲然面对一切，才能最终取得成功。

风雨中的玫瑰依然芬芳

远离痛苦和寻找快乐，这几乎是所有人毕生的追求，就连蝼蚁也不例外。但是，苦是人生的本质，人们置身苦海就必然会沾染上苦的味道。其实，圆满的人生并不意味着一个人一辈子没有吃过苦、没有失过恋，而是要做到经历过、体验过、面对过那苦的滋味，最终能够超越苦的感觉。

苦为乐、乐为苦，苦与乐的感受全在于一心。活在世间的人们，总是感慨苦多于乐，要离苦才能得乐。因此，佛学是离苦得乐的哲学。只有深刻体验苦，才能透彻体会乐！

有这样一个关于"苦"的古老的故事：

有一群弟子要出去朝圣。师父拿出一个苦瓜，对弟子们说："随身带着这个苦瓜，记得把它浸泡在每一条你们经过的圣河，并且把它带进你们所朝拜的圣殿，放在圣桌上供养，朝拜它。"

弟子们走过许多圣河圣殿，并依照师父的教诲去做。回来以后，他们把苦瓜交给师父,师父叫他们把苦瓜煮熟,当作晚餐。晚餐的时候,师父吃了一口,然后语重心长地说:"奇怪呀!泡过这么多圣水,进过这么多圣殿,这苦瓜竟然没有变甜。"

苦瓜的本质是苦的,不会因圣水圣殿而改变;人生是苦的,修行是苦的,由情爱产生的生命本质也是苦的,这一点即使是圣人也不可能改变,更何况凡夫俗子?

想要离苦得乐最重要的方法就是"以苦为乐",既然我们做的所有事情的目的都是寻找永恒的快乐,而痛苦几乎都是因为以自我的欲望和贪念为中心才产生的,那么我们何不把内心的杂念消灭掉,没有杂念就没有欲望,没有欲望就不会失望,也就能得到平静的快乐。

苦与乐并非是相互对立的,而是和谐统一的,相辅相成、相互转化的。正如哈密瓜比蜜还要甜,人们吃在嘴里乐在心上;苦巴豆比难吃的中药还要苦。种瓜的老人却告诉我们:哈密瓜在下秧前,先要在地底下埋上半两苦巴豆,瓜秧才能茁壮成长,结出蜜一样的果实来。

对于人生来说,悲苦从来都是无法逃避的。多苦少乐是人生的必然。因此,我们要懂得幽默的智慧,享受苦中作乐的坦然,以及化苦为乐的超然,才能获取人生的大乐趣。

磨难让我们变得更加坚韧

在每个人的生命中,每一年都会发生各种各样的事情,或大喜或大悲,无论如何,这些事情就像我们生命中的坐标一样,它们或深或浅或明媚或暗淡的色调,构成了我们的人生画卷。

在人生的岁月里,起伏不定常常带给人们不安全感。所以,人们常常抱怨磨难,抱怨那些让我们的生活变得艰苦的事情,抱怨那些让我们的内心承受煎熬的经历。

可是,人们在抱怨的时候并没有想到,这些磨难就像烈火,我们只有在经过锤炼之后,才会变得更加坚韧、更加刚强。

德国有一位名叫班纳德的人,在风风雨雨的50年间,他遭受了200多次磨难的洗礼,成为世界上最倒霉的人,但这些也使他成为世界上最坚强的人。他出生后14个月,摔伤了后背;之后又从楼梯上掉下来,摔残了一只脚;再后来爬树时又摔伤了四肢;一次骑车时,忽然不知从何处刮来一阵大风,把他吹了个人仰车翻,膝盖又受了重伤;13岁时掉进了下水道,差点窒息;一次,一辆汽车失控,把他的头撞了一个大洞,血如泉涌;又有一辆垃圾车,倒垃圾时将他埋在了下面;还有一次他在理发屋中坐着,突然一辆飞驰的汽车驶了进来……他一生遭遇无数灾祸,在最为晦气的一年中,竟遇到了17次意外。

令人惊奇的是,老人至今仍旧健康地活着,心中充满着自信。他历经了200多次磨难的洗礼,还怕什么呢?

人生不可能一帆风顺。对生命来说,困境有时并非是意外,而是常态,对人生,这是锻炼;对生命,这是磨炼,经常接受磨炼的人才能创造出崭新的天地,这就是所谓的"置之死地而后生"。

"自古雄才多磨难，从来纨绔少伟男。"人们最出色的成绩往往是在挫折中做出的，我们要有一个辩证的挫折观，经常保持充足的信心和乐观的态度。挫折和磨难使我们变得聪明和成熟，正是不断从失败中汲取经验，我们才能获得最终的成功。我们要悦纳自己和他人，要能容忍不利的因素，学会自我宽慰，情绪乐观、满怀信心地去争取成功。

如果能在磨难中坚持下去，磨难实在是人生不可多得的一笔财富。有人说，不要做在树林中安睡的鸟，要做在雷鸣般的瀑布边也能安睡的鸟，就是这个道理。生命的磨难并不可怕，只要我们学会去适应，那么磨难带来的逆境，反而会让我们拥有进取的精神和百折不挠的毅力。

我们在埋怨自己生命坎坷，人生多磨难时，不妨想想这位老人的人生经历，或许还有更多多灾多难的人们，与他们相比，我们的困难和挫折算什么呢？只要我们内心足够自信与强大，生命就能屹立不倒。

坚持不懈，才能取得最大的奖赏

比尔·撒丁是挪威小有名气的音乐家，他的代表作是《挺起你的胸膛》。多年前，比尔·撒丁一人来到法国，准备报考著名的巴黎音乐学院。考试的时候，他竭力将自己的水平发挥到最佳状态，但主考官还是没能看中他。身无分文的比尔·撒丁来到学院外不远处一条繁华的街上，勒紧裤带在一棵榕树下拉起了手中的琴。他拉了一曲又一曲，吸引了无数人的驻足聆听，围观的人们纷纷掏钱放入琴盒。一个无赖鄙夷地将钱扔在他的脚下。他看了看无赖，最终弯下腰拾起地上的钱递给无赖说："先生，你的钱丢在了地上。"无赖接过钱，重新扔在他的脚下，再次傲慢地说："这钱已经是你的了，你应该收下！"比尔·撒丁再次看了看无赖，深深地对他鞠了个躬说："先生，谢谢你的资助！刚才你掉了钱，我弯腰为你捡起。现在我的钱掉在了地上，麻烦你也为我捡起！"无赖被他出乎意料的举动震撼了，最终捡起地上的钱放入他的琴盒，然后灰溜溜地走了。围观的人群中有一双眼睛一直默默关注着比尔·撒丁，他就是那位主考官。最终，他将比尔·撒丁带回学院，录取了他。

西方有位哲人指出："人生长期考验着我们的毅力，唯有那些能够坚持不懈的人，才能得到最大的奖赏。毅力到此地步可以移山，也可以填海，更可以让人从芸芸众生中脱颖而出。"当我们陷入生活低谷的时候，往往会招致许多无端的蔑视。这时，只要我们理智地应对，以一种平和的心态去维护我们的尊严，你就会发现，任何邪恶在正义面前都无法站稳脚跟。而有尊严的人终会走出人生的低谷。

1917年10月的一天，在美国堪萨斯州洛拉镇，一家小农舍的炉灶突然发生爆炸。当时，屋里有一个8岁的小男孩，很不幸的是，他没有逃过这次劫难，孩子的身体被严重灼伤。虽然父母迅速将孩子送进医院，伤势得到了及时的控制，但医生最终仍然表示无能为力，他无奈地告诉孩子的父母："孩子的双腿伤势太严重，恐怕以后再也无法走路了。"医生的话犹如晴天霹雳，父母伤心欲绝，他们不敢面对这个事实，也不敢将这个坏消息告诉儿子，但是，能隐瞒多久呢？随着双腿越来越没有知觉，小男孩终于知道了自己将要面对的悲惨现实。

生活就是这么残酷！在成长的某个阶段，也许命运会对我们不公，会让我们陷入许多难以预料的困境，但同样是困难，人们所收获的结果有时却大相径庭。面对如此的不幸，男孩没有哭，也没有就此消沉，他暗暗下定决心：一定要再站起来。男孩在病床上躺了好几个月，终于可以下床了。他拒绝坐轮椅，坚持要自己走。但是，他连站起来的力气都没有，怎么可能走路呢？男孩试了一次又一次，都没有成功。看着男孩倔强的样子，医生劝他："还是坐在轮椅上吧！以你现在的身体状况，是绝对不可能站起来的。"听到这话，母亲忍不住大声痛哭起来。男孩颓然地倒在床上，他一动不动地盯着天花板，没有任何表情，谁也不知道他在想什么。

在以后的日子里，父母看见儿子终日试图伸直双腿，不管在床上，还是在轮椅上，累了就歇一会儿，然后接着练。就这样足足坚持了两年多，男孩终于可以伸直右腿了。这下，家人对他都有了信心，只要有机会，大家都会帮着男孩练习。一段时间后，男孩竟然可以下地了，但他只能一瘸一拐地走路，很难保持平衡，走几步就会摔倒。又过了几个月，男孩能正常走路了，虽然拉伸肌肉让他疼得说不出话来，但这是生命的奇迹，也是信心的奇迹，更是钢铁般意志所创造的奇迹。精神的力量到底有多大,谁也说不清楚,但有一点可以肯定,那就是:精诚所至,金石为开。这时,男孩想起医生说过自己再也不可能走路的话,但现在,自己做到了,他不由得脸上露出笑容。这个胜利促使他做出一个更大胆而伟大的决定:从明天开始,每天跟着农场上的小朋友跑步,直到追上他们为止。

经过不懈锻炼,男孩腿上松弛的肌肉终于再次变得健康起来,多年之后,他的腿和从前一样强壮,仿佛从来没有发生过那次意外。男孩进入大学后,参加了学校的田径赛,他的项目是一英里赛跑,因为他立志成为一名长跑选手。从此以后,男孩的一生都和长跑运动紧密相连。这个被医生判定永远不能再走路的男孩,就是美国最伟大的长跑选手之一——格连·康宁罕。

人的一生,都会遇到生命的低谷,这是人生用来考验我们的一份最高含金量的试卷,只有经历过磨砺的人生,才会光芒四射!因为,命运在赐予我们各种打击的同时,往往也把开启成功之门的钥匙,放到了我们的手中。厄运是不幸的,但是如果我们选择逃避,那么它就会像疯狗一样一直追逐着我们;如果我们直起身子,挥舞着拳头向它大声吆喝,它就只有夹着尾巴灰溜溜地逃走。只要你拥有对生命的热爱,苦难就永远奈何不了你。

脚踏实地是最好的选择

当我们不具备成功的天赋时,只有脚踏实地,才能让自己站稳脚跟。正如山崖上的松柏,经过无数暴风雪的洗礼,只有坚定地盘固于土地,它们才长成坚实的树干。

一个人若不敢向命运挑战,不敢在生活中开创自己的蓝天,命运给予他的也许仅是一个枯井的地盘,举目所见将只是蛛网和尘埃,两耳所闻的也只是唧唧虫鸣。

所以,成功需要付出,希望需要汗水来实现,人生需要勤奋来铸就。

在美国,有无数感人肺腑、催人奋进的故事。主人公胸怀大志,尽管他们出身卑微，但他们以顽强的意志、勤奋的精神努力奋斗，锲而不舍，最终获得了成功。林肯就是其中的一位。

幼年时代，林肯住在一所极其简陋的茅草屋里，没有窗户，也没有地板，用当代人的居住标准来看，他简直就是生活在荒郊野外。但是他并没放弃希望，为了希望他流再多的汗水也不会后悔。当时他的住所离学校非常远，一些生活必需品都相当缺乏，更谈不上可供阅读的报纸和书籍了。然而，就是在这种情况下，他每天还持之以恒地走二三十里路去上学。晚上，他只能靠着木柴燃烧发出的微弱火光来阅读……

众所周知，林肯只受过一年的学校教育，成长于艰苦的环境中，但他努力奋斗、自强不息，最终成为美国历史上最伟大的总统之一。

任何人都要经过不懈努力才可能有所收获。世界上没有机缘巧合这样的事存在，唯有脚踏实地、努力奋斗才能收获美丽的奇迹。

亨利·福特从一所普通的大学毕业之后，便开始四处奔波求职，但均以失败告终。福特没有丧失对生活的希望，他依旧信心十足，自强不息，永不气馁。

为了找一份好工作，他四处奔走。为了拥有一间安静、宽敞的实验室，他和妻子经常搬家。短短的几年时间里，夫妻俩到底搬过几次家连他们自己也说不清了，但他们依旧乐此不疲。因为每一次搬迁，夫妇俩都有新的收获。贫困和挫折不仅磨炼了福特坚韧的性格，也锻炼了他的耐力和恒心，更使他有机会熟悉社会、了解人生，为未来新的冲刺做好了思想和技术的准备。

尽管贫困和挫折给他增添了不少的麻烦，但为了理想福特依然勤奋努力着，依然奋力拼搏着。功夫不负有心人，福特自强不息的精神和奋不顾身的打拼终于得到了回报。他应聘到爱迪生照明公司主发电站负责修理蒸气引擎，终于实现了自己的心愿。不久，他又因为工作出色，被提升为主管工程师。

拥有坚定自强不息的信念，让它深深地根植于你的心中，它就会激发你各方面的潜能，使你勇敢面对工作中的一切困难和障碍。

努力把自己的事做得更好，就是一种创造！厨师把菜做得美味可口，裁缝把衣服做得更美观耐穿，建筑师盖出更舒适的房屋，司机开车更安全，作家努力写出更好的文章，都会为自己带来幸运，同时也为他人带来幸福。

无论是在生活中还是在工作中，都需要我们脚踏实地，时时衡量自己的实力，不断调整自己的方向，一步一步达到自己的目标。

冬天里会有绿意，绝境中也会有生机

我们知道，事情的发展往往具有两面性，犹如每一枚硬币总有正反面一样，失败的背后可能是成功，危机的背后也有转机。

1974年，第一次石油危机引发经济衰退时，世界运输业普遍不景气，但当时美国的特德·阿里森家族却收购了一艘邮轮，成立嘉年华邮轮公司，后来这家公司成为世界上最大的超级豪华邮轮公司；世界最大的钢铁集团米塔尔公司，在20世纪90年代末世界钢铁行业不景气的时候，进行了首次大规模兼并，然后迅速扩张起来。所以说，危机中有商机，挑战中有机遇，艰难的经济发展阶段对企业来说是充满机会的，对企业如此，对个人、对民族、对国家也是如此。

2008年经济危机爆发后，美国很多商业机构和场所顿时萧条了，但酒吧的生意却悄悄地红火起来。原来，精明的酒商们发现美国人开始越来越喜欢喝战前禁酒令时期以及大萧条时期的酒品，比如由白兰地、橘味酒和柠檬汁调制成的赛德卡鸡尾酒。酒商们迅速嗅出了新商机，推出了一款经改进的老牌鸡尾酒。美国一个酒业资深人士指出，人们在困难时期，往往会从熟悉的东西那里寻求安慰，老式鸡尾酒自然而然会走俏。这种酒品，不仅让酒商们大赚了一笔，而且还能使疲于应对经济危机的美国人民得到慰藉。

"危中有机，化危为机。"一些中外专家认为，如果危机处置得当，金融风暴也有可能成为个人、企业或国家迅速发展的机遇。所以，冬天里会有绿意，绝境里也会有生机。

危机之下，谁都不希望面临绝境，但绝境意外来临时，我们挡也挡不住，与其怨天尤人，还不如奋力一搏，说不定，还会创造一个奇迹。

有人说过这样一句话："瀑布之所以能在绝处创造奇观，是因为它有绝处求生的勇气和智慧。"其实我们每个人都像瀑布一样，在平静的溪谷中流淌时，波澜不惊，看不出蕴涵着多大的力量；往往当我们身处绝境时，才能将这种力量开发出来。

下面是一个在绝境里求生存的真实故事：

第二次世界大战期间，有位苏联士兵驾驶一辆苏H正式重型坦克，非常勇猛，一马当先地冲入了德军的心腹重地。这一下虽然把敌军打得抱头鼠窜，但他自己渐渐脱离了大部队。

就在这时，突然轰隆隆一声，他的坦克陷入了德军阵地中的一条防坦克深沟之中，顿时熄了火，动弹不得。

这时，德军纷纷围了上来，大喊着："俄国佬，投降吧！"

刚刚还在战场上咆哮的重型坦克，一下子变成了敌人的瓮中之物。

苏联士兵宁死也不肯投降，但是现实一点儿也不容乐观，他正处于束手待毙的绝境中。

突然，苏军的坦克里传出了"砰砰砰"的几声枪响，接着就是死一般的沉寂。看来苏联士兵在坦克中自杀了。

德军很高兴，就去弄了辆坦克来拉苏军的坦克，想把它拖回自己的堡垒。可是德军这辆坦克吨位太轻，拉不动苏军的庞然大物，于是德军又弄了一辆坦克来拉。

两辆德军坦克拉着苏军坦克出了壕沟。突然，苏军的坦克发动起来，它没有被德军坦克拉走，反而拉走了德军的坦克。

德军惊惶失措，纷纷开枪射向苏军坦克，但子弹打在钢板上，只打出一个个浅浅的坑洼，奈何它不得。那两辆被拖走的德军坦克，因为目标近在咫尺，无法发挥火力，只好像被驯服的羔羊，乖乖地被拖到苏军阵地。

原来，苏联士兵并没有自杀，而是在那种绝境中，被逼得想出了一个绝妙的办法。他以静制动，后发制人，让德军坦克将他的坦克拖出深沟，然后凭着自身强劲的马力，反而俘虏了两辆德军坦克。

其实，每个人皆是如此，虽然我们的生活并不会时时面临枪林弹雨，但总有身处绝境的时候，每当此时，我们往往会产生爆发力，而正是这种爆发力将我们的力量激发出来了。所以，面临绝境的时候，不要灰心、不要气馁，更不要坐以待毙，勇往直前，无所畏惧，你我都可以"杀出一条血路"。

在顺境中修行，永远不能成佛

人在顺境中，是不能修行成佛的，人只能在逆境中修行。

世间人常说的一句话是：逆境出人才。佛教中也有一句话说：人在顺境中是不能修行成佛的，人只能在逆境中修行。人们最出色的工作往往是在处于逆境的情况下完成的。逆境是对人生的一种考验，是对人的生活的一种磨炼。

一个人生活在世上，不可能永远走平坦的路。从佛学角度说，南传佛教讲的四圣谛"苦、集、灭、道"，第一个就是"苦谛"。人生最根本的问题就是苦，"苦"有生、老、病、死苦；再加上怨憎会苦、爱离别苦、求不得苦。能看透人生最根本的问题是苦，其他还有什么比它再苦的呢？要想离苦得乐，你最好按照佛的教育去做。佛，是释迦牟尼，也是你自己。你能离苦得乐，你就是佛。

佛曰:"逆境是增上缘。"佛陀还告诉我们:"十方三世一切佛皆以苦为良师。"没有苦不可能成道。如果一个人要想更坚强,应该接受逆境的磨炼;顺境不一定就好,逆境也不一定不好。在顺境中修行,永远不能成佛。在我们现在生活的世界,因为有苦,所以人会努力、思考、精进,才会思变,才会改变,才会领悟。这就叫因苦成佛。

释迦牟尼佛在无量劫以前已经成佛了,可是他慈悲心太重,为了教化没有恒远心、没有坚强心、没有诚恳心的众生,在雪山苦修六年,示现成佛。

生活中挫折是在所难免的,重要的不是绝对避免挫折,而是要在挫折面前采取积极进取的态度。勇敢面对艰险,不怕挫折,这是一种积极心态,更是人生必修课。

公元743年,唐朝的鉴真和尚第一次东渡,正准备从扬州扬帆出海时,不料被人诬告与海盗串通,东渡未能实现。同年年底,鉴真和同船八百五十六人第二次东渡。刚一出海,就遇到了狂风恶浪,船只被击破,船上水没腰,这次东渡又告失败。

鉴真修好船后,到了浙江沿海,又遇到狂风恶浪,船只触礁沉没,人虽上岸,但水米皆无,他们忍饥挨饿好几天,才被搭救出来;第三次东渡又遇挫折,第四次东渡因人阻拦,也未成功。

遭受挫折最为惨重的是第五次东渡。公元748年,鉴真一行三百四十五人又从扬州乘船东渡,船入深海不久,就遇上特大台风,船只受风吹浪涌漂到浙江舟山群岛附近。停泊三个星期后,鉴真再度入海,不料又误入海流。这时,风急浪高,水黑如墨,船只犹如一片竹叶,忽而被抛上小山高的浪尖,忽而陷入几丈深的波谷。

这样漂了七八天,船上的淡水用完了,每天只靠嚼点儿干粮充饥。口渴难忍时就喝点儿海水,这样苦熬了半个多月,最后飘到了海南岛最南端崖县,才侥幸上了岸。他们跋涉千里,历尽千辛万苦才回到了扬州。在路上几经磨难,六十三岁的鉴真身染重病,以致双目失明。即使是在这样的情况之下,鉴真东渡日本的决心丝毫未动摇,仍为第六次的东渡作准备,后来终于获得了成功。

逆境,对弱者是一种打击,对强者却是一种激励。逆境之所以出人才,是因为人能够正视生活中的种种困难，有迎难而上的精神，有坚持不懈的意志。逆境是块磨刀石，它能磨砺出奋发向上的意志和百折不挠的精神，逆境是所学校，人能在这里学到丰富的人生知识。

所以，学佛之人要乐于迎接人生中的每一个逆境，这才是真正的修行之道。在顺境中修行，永远不能成佛。在实现自我追求幸福的过程中会遇到各种逆境，我们要能够"千里云海漫漫路，虔心不移志如磐"。很多人刚开始满怀信心地踏上人生大道，但是只要一遇逆境就很自然地向后转，情况好点儿的就留在原地踏步，只有极少数的人能突破瓶颈过关斩将，他们才是真正的英雄好汉。

佛界有言："此身不向今生度，更待何时度此身。"在追求成功的道路上，我们要能够忍受从肉体到精神上的全面折磨，之后才能"历劫成圣"。依靠忍耐，许多困难都能克服，甚至许多原本已经无望的事情都可以起死回生。像拥抱幸福一样拥抱苦难，我们的人生会更精彩！

站起来，可以拥抱挫折

《易经》曰："天行健，君子以自强不息。"也许有时候，我们无奈于生命的长度，但是坚强能够让我们选择生命的宽度与厚度。在这个世界上，我们会遇到赏罚不公，我们会遇到就业压力，我们会遇到竞争，我们会遇到病魔……但是，我们可以运用自己手中坚强的画笔，为自己在逆境中描绘一片属于自己的蓝天，为自己绘出红花绿草，清风习习。

2004年3月8日晚上，中央电视台《半边天》节目对6位女性做了访谈。

第一位是一个阿姨辈的女人——王自萍，54岁。但是她的状态，也可以说是心态，丝毫不亚于年轻人，甚至强过年轻人。她的乐观、自信、热情，瞬时感染了现场及电视机前的观众，也让人们羡慕不已。她是退休后，以不惑之年闯北京的。在这之前，她坚决地结束了一段不幸的婚姻。到了北京，种种努力自不必说，她终于成为了一家会计事务所的经理，通过了三项非常困难的资格认证考试。工作之余，她有着同样精彩的业余生活，她的幸福是每个人都可以感受到的，我们从她风趣的话语中知道了幸福的来源——坚强。

还有一个残疾姑娘，她身上所拥有的自信同样让她光彩照人。她来自石家庄，尽管残疾，但偏偏是个不服输的人。为了做一名职业歌手，她坐着轮椅跑到了北京，要实现自己的梦想。

我们设想一下，一个四肢健全的人假若要想成为歌手都那么的艰难，何况她面临着更多的阻碍。她有一千个不会成功的理由，但就有一千零一个成功的理由给予了她成功。她现在是一名签约歌手。这一千零一个理由便是永不放弃。主持人问："上帝为什么要给你一个这样的命运？"她说命运只是要她活得更艰难一点儿。她在地铁站中的歌声嘹亮而高亢，远远地听去，就像是对命运的宣战。坚强是她的武器，任何困难都不能逃过她的冲击。

出场的女性大多是拥有一种白领的优雅，她们心底深处的倔强被温柔所掩盖。直到最后一位。她是云南昆明一家饭店的老板，手下有200余名员工，有2000多平方米的大楼。主持人关于她身家的渲染并没有引来多少人的羡慕，大家的心情很快被她的叙述所吸引。她有一个不幸的童年，险些被母亲以400元的价钱送人，从此她与母亲

断绝了关系。这之后便是如何努力,如何奋斗,才有今天的成就。在她身上,所洋溢的依然是"坚强"二字。

很多人遭遇生命的变故时,总会不停埋怨老天:"为什么是我?""为什么我就这么倒霉?"……即使哭哑了嗓子,事情也不会无缘无故地好转,所以要坚强地面对。令人伤心的事情发生时,你第一个念头要告诉自己:"它来了!这是必经的进程,只有自己能帮助自己,所以我要勇敢面对,现在就想办法处理!"不断用心灵的力量来为自己打气,然后要比平时更精神百倍,才能让自己走过生命的黑暗期,迎向灿烂的明天。遇到困难时,越是坚强的人,越有一股让人尊敬与心疼的魅力。唯有自己表现得更坚强,别人才能帮助你。

坚强也是一把双刃剑,多则盈,少则亏。少了坚强做伴的人,或是唯唯诺诺,没有自我;或是哀哀怨怨,陷在一件可小可大的事里,挣扎在一段越理越乱的感情里不能自拔。只有坚强的人,为了坚强而追求着坚强,从不停下脚步,坚强是一种习惯。

多也罢,少也罢,总而言之,人要活得自我,活得幸福,坚强是第一要素。因为它就是一把开山的斧,远航的帆。面对挫折或者失败,人更需要的是从失败中站起来,微笑着面对风霜的袭击,用宽阔的胸怀去拥抱挫折。

苦楚也可掩埋在微笑之下

命运不会吝啬给我们苦楚,可是如果我们保持乐观的心态,那么即便是有再多的苦楚,我们也能将其掩埋在微笑之下。

钟爱东,百亩鱼塘的主人,被评为省"巾帼科技兴农带头人"。

她从一名普通的下岗女工到身价千万的养殖大王,不惑之年的钟爱东仍然勤劳淳朴。事业几经起落,她说,横下一条心,没有过不去的坎儿。

1997年1月1日,是钟爱东不能忘却的日子。这天,本以为捧上"铁饭碗"的她却下岗了。在这家工厂工作了近 20 年,还成了厂里的"一把手",钟爱东说,她把全部的心血、最好的青春年华,都奉献给了工厂,甚至没有时间照顾年幼的孩子,"当时觉得,心里有什么东西被人硬掰了下来",钟爱东说,那天,她哭了。

下岗后,她接到的第一个电话,是花都区妇联打来的,她说,就是这个电话,在最艰难的时候教会她"用笑容去迎接困难"。钟爱东在当厂长的时候就经常与周围的农民接触,知道养殖水产有赚头,看准这一点,她拿出了仅有的 2000 元"箱底钱",又东奔西走借了些钱,一咬牙承包了 200 亩低洼田,资金不够,就赚一分投入一分,滚动式周转。几年下来,天天"泡"鱼塘、搞技术,200 亩低洼田变成了水产养殖地。钟爱东说,那时鱼塘就是全部的生活了,她每天早上都要花一个小时绕池塘走上一圈。

钟爱东没想到,生活中的第二次打击来得这么快。1997 年 5 月 8 日,是钟爱东伤心的日子。那天,一场大洪水淹没了她刚刚变得兴旺的鱼塘。站在堤坝上,看着不断上涨的洪水一点点吞没了鱼塘,钟爱东绝望地回了家。"哪里跌倒就从哪里爬起来。"钟爱东说,这是当时丈夫说的唯一的话,倔强的她这次没有流泪。她开始带着工人挖塘、养苗,引进新技术、新鱼种,被洪水淹没的鱼塘一点点"回来"了。

钟爱东成了远近闻名的"鱼王",鱼塘越做越大,还办起了企业。多年的艰难经营,"养鱼为生"的钟爱东对技术情有独钟:一个没有创新、没有新产品的企业,就像脱水的鱼。

钟爱东有个温暖的四口之家,她说,在最困难的时候,家人的支持成了她的精神支柱。"当初好多次想到放弃,是他们帮我挺过了难关",屡经磨难,钟爱东说最重要的是要学会如何看待失败,"下岗、失败都不用怕,路是自己走出来的,认定目标走下去,一定会成功"。

生命,有起有落,有悲有喜,起伏不定,然而,生命依然会有着更美丽的色彩,亟待我们去开发,明天,总是美好的,只要我们有心,只要我们在艰难中咬紧牙关,我们就能够在痛苦中盼来新一轮的朝阳。

人生的冷遇也是一种幸运

想实现自己的梦想,就要有胆识有胆量,要勇敢地面对挑战,做一个生活的攀登者,只有这样才能攀上人生的顶峰,欣赏到无限的风景。有时候,白眼、冷遇、嘲讽会让弱者低头走开,但对强者而言,这也是另一种幸运和动力。

她从小就"与众不同",因为脊髓灰质炎,不要说像其他孩子那样欢快地跳跃奔跑,就连平常走路都做不到。寸步难行的她非常悲观和忧郁,当医生教她做一点儿运动,说这可能对她恢复健康有益时,她就像没有听到一般。随着年龄的增长,她的忧郁和自卑感越来越重,甚至,她拒绝所有人的靠近。但也有个例外,邻居家那个只有一只胳膊的老人却成为她的好伙伴。老人是在一场战争中失去一只胳膊的,老人非常乐观,她非常喜欢听老人讲故事。

这天,她被老人用轮椅推着去了附近的一所幼儿园,操场上孩子们动听的歌声吸引了他们。当一首歌唱完,老人说道:"我们为他们鼓掌吧!"她吃惊地看着老人,问道:"我的胳膊动不了,你只有一只胳膊,怎么鼓掌啊?"老人对她笑了笑,解开衬衣扣子,露出胸膛,用手掌拍起了胸膛……

那是一个初春,风中还有几分寒意,但她却突然感觉自己的身体里涌动起一股暖流。老人对她笑了笑,说:"只要努力,一个巴掌一样可以拍响。你一样能站起来的!"

那天晚上,她让父亲写了一张纸条,贴到了墙上,上面是这样的一行字:"一个巴掌也能拍响。"从那之后,她开始配合医生做运动。无论多么艰难和痛苦,她都咬牙坚持着。有一点儿进步了,她又以更大的受苦姿态,来求更大进步。甚至在父母不在时,她自己扔开支架,试着走路。蜕变的痛苦是牵扯到筋骨的。她坚持着,她相信自己能够像其他孩子一样行走,奔跑。她要行走,她要奔跑……

11岁时,她终于扔掉支架,她又向另一个更高的目标努力着,她开始锻炼打篮球和参加田径运动。

1960年罗马奥运会女子100米决赛,当她以11秒18第一个撞线后,掌声雷动,人们都站起来为她喝彩,齐声欢呼着这个美国黑人的名字:威尔玛·鲁道夫。

那一届奥运会上,威尔玛·鲁道夫成为当时世界上跑得最快的女人,她共摘取了3枚金牌,也是第一个黑人奥运女子百米冠军。

生活中,我们能够听到这样的话:"立即干""做得最好""尽全力""不退缩""我们能产生什么""总有办法""问题不在于假设,而在于它究竟怎样""没做并不意味着不能做""让我们干""现在就行动"。这些都是攀登者热爱的语言。他们是真正的行动者,他们总是要求行动,追求行动的结果,他们的语言恰恰反映了他们追求的方向。

生活中,当我们遭到冷遇时,不必沮丧,不必愤恨,唯有尽全力赢得成功,才是最好的答复与反击。

将失败像蜘蛛网一样轻轻抹去

在这个世界上,没有任何东西可以替代坚韧:教育不能替代,父辈的遗产和有力者的垂青也不能替代,而命运则更不能替代。

坚韧可以使柔弱的女子养活了她的全家;坚韧使穷苦的孩子努力奋斗,最终找到生活的出路;坚韧使一些残疾人,也能够靠着自己的辛劳养活他们年老体弱的父母。除此之外,山洞的开凿、桥梁的建筑、铁道的铺设,没有一样不是靠着坚韧而成功的。人类飞天的梦想也要归功于一代代开拓者的坚韧。

作为命运的主宰者——人,我们应该学会坚韧,因为它常会带来意想不到的收获。人在现实中生活,犹如驾一叶扁舟在大海中航行,巨浪和旋涡就潜伏在你的周围,随时会袭击你,因此,你要当个好舵手,还得具有

  克服艰难的毅力和勇气，设法绕过旋涡，乘风破浪前进。换言之，坚韧也是面对磨难的一种手法，以不变应万变；坚韧更是一种力量，它能磨钝利刃的锋芒。

  第二次世界大战时期，在纳粹集中营里，一个女孩写过这样一首诗：

这些天我一定要节省，虽然我没有钱可节省；
我一定要节省健康和力量，足够支持我很长时间；
我一定要节省我的神经、我的思想、我的心灵和精神的火；
我一定要节省流下的泪水，
我需要它们安慰我；
我一定要节省忍耐，在这些风暴肆虐的日子，
在我的生命里，我多么需要温暖的情感和一颗善良的心。
这些东西我都缺少，
这些我一定要节省。
这一切，上帝的礼物，我希望保存。

我将多么悲伤，

倘若我很快就失去了它们。

在恶劣的环境下，小女孩一直用稚嫩的文字给自己弱小的灵魂取暖，用坚韧面对逆境。很多人在绝望中死去，而这个小女孩终于等到了战争结束，看到了新生的曙光。

人生是一个漫长的过程，实现人生的目标需要数十年的奋斗。长时期地向着既定目标奋进、拼搏，必须具有坚韧的意志。鲁迅先生在"风雨如磐"的旧社会，特别强调要坚持"韧性的战斗"。许多卓有成就的革命家、科学家、文艺家之所以取得成功，除了他们的才能之外，无一例外都具有意志坚韧这一心理品质。正是这种坚韧，使他们克服种种艰难险阻，百折不挠地向前搏击。

已过世的克雷吉夫人说过："美国人成功的秘诀，就是不怕失败。他们在事业上竭尽全力，毫不顾及失败，即使失败也会卷土重来，并立下比以前更坚韧的决心，努力奋斗直至成功。"有些人遭到了一次失败，便把它看成拿破仑的滑铁卢，从此失去了勇气，一蹶不振。可是，在刚强坚毅者的眼里，却没有所谓的滑铁卢。那些一心要得胜、立志要成功的人即使失败，也不会视一时失败为最后的结局，还会继续奋斗，在失败后重新站起，比以前更有决心地向前努力，不达目的绝不罢休。

世界上有无数强者，即使丧失了他们所拥有的一切东西，也还不能把他们叫作失败者，因为他们有不可屈服的意志，有一种坚韧不拔的精神，有一种积极向上的乐观心态，而这些足以使他们从失败中崛起，走向更伟大的成功。在我们学习那些坚韧不拔、百折不挠的生活强者时，我们也能将失败像蜘蛛网那样轻轻抹去，只要我们心里有阳光，只要我们面对失败也依然微笑，我们就能说："命运在我手中，失败算得了什么！"

从失败的阴影里走出来

生命中，失败、内疚和悲哀有时会把我们引向绝望。但不必退缩，我们可以爬起来，重新开始。

最糟的事情莫过于当危机来临时，找不到一个摆脱的办法。我们有种种逃避的方法——饮酒、操起毫无意义的嗜好，或者干脆无精打采地转悠以消磨时光。但这些丝毫不能减轻你的痛苦，反而会使痛苦更加刻骨铭心。为此，我们必须使劲站起来再次迈开前行的脚步，走出失败的阴影，重新开始生活，因为我们身体中的每个细胞都是为了在生命中奋斗而安排的。生命是一支越燃越亮的蜡烛，是一份来自上帝的礼物。

那么，怎样才能再次站起来？怎样才能战胜内疚、忧伤、失败带来的疲惫而重新生活呢？要做到这些，你就必须：

1. 原谅自己，也原谅别人

不管造成麻烦的原因是什么，我们总能在自己身上发现一些事实上和想象出来的错误。要治疗这些我们已犯过的错误，现成的灵药是首先正视它，诚心诚意绝不做第二次。如果可以弥补，就弥补起来；然后，把自己的过失和错误抛在脑后，用新的计划和新的热情，重新注满生活的水池。

同样，不要责备别人对你做的事。别人对你的伤害，如果是你应得的，就从中学一些东西；如果是委屈的，就忘掉它。

2. 恢复自尊

要从放弃防御面具开始，我们中的许多人正是戴着它生活的。相信自己的价值；对自己说话要好言好语，响亮而刚强；努力做到对自己像对别人一样宽宏大量。

然后停止"会失败"的考虑。多想你拥有的，少想你缺少的。在失败的深渊中，这是尤为重要的，相信自己能给生活增添一些美好的东西。

3. 回到众人的世界

我们害怕别人的关心会刺痛我们的伤疤，我们确实需要孤独的时光。但我们不能在那孤岛上待太长的时间，因为重新生活的路最终要通过我们与别人的亲密关系和共同努力才能获得。为了站起来重新走，我们必须爱。没有什么东西比爱更能唤醒那跟随灾难而来的痛苦。

4. 伸出手去帮助别人

花时间去帮助别人，借此治疗自己的创伤。

5. 相信奇迹

许多人曾陷于极度迷惘的困境中，可一旦摆脱了它，却能得到意想不到的欢乐和力量。欢迎奇迹的来临吧！准备新生不是一次，而是多次。到生活最接近你的地方去——海边、山巅，倾听它们蕴藏着新生和重回生活的声音。

6. 一次迈一步

如果你身上没有出现奇迹，静下心来做接着到来的事情，因为一次只能迈一步。

7. 学会感谢

每天，特别是心绪不好时，要寻找感谢的理由：谢谢上帝，四季运转无穷无尽；谢谢书本、音乐和促使我们成长的生活之力。这样赞美，有时你会发现自己说："谢谢上帝，你创造的生活正像它应该是的那样：痛苦伴随着欢乐。"你会发现自己在想："人生是多么美好啊！"

其实，走出失败的阴影，重新开始生活并不难，关键在于你有没有这样的决心。

击败逆境，你就能笑到最后

人生在世，与命运抗争几个回合后，便臣服于逆境、挫折，你将输掉整个一生的幸福。

某年，英国报纸刊登了一张英国王子与一位街头游民合影的照片。这是一段戏剧性的相逢！原来，王子在寒冷的冬天拜访伦敦穷人时，意外遇见了以前的校友。这位游民克鲁伯·哈鲁多说:"殿下,我们曾经就读同一所学校。"王子反问在什么时候。他说,在山丘小屋的高等小学,俩人还曾经互相取笑彼此的大耳朵。

曾经,哈鲁多出生于金融世家、就读于贵族学校,后来成为作家。老天爷送给他两把金钥匙——"家世"与"学历",让他可以很快进入成功者的俱乐部。但是,在两度婚姻失败后,哈鲁多开始酗酒,最后由一名作家变成了街头游民。

我们不禁要问,打败哈鲁多的是婚姻的两度失败吗?不是,而是他的态度。从他放弃正面的态度那刻起,他就输掉了一生。

法国伟大的批判现实主义作家巴尔扎克,一生创作了96部长、中、短篇小说和随笔,他的作品传遍了全世界,对世界文学的发展和人类进步产生了巨大的影响。他曾被马克思、恩格斯称赞为是超群的小说家、现实主义大师。

在成名之前,巴尔扎克曾经过着困顿和狼狈的日子,很少有人能够想象得出,那种窘迫与艰辛曾经是怎么折磨过他。

巴尔扎克的父亲一心希望儿子可以当律师,将来在法律界有所作为。但巴尔扎克根本不听父亲的忠告,学完四年的法律课程后,他偏偏想当作家,为此把父子关系弄得相当紧张。盛怒之下,父亲断绝了巴尔扎克的经济来源。而此时,巴尔扎克投给报社、杂志社的各种稿件被源源不断地退回来。他陷入了困境,开始负债累累。

然而,他丝毫没有向父亲屈服的意思。有时候,他甚至只能就着一杯白开水吃点儿干面包。但他依然那么乐观,对文学的热爱已经深深地根植在他的内心,他觉得没有什么困难可以阻挡自己向缪斯女神膜拜的脚步。他想出一个对抗饥饿与困窘的办法,每天用餐,他随手在桌子上画上一只只盘子,上面写上"香肠""火腿""奶酪""牛排"等字样,在想象的欢乐中,他开始狼吞虎咽。

为了激励自己,穷困潦倒的巴尔扎克还花费700法郎买了一根镶着玛瑙石的粗大的手杖,并在手杖上刻了一行字:我将粉碎一切障碍。正是手杖上这句气壮山河的名言支持着他。他夜以继日,不断地向创作高峰攀登。最终,他获得了巨大的成功。

哲人尼采曾放言:"那些能将我杀死的事物,会使我变得更有力。"在逆境中挣扎奋斗过，你终会窥见幸福的真谛。成功人士并不是天生的强者，他们的坚强、韧性并非与生俱来，而是在后天的奋斗中逐渐形成。

弱者有自己生存的方式，只要相信弱者不弱，勇敢面对人生的诸多大敌，我们同样能笑到最后。

从失败中学得生活的智慧

在漫长的人生道路上，期望自己事业成功，仅有从书本上学到的智慧是远远不够的，你还必须具备社会生活的智慧。这就是不断减少你的错误的智慧。

生活是最严厉的老师，与书本教育的方式完全不同。生活的教育方式是你得首先犯错，然后从中吸取教训。大多数人由于不知道从错误中悟出道理，所以只是一味地逃避错误。他们却不知道，这种行为本身已铸成大错，还有一些人犯了错误却没能从中吸取教训。这些都是为什么有如此多的人总是循环往复地犯着自己曾经犯过的错误。他们会一而再、再而三地犯错，就是因为他们不知道如何从错误中吸取教训。

爱因斯坦被带到普林斯顿高级研究所办公室的那天，管理人员问他需要什么用具。爱因斯坦回答说："我看，一张桌子或台子，一把椅子和一些纸张钢笔就行了。啊，对了，还要一个大废纸篓。"

"为什么要大的？"

"好让我把所有的错误都扔进去。"

追求卓越的过程，其实就是不断丢弃错误的过程。丢弃错误，我们才会看到一条向上的路。一位哈佛教授指出：人在成功的时候总是认为自己是高明的，而很少归结为运气；而出错时，却总是以运气不佳为借口，害怕承认错误、分析错误，以致故态复萌，再犯同样的错误。殊不知，错误本身都有其可以借鉴的价值，而只有那些善于从失败中总结经验教训，不怨天尤人的人才能避免重复犯错。

"一个人受骗两次就该毁灭。"一个真正明智的人绝不应该再犯同类的错误。的确,犯错不可怕,只要不犯相同的错误就是一种进步。每个人都不希望出错,并害怕出错,自小师长便教导人们犯错是不好的事,会使自己失去亲朋的疼爱。这种教育常常使人们不能正确对待错误,不能接受对错误的批评。这很不利于纠正错误,从错误中学习。当我们受到批评时,不必感到失望、不平或愤怒,而应把精力用来制订一项明确的计划,以平息批评,重新起步。与有关的人共同研究你的计划,不要浪费时间和精力彼此抱怨,应该共同努力,解决问题。有时候我们又太勇于自责了。我们会说:"这都是我的错。""我什么事都做不好。"如果真是我们的错,自责倒也无妨,但明明不是我们的错而强要自责,便有危险。喜欢自责的人内心常有"我是笨蛋,我是失败者"的想法。这么一来,下次你又会犯同样的错误,或是你误信自己的确是笨蛋,而根本不再尝试了。这种思想仅仅是我们生活变得乏味和痛苦的原因之一,正确地对待错误的态度同时也是我们面对人生的态度。

　　错误本身并不可怕,可怕的是错得没有价值。一个人虽然犯了点儿小错误。但如果他能总结失败的教训,知道自己为什么失败,并不再犯更大的甚至是致命的错误,则错误对他来说比成功的经验还重要。而这种教训的总结会让他成为一个智者,更好地去面对我们所生活的这个世界。

第四章 /
取舍皆淡定，得失俱从容

观世间万事，既得之，则安之；既失之，亦安之。不患不得，亦不患得而复失。

从得中失去，才能从失中获得

人赤条条地来到这个世界，又手握空拳地离去。人的一生不可能永久地拥有什么，一个人获得生命后，先是童年，接着是青年、壮年、老年，然而这一切又都在不断地失去，在你得到的同时，你其实也在失去，所以说人生获得的本身就是一种失去。人生在世，有得有失，有盈有亏，你得到了名人的声誉或高贵的权力，同时就失去了做普通人的自由；你得到了巨额财产，同时就失去了淡泊清贫的欢愉；你得到了事业成功的满足，同时就失去了眼前的奋斗目标。我们如果认真地思考一下自己的得与失就会发现，在得到的过程中也确实不同程度地经历了失去，整个人生就是一个不断地得而复失的过程。

事业上的挫折、人际关系的困扰、经济上的窘迫、健康上的烦恼……这些压力对人们来说都是很难承受的。所以，善待自己及身边的人就会活得快乐，苛求自己、要求别人就会活得很辛苦。假如每个人都能以一个开朗、自信、乐观的心境面对现实，那就会把不快乐的生活变得快乐。面对生活的压力，与其埋怨、焦急甚至堕落，还不如放宽身心，让自己生活在平凡、快乐的生活里，多一分色彩与充实，从而人生也显得舒畅。

俄国伟大诗人普希金在一首诗中写道："一切都是暂时，一切都会消逝，让失去的变为可爱。"居里夫人的一次"幸运失去"就是最好的说明。1883年，天真烂漫的玛丽亚（居里夫人）中学毕业后，因家境贫寒无钱去巴黎上大学，只好到一个乡绅家里去当家庭教师。她与乡绅的大儿子卡西密尔相

爱,在他俩计划结婚时,却遭到卡西密尔父母的反对。这两位老人深知玛丽亚生性聪明、品德端正,但是,贫穷的女教师怎么能与自己家庭的钱财和身份相配称?父亲大发雷霆,母亲差点晕了过去,卡西密尔屈从了父母的意志。

失恋的痛苦折磨着玛丽亚,她曾有过"向尘世告别"的念头。但玛丽亚毕竟不是平凡的女人,她除了个人的爱恋,还爱科学和自己的亲人。于是,她放下情缘、刻苦自学,并帮助当地贫苦农民的孩子学习。几年后,她又与卡西密尔进行了最后一次谈话,卡西密尔还是那样优柔寡断,她终于砍断了这根爱恋的绳索,去巴黎求学。这一次"幸运的失恋",就是一次失去。如果没有这次失去,她的历史将会是另一种写法,世界上就会少了一位伟大的科学家。

学会习惯失去,往往能从失去中获得。得其精髓者,人生则少有挫折,多有收获。人会从幼稚走向成熟,从贪婪走向博大。

必要的舍弃是为了更好地得到

一个孩子到果园去,看见爷爷正在梯子上咔嚓咔嚓地把果树上的一些枝条剪下来,小孩拿起一根枝条说:"爷爷,它们长得好好的,你把它们剪掉多可惜!"爷爷说:"傻孩子,剪掉它们,果树才能长得更好呢!"

在现实生活中,我们常常会遇到这样的情况:

将欲取之,必先予之;有所失,才有所得;有所不为,才能有所为。

生活的辩证法就是这样,放弃与获得结伴而行,相辅相成。

其实,人生就是一个不断放弃又不断获得的循环往复的过程。我们放弃了团聚，便有了千里之行；我们放弃了侥幸，便有了成功；我们放弃了安逸，便有了精彩的人生……在这里，放弃已经超越了丢掉的含义，升华成了一种生存的艺术。

放弃是一种理智，生活中，"鱼和熊掌"兼得的好事很难遇上，而在两者之间做出选择的事情却经常需要我们决断。此时，知其两者兼得不可能，而不再去做无畏的努力，是一种理智；在两者的取舍上，分清孰轻孰重，做出正确的选择，也是一种理智；在选择后，不再瞻前顾后，而是全力以赴去把选择的事情做好，使它成为自己人生精彩的一笔，更是一种理智。

把长得好好的枝干剪去，无论谁看起来都是可惜的，但只有真正懂它们的人才知道，为了能让主干长得更好，必须削枝强干，那样的放弃才有意义，才叫"舍得"。

人生之旅注定是坎坷的，我们常常会遇到许多难以抉择的事情，或是忧愁的，或是快乐的。你可以一并担起，但结果却不一定尽如人意。为何不尝试放弃呢？好像人的一生中无时无刻都需要试着去学会放弃，放弃一块糖，放弃一次很好的机会，放弃一段感情，甚至是放弃自己的生命……但是当然，这种放弃不代表放弃一切，而是放弃羁绊你不前的障碍，捡起希望。暂时的放弃，是为了更好地成长。

我们的人生含有青春与初恋的气息，我们往往会在这些东西上失去很多，然而我们试着去遗忘，那么就减轻了许多负担，敢于放弃是医治心灵最好的创伤药，唯有放弃才能使心灵得到释放，才能避免走向人生的极端。适时地舍弃是提升自己关键的一步，没有舍弃的选择是苍白无力的。

人生就如一份试卷，它有大量的选择题，但不可不选，并且还不以分数计算。有时，A 或 B 你都不想放弃，但它无疑是一道单选题，它告诉你：你必须学会放弃。放弃一个选项，并不是放弃一个选题，更不是放弃整张试卷。所以，你不需要害怕放弃，要试着去学会放弃。因为，放弃不一定就是舍弃，而是默默地体验、感悟、储蓄、营造和追求。

失其实是另一种形式的得，不是吗？舍得舍得，有"舍"才有"得"。

聪明人不计较得失

生活中，总少不了得与失的交换。如果我们患得患失、斤斤计较，那么就可能因局部而毁大局。一池一地看似很大，但在国家面前，却不值得一提。人生也一样，不要总把个人的得失看得那么重要，如果只专注于眼前，那么必定失去长远。不争一时短长，给自己创造一个好的环境，全心投入长远利益，那么眼前失掉的以后都会得到加倍的补偿。

聪明人永远不会在得失间斤斤计较。

人的一生就是在得与失中度过的，或者说人生就是得与失的集合体。因此，得到或者失去，本来就是人生之中平常的事，今天得到了这个，明天或许失去了那个。

我们活着每天都得到了大自然无私的赐予，我们无偿地享受着阳光、呼吸着空气。同时，我们又被自然界的规律回收着每个人都无比珍惜的青春，大自然是公正的。

也许在一个短时期来看，似乎你比别人少得到了东西，但是放在人生的长河中来衡量，得或许是失，失或许是得，这都是未曾可料的事情。

人生的风光和失意，只有自己最清楚，何况无论多么风光或多么糟糕的事情，一天之后便会成为过去，只要能够敞开胸怀，便没有什么大不了的，何必太在乎呢？有些时候迫切应该改变的，或许不是环境，而是我们自己本身。

活着，我们就必须面对生活，就必须面对种种困惑，当你从一个狭小的房子里退出来的时候，会有更多漂亮、适合于你的房子供你选择，当你从紧抱着的一棵树上下来的时候，也许你会发现整个森林都是你的选择。

所以说，塞翁失马，焉知非福。只要换个心态、换个角度看待得与失，凡事就可能拿得起放得下。

患得患失,烦恼无穷

人之所以患得患失是因为太过于急功近利。

有些东西强求不得,比如爱情、名誉或钱财。以平和的心态去面对即将到来的一切,以感恩之心去面对生活的"馈赠",不要认为是理所应当,比你努力的人没成功的多得是,何况你很侥幸。

以平和的心态去接受生活的"捉弄",没有什么是必然的,更没有什么注定是你的,不要抱怨为什么是你,因为幸运的时候你不曾问过。你所要做的是尽最大努力将影响减少到最小,并从中有所感悟,得到一些生活之道。其实生活本身并不会说谎,它没有欺骗任何人,只是我们的眼睛在热闹喧哗中

花了，我们的心在人潮拥挤中迷失了。即使才色平平，我们也总天真地认为自己不一般，总觉得命运之神会眷顾于我们，总有一刻自己会一鸣惊人，但事实上我们根本没学会如何"打鸣"。虽然嘴里说着天上不会掉馅饼，但心里却相信甚至期盼着自己会被砸中。如果心走失了，获得再多有何喜，失去再多有何悲？

好比年将老去，又少了些少年的畅想、青春的浪漫，既然无法抗拒，就顺其自然地走下去，让生命变得豁达、洒脱和从容。然而，生活中并不是人人都能理智地面对失去。

有个小和尚站在崖上看夕阳，泪流满面，老和尚经过，问他为什么流泪，小和尚说："夕阳多美，却为何留它不住？"老和尚说："傻孩子，明知不能留，又何必强求呢！"失去就有失去的道理，该失去的留也留不住。

其实，有所失未必都是坏事。有时候，失去本身就是另一种形式的获得。种子落在地里，新芽就要破土而出；花儿落了，果实即将缀满枝头。

我们总是想拥有许多自己渴望的东西。

然而，一个人的才华、时间、精力毕竟有限，要想做好一切事是不可能的。有些事，别人行，并不一定你也行，昨天行也不意味着今天你还行。尊重现实、顺其自然乃智者之慧，患得患失不仅折磨自己的心智，更会使自己一事无成、苦恼不堪。

观世间万事，既得之，则安之；既失之，亦安之。不患不得，亦不患得而复失。这是一种自然的、旷达的、超然的轻松人生。

懂得舍弃的艺术，将拥有更多的幸福

人，大都有一种惰性，一旦熟悉了一种环境，进入了一种状态，即便有了更适宜的运行轨道，他也会犹豫再三，难以决断，类似的情况还有很多。

很多时候，我们要放弃现实的，去争取未来的；放弃熟悉的，去开拓陌生的；放弃稳妥的，去承担风险的……而面对这种种放弃，又确实需要一种胆识、一股勇气、一份远见。

放弃是一种境界，据接生的护士讲，人生下来时，两只小手攥得紧紧的，好像要把得到的一切都牢牢抓在手里，未必真需要、真有价值，可是要让人放弃又很不容易，因为人生如同登山，只有登上高高的山巅，才能领略风光的绮丽和无限，才能感受人生的美好和壮观。可是，负重是很难高攀的，只有丢掉各种负担和羁绊，才能解放精神，一身轻松地上路。此时放弃得越多，则行之越远，人生越灿烂。

懂得放弃的人，往往会更容易获得幸福。

有一个耐人寻味的故事：一个青年背着大包裹千里迢迢赶来找无际大师，问大师为什么自己付出了种种艰辛，却仍未找到所追求的阳光。而无际大师却先问他的大包裹里装的是什么，原来里面装的是青年每一次的痛苦、烦恼、哭泣……

于是，大师带他到河边，坐船过了河上岸后，让他扛着船继续赶路。青年听了很惊讶，大师微微一笑，向他说出了缘由：过河时，船是有用的，但过了河，我们就要放下船赶路，否则它会变成包袱……是啊，痛苦、烦恼、眼泪，这些对人生都是有用的，它们使生命得到升华，但须臾不忘，就成了人生的包袱。放弃吧，放弃失败带来的痛楚，放弃屈辱留下的仇恨，放弃心中难言的隐痛，这样就可以摆脱纠缠，轻装前进，去更好地追求美好。

我们收拾房子的时候，总觉得太乱、东西太多，收拾来收拾去也不满意。其实有很多东西看都不看一眼，就是舍不得扔掉。同样，我们之所以举步维艰，是因为背负太重，结果整个人像一只在黄沙中负重的骆驼，艰难地跋涉在漫长的人生之旅。于是我们发现，只有学会放弃，才能追求到一片崭新的天地。

干大事业者，他们都知道必要的放弃是为了更好地追求。柏拉图正是放弃对导师苏格拉底唯物论的信仰，才创立了自己的唯心论，从此师徒二人有如日月在哲学史上交相辉映；伽利略放弃了自己的自由，誓死捍卫自己的学说，才使牛顿得以站在"巨人"的臂膀之上；比尔·盖茨放弃自己在哈佛大学的学位，投身商海，成就了20世纪人类世界的一个神话。

所以，放弃并不是失败的代名词，它可能离幸福更近。

患得患失者终生徘徊在烦恼中

有的人在得与失之间不停地徘徊,一生都处于苦恼之中。他们对取舍犹豫不决,本来拥有一些自己并不需要而多余的东西,却又费尽脑汁想使这些东西不减反增,为这些终日烦恼,长此下去有损身心健康。与其担忧会失去,倒不如让它失去好了,换来了心情的轻松和愉快,不是更好吗?

每天的同一时间,一辆豪华轿车总会穿过纽约市的中心公园。车里除了司机,还有一位无人不晓的百万富翁。百万富翁注意到,每天上午都有位衣着破烂的人坐在公园的椅子上死死地盯着他住的旅馆。

一天,百万富翁对此产生了极大的兴趣,他要求司机停下车并径直走到那人的面前说:"请原谅,我真的不明白你为什么每天上午都盯着我住的旅馆看。"

"先生,"这人答道,"我没钱、没家,只得睡在这长凳上。不过,每天晚上我都梦到住进了那所旅馆。"

百万富翁听了以后,对他说:"今晚你一定能如愿以偿。我将为你在旅馆租一间最好的房间,并付一个月房费。"

几天后,百万富翁路过这个人的房间,想打听一下他是否对此感到满意。然而,出人意料的是,这人已搬出旅馆,重新回到了公园的凳子上。

当百万富翁问这人为什么要这样做时,他答道:"一旦我睡在凳子上,我就梦见我睡在那所豪华的旅馆里,妙不可言;一旦我睡在旅馆里,我就梦见我又回到了冷冰冰的凳子上,这梦真是可怕极了,以至于完全影响了我的睡眠!"

每一种生活都有它的得与失,正如俗话所说:"醒着有得有失,睡下有失有得。"所以我们应该正视人生的得失,要知道世间之物本来就是来去无常,所以得到的时候要懂得珍惜,失去的时候也不必无所适从。

其实得到固然令人欣喜,失去却也使人着迷。如果我们沉浸在患得患失当中,无论得失我们都会觉得烦恼万状。

每一次舍去都是一次升华

山上，一朵不知名的小花生长在一棵高大的松树底下。小花觉得自己很幸运，因为大松树就像是它的保护伞，能为它遮风挡雨。因此，小花每天都高枕无忧，快乐地享受大松树的庇护。

有一天，山上来了一群伐木工人，他们把那颗大松树锯倒后，很快就运下了山。

失去了保护伞的小花，为自己的未来而担心起来。于是它痛苦地说道："老天啊！人们夺去了我的保护伞，从此那些肆虐的狂风会吹弯我的腰，倾盆大雨会把我的花打碎、枝叶打散，我再也没有好日子过了！"

"哦，孩子，你的好日子恰恰还在后头呢！"远处的另一棵树对小花说："只要你换个角度想，就会发现没有了大松树的阻挡，阳光会照耀着你，雨水会滋润着你；你弱小的身躯将会长得更加茁壮，你盛开的花瓣将呈现在灿烂的阳光下。当人们看到你时，会因你的可爱而称赞你，难道这样的日子你不想过吗？"

在生活中，当你突然之间失去了习惯已久的一些本以为可以长久依靠的东西时，痛苦和伤心是难免的，但只要你换一种思维方式，从另外一个角度去看问题，就会发现，在失去的同时你也能获得许多。

在人生道路上你是否看清：不是一切失去都意味着缺憾，不是一切得到都意味着圆满。

不要为失去的追悔伤心，也许失去意味着更好的得到，只要你选择的是纯洁而又美好的理想；不要为得到的而沾沾自喜，也许得到代表着你失去了更多，如果你选择的是虚荣而又自私的目标。

获得是很多人奋斗不止的目标，但有些东西却是不得不学会放弃的。学会了放弃的同时，我们也会收获很多意外的东西，懂得放弃的人会用乐观、豁达的心态去对待没有得到的东西，他们每天都有快乐和愉悦的心情伴随左右；而不懂得放弃的人只会盲目地追求，他们不仅最终未能达到目标，而且都陷于得与失的苦恼之中。

　　生活就是一种失去，失去了时间、失去了童年、失去了天真、失去了幼稚、失去了初恋，直到失去生命；生活也是一种获得，我们失去了时间，获得了生命；失去了童年，获得了青年；失去了天真，获得了理性；失去了幼稚，获得了成熟；失去了初恋，获得了情感；失去了生命，获得了解脱。有句话是这样说的："当一扇门对你关闭时，将会有另一扇窗为你开启。"

　　失去是一种痛苦，也是一种幸福，因为失去的同时你也在得到。失去了太阳,我们可以欣赏到满天的繁星;失去了绿色,我们可以得到丰硕的金秋;失去了青春岁月,我们走进了成熟的人生。

别因为失去而感到遗憾,要相信每一次失去都是升华。

宽心的人懂得取舍的标准

生活中,我们每天都要面对取舍,很多人徘徊在其间不知如何是好,但是宽心的人必然知道取舍的标准。

面对取舍,从古至今不知愁煞多少人,古语有云:鱼和熊掌,不可兼得;今人也常说:舍得舍得,有舍才有得。取与舍,两个词,一个动作,两种结局。由此感慨:取舍有道。而道之所在,存乎于心。取舍,是一种精神;取,是一种领悟,舍,更是一种智慧;这时取舍又多了一层意思,代表着为人处世的至高境界。而此时的"取舍"二字却很残酷地抛弃了那些弱者和没有能力的人,因为会有强者告诉你说:因为你没有认真地去"取"过,所以没有资格说"舍"。

"取舍"二字实在是寓意深刻:有取有舍,不舍不取,小舍小取,大取大舍;欲求有得,先学施舍。取舍不仅是一种生活的哲学,也是一门生存的艺术,是选择、承担、忍耐、智慧、痛苦与喜悦的达观境界。

取与舍就如水与火、天与地、阴与阳一样,是既对立又统一的矛盾概念,相生相克、相辅相成,存于天地、存于人世、存于心间、存于微妙的细节,囊括了万物运行的所有机理。万事万物均在取舍之中,才能达至和谐、达到统一。

我们每一次取舍和选择都会影响到最终的结局,但有的选错了就会留下终身遗憾。正如伟大与渺小、天与地、水与火。选其一,这便是取舍。

当你是婴儿的时候,你只有取,不用你费劲费心,你还没有舍的选择权利,也不懂;当你孩童时,你开始接触取舍,父母、老师会告诉你什么可取,什么不可取,对于"舍"的概念你明白的只是"不要、不能、错"的意思;当你少年时,你学会了争取,而对"舍"在"不要、不能、错"的上面加了个"放弃、逃避",你开始需要鼓励、理解和支持,需要有人告诉你正确地对待"取"的方法,却很少有人告诉你"舍"还有积极的一面;当你步入青年时,觉得自己已经成熟,似乎已不再需要求助或依赖他人,对于"取舍"二字有了自己青涩肤浅不是很肯定的看法,这些都建立在你儿时所受的教育和经历之上,往往都简单地将它分为是否、有无、加减、对错的两极分化状态,这时你的固执和叛逆或许会让你成功,或许会让你错过、失去、挫败。

非洲大陆上的斑马在岔路口选择了面对狮子的危险,从而开始了进化。事实证明它果然如愿以偿地摆脱了舌蝇的干扰,而狮子的危险是往往可以预知的,所以它的数量也逐渐变多。斑马学会了取舍,它取了对付舌蝇的好处,舍了对狮子的好处——宁可被光明磊落的狮子杀死也不被渺小之物征服。在《伊索寓言》中有这样一则故事:一只山羊为了摆脱一只狮子,跑进了一座神庙。狮子让它出来,而山羊却说:"我宁可被神食用,也不愿被你所杀。"在必死的境域里它选择了被神食用也不愿被狮子食用。它也是会取舍的榜样,只有自己的选择才是"正确"的。

取舍是没有标准可言的,它唯一的标准就是你的心。

明智的放弃胜过盲目的执着

一个现代很知名的作家讲述自己成功的秘诀,他说自己的成功第一要归功于坚持,第二也是坚持,第三还是坚持。忽然有人问:有第四吗?在场的人都笑了。作家很风趣地说:"问得好,可惜我没遇到!"然后他很认真地告诉提问的人说:"如果有第四,那就是放弃。"作家接着说:"如果你的坚持仍不成功,恐怕就是你努力的方向出现了问题,或者是你的才能与成功难以匹配,这个时候,放弃比坚持更难得,也是你最明智的选择。你应当及时调整自己,寻找新方向。"

有时候放弃是一种睿智,它比坚持更为重要。心态从容,进退有据,放弃实际上也是一种选择,没有明智的放弃就不会有辉煌的选择。古人云:"不要一条道走到黑","不能在一棵树上吊死",话虽然有些不入耳,道理却是千真万确。

人们的情感总是希望无穷尽地获取、不甘放弃,于是便有了郁闷、无聊、困惑、无奈等种种不开心的事情。这时候,现实生活将逼迫你交出既得利益,聪明的人会放弃眼前看似重要的东西。怎么办?只有明智地放弃,看似放弃努力,其实是放弃了心中难言的痛苦,放弃痛苦也就意味着解脱。放弃,事实也是放飞自己的心灵,还原自己原始的内心。人为什么要生活在痛苦里,浪费那些原本就不适合你的生活呢?既然不适合你,既然痛苦,那就应该放弃。

一生之中,有时候失败不在于最开始两手空空,而在于最开始拥有太多,一样也舍不得放下。

居里夫人外表美丽,为了避免外表的干扰,她从中学开始就把一头金发剪得很短,她明白自己的目标。她淡淡生活、静静思考、执着进取,一直登上智慧的高峰,而永葆理性的美丽。

世上的事很怪,如果我们注意观察,就不难发现:"走路算账,财迷心窍"的人,他们绞尽脑汁,一门心思只想"得"到回报。往往是算计了一辈子,辛苦了一辈子,结果却是竹篮打水一场空,落了个悲惨下场;而那些愿意"舍"弃的人,他们时时处处先替别人着想,不计较个人得失,办事光明磊落,做人乐观向上,胸襟豁达,反而会赢得生意伙伴的信赖,在不经意间赚了个盆满钵满。

放下其实是没放下,放不下最后难免失去。所以,果断地放弃,才是一种明智。

难舍难得,天下事得失同生

在中国的语汇里,舍与得经常是连在一起用的,最有哲学的味道。人生的学问不是如何去得而是在于如何去舍,学会了舍才懂得了得。

过去,有一个人家里老鼠成灾,主人就找了一只猫来捕鼠。这只猫很会捕鼠,但是也咬鸡。一段时间后,主人家的老鼠没有了,同时鸡也几乎都被咬死了。于是,儿子对父亲说:"我们为什么还要留着一只专爱咬鸡的猫在家呢?"父亲告诉儿子说:"这里面有这样一个道理,老鼠不但偷吃我们的粮食,而且还咬坏我们的衣服,如此横行下去,我们岂不要挨饿受冻了吗?没有了鸡,我们只是暂时吃不上鸡罢了,但是比较一下,这和挨饿受冻又差着一大截呢,我们为什么要赶走猫呢?"

要想得到不挨饿受冻的日子,就必须养猫舍鸡,付出代价才能有回报,这就是要想取之,必先予之。可是,世人常常只想取之,不想予之,只想得,不想舍,贪得无厌,最后的结果是失去更多。舍是得的前提,敢大舍的人才能大得。

人只有一双手,注定只能拿一样东西,必然要失去另外的东西;人只有一双眼,注定只能看一种风景;必然要错过更多的风景;人只有一双脚,注定只能走一条道路,必定要留恋另一条路上的故事。我们常常不肯舍去自己手里的旧东西,而失去了获取更多新东西的机会。

当很多次工作机会出现在你面前时,必定只能从中挑选一个,那可想而知其他的机会就得舍弃。

"之所以选择现在的工作,是因为这边有很多的老乡,喜欢热闹的氛围。"人都说:"选择了一个工作地方,必定是那里有值得留恋的人或事。"确实是这样的。在贾平凹先生看来,世界是阴与阳的构成,人在世上活着也就是一舍一得的过程。世界上没有两全其美的事情,也不可能鱼和熊掌兼得,我们从出生到死亡一直在做着"舍"和"得"的艰难的旅程。只有出生我们无从选择,只有终老我们无法避免。恋爱的时候,会有人喜欢你,但是,和你共同踏上红地毯的只能是你最爱的人。或许,你放弃了别人,才能收获你的最爱。

所以,舍与得是一体的,你若不愿意舍,就注定不会得。

人生得失寻常事

人生在世,拥有和失去是常有的事情。有得必有失,有失必有得,在得到的同时,就必须要付出代价。失去本是一种痛苦,但也是一种幸福,因为失去的同时也在获得;得到本是一种快乐,但在得到的同时,你肯定也失去了很多。人生就是这样，不断地重复在得与失之间。失中有得，得中有失。

也许在我们每个人的潜意识中，都无一例外地希望自己的人生是一帆风顺、没有波浪的，然而现实往往是残酷的，我们都会经历人生的低谷，遭遇一些我们不愿碰到的人和事。坚强的人会把那些不幸看作是上天对自己的考验，默默地忍受一切，并积极寻找自救的方法，或者养精蓄锐，期待有一天自己能东山再起；而如果是一些性格比较脆弱的人遇到了不幸，他们可能就会怨天尤人，感叹命运对自己的不公，并就此一蹶不振。

在上面两种人中，我们都会更欣赏第一种人的做法，人生并不都是一帆风顺的，福和祸有时真的说不清楚。有句古话说得好："祸兮，福之所倚；福兮，祸之所伏。"有些事在当时看来是福运，其实暗中潜藏着多少危机也不一定。

得到必然有所失，失去必然有所获。得失是人生常态，我们也总是在得失之中沦陷、坠入，或发现、升华。

无论什么人都很难看破得失的真谛。得到自己想要的，我们会欣喜不已；失去自己所珍惜的，我们会痛惜万分，我们总是不经意间陷入得失的情绪漩涡。

看淡得失是一种境界，比如作为运动员，将金牌得失看淡一些，才不会让自己在比赛中受到更大的心理干扰。

在实际生活中，得与失原本就是和谐而有韵律的，有小失才能有大得；有局部之失，才能有整体之得。你看，大地奉献了泥土和水分，草木才能有鲜花和果实；正因为失去了春天的葱绿，才得到了丰硕的金秋；农民付出了汗水，土地才报以丰收。所以，人失去了青春岁月，才能走进成熟。

舍得，有舍才有得

人生路漫漫，我们必须学会舍与得，有舍才有得。"舍得"是一门艺术，是一种精神境界；"舍得"也需要智慧，也需要勇气。

学会放弃才能拥有，全部得到是不现实的。这个世界上有太多美好的东西，它们就像潘多拉的魔盒一样，总是散发着让人难以抗拒的诱惑。所以，学会放弃未尝不是一件坏事。在大千世界中，要用辩证的思维看待问题，事情都有两面性，上帝在给你关上一扇门的同时必定会为你打开一扇窗。

在得到的同时，我们也许会失去一些东西，而失去的过程中，也可能会得到。人要懂得放弃和牺牲，这样才是真正的人生境界。

宋代词人苏东坡讨厌官场上的黑暗与险恶，不愿同流合污、随波逐流，便舍高官得清闲；美国作家海伦·凯勒又聋又哑且双目失明，她能成为一名作家，是因为她舍弃了与伙伴们玩耍的机会、休闲娱乐的时间才得今日之辉煌。

我们不能只得不舍，要有收获必有付出，付出便是一种舍。虽然它有代价，但人们在此方面付出时定能在彼方面得到数倍的回报。

舍得也是一种愉快的分享。就像当我们把别人需要、渴望的东西借给或送给他们时，也许会有一点损失。但看到别人的焦急没有了或者是脸上换上了笑容和惊喜，你一定会染上快乐的情绪，说不定他们也会回之以报成为你的朋友。舍是一门哲学,就其本质来说,源于哲学,而又高于哲学。"舍"并不难,是要人们达到一个忘我的境界,如果做不到,也要给自己一个恰当的定位。在人生的漫漫长路中,要舍弃不恰当的自我定位,要忘却不属于自己的东西。不苛求、不奢求、不强求,才是舍得的最高境界。

左手给予,右手收获

给予和收获看似矛盾,其实不然。很多时候,左手给予,右手便会收获。

有一个故事说:一位老爹种玉米很有一套,他生产的玉米在各种农展会的评比中都名列前茅。在当地每年秋季举办的种子交易会上,他参展的玉米种子经常供不应求。但老爹年事已高,决定把自己的种植技艺传授给自己的小儿子。

交代好生产中的大小事情后,老爹对儿子说:"有一件事,你一定要牢记。每年秋天,无论种子多么紧缺,你都要留下一批上好的玉米种子分给邻居们。"

年轻人很不理解:"您种的玉米远近闻名,赶集时,咱家的种子最抢手。您为什么放着高价不卖,反而要免费送给别人?"

"孩子,咱家的玉米能越种越好,除了咱们努力耕作之外,还靠我每年送种子给邻居们,"老爹说:"每年,花粉被风从一片玉米地吹到另一片玉米地里。如果邻居用了劣质种子,长出的就是差劲的玉米。那么,糟糕的花粉就会影响到咱家的玉米。所以,邻居地里的玉米跟咱们自己的玉米一样重要。"

你给别人什么,自己就会得到什么。就像种了树会成荫,造了福才会得福一样。

施于人则于己一定会有所失吗?不施于人则于己必定将有所得吗?可见,有时给予也会带来收获,而一味保留可能反而会落得一无所有的下场。

有多少人在追求利益时犯了鼠目寸光的错误。

他们只看见金钱,看不见财富;只看见自己的利益,看不见人与人之间的互惠互利;他们只看见眼前的蝇头小利,看不见远方取之不尽的"宝藏"。我们都曾被表面上的利益蒙蔽了双眼,在获得真正财富的路上迷失了方向,蓦然回首时才懂得学会给予、学会分享才能真正受益于人。

分享是财富之源。每个人的财富都是有限的，再竭力保留这份财富都终将坐吃山空，吝惜财富的人，财富也将对他吝惜。与他人分享，却能使财富翻倍，并在与他人的互助创新中创造新的财富。

分享是互利之桥。每个人都有优势和劣势，如果一点不愿为别人发挥自己的优势，自以为没让别人得便宜，可自己也无法受益于别人的优势，最终劣势总得不到弥补，使优势也发挥不好。只有与他人分享，才能不断取长补短，将劣势转化为优势，在互通有无中共同进步。

分享是长远之路。有的人只专注于自己脚下的一方土地，不容许别人进入，殊不知只有与他人分享才能走出这一小块土地，共同在通往"宝藏"的路上不断前进。

如果你想得到较多的爱，你就要给予别人更多的爱；如果你希望自己的集体更加有实力，你就要为了集体而增强自己的实力并付出更大的努力。

所以，给予也是一种收获。当你在给予别人帮助、使别人幸福时，在你的心里，其实已埋下了一颗善良、幸福的种子。即使别人没有给我们回报，我们也能收获到良心的愉悦。

舍要理智，得靠智慧

有选择就有放弃。选择需要智慧，放弃也需要智慧。

舍得才能获得，有放弃才能有所得，它们之间是辩证的关系。比方说，有一个孩子，把手伸到一个装满榛子的瓶子里去，抓了一大把榛子。当他把手收回来时，手却被瓶口卡住了。他既不愿意放弃榛子，又不能把手缩回来，不禁伤心地哭了。这孩子显然还没有放弃的智慧，直到旁人提醒他，劝他知足，放弃一些榛子，让拳头小一点，他的手才能很容易地抽出来。

放弃，并不是让你放弃既定的生活目标、放弃对事业的努力和追求，而是放弃那些已经力所不能及、不现实的生活目标。其实，任何获得都需要付出代价，付出就是一种放弃。人在生活中需要不断做出选择，选择也是一种放弃。

放弃不是退缩和隐藏，而是教你如何在衡量自己的处境后有的放矢，聪明睿智地做出正确的选择。

当人执拗于某一方面，如金钱、名誉、地位或某项工作时，往往会表现出只专注于此，而不考虑其他的情况。无论是生活的哪个方面，总战术是"鱼与熊掌兼得"，什么都想要的人其实经常顾此失彼，甚至什么也得不到。在现实社会中，诱惑实在太多了，在诱惑面前我们只有着眼于大局，把握自己不合理的欲望，适当放弃，对不应得的不存非分之想，才是明智的行为。

两千多年前，鲁国的大臣公仪休，是一个嗜鱼如命的人。他被提任宰相以后，鲁国各地有许多人争着给公仪休送鱼。可是，公仪休却正眼不看，并命令管事人员不可接受。

他的弟弟看到那么多从四面八方精选来的活鱼都被退了回去，很是可惜，就问他："哥哥你最喜欢吃鱼，现在却一条也不接受，这是为什么？"

公仪休很严肃地对弟弟说："正因为我爱吃鱼，所以才不接受这些人送的鱼。你以为那帮人是喜欢我、爱护我吗？不是。他们喜欢的是宰相手中的权力，希望这个权力能偏袒他们、压制别人，为他们办事。吃了人家的鱼，就要给送鱼的人办事。执法必然有不公正的地方，不公正的事做多了，天长日久哪能瞒得住人？宰相的官位就会被人撤掉。到那时，不管我多想吃鱼，他们也不会给我送来了，我也没有薪俸买鱼了，现在不接受他们的鱼，公公正正地办事，才能长远地吃鱼，靠人不如靠己呀！"

有一次，一个不知名的人偷偷往他家送了一些鱼，他无法退回，就把鱼挂在家门口，直到几天后鱼变得臭不可闻才把它们扔掉。从那以后，再也没有人敢给他送鱼了。

所以，能够约束自己的得失之心，懂得为自己的所作所为负责，即使在无人知晓的情况下仍能自律的人，在人生道路上就能把握好自己的命运，不会为得失越轨翻车。

暂时的失去会获得新的拥有

小时候，希望自己快点长大，长大了，却发现遗失了童年；单身时，羡慕恋人的甜蜜，恋爱时，怀念单身的自由。很多事物，没有得到时总觉得美好，得到之后才开始明白：我们在得到的同时也在失去。

人的一生似乎都是在选择之中度过的，总在与自己的力量不相称的目标中，过分地欲求更多的东西。人们总是提醒自己，鱼和熊掌不能兼得，可是人们的欲望和贪婪没有满足的时候。反而是胃口越大，得到的就不肯放下，得不到的更是让我们不顾一切去窃取，用"人心不足蛇吞象"比喻最恰当。人们在取与舍面前，更多的是选择取，很少有人能真正地放下欲望的贪婪，舍去不现实的一切，总认为社会是为自己而存在的，天下之物皆该为自己所拥有，永远不会满足。

在人生之路上谁也离不开得与失的纠缠，谁也脱不开得与失这两股冷热风的侵袭，谁也绕不开对得与失的选择。一个人的思想意识必须和大道保持一致，你得到了应该得到的东西，必然是你失去了必须失去的东西。合于道的成果要乐于得到，不合于道的事物要乐于抛弃。乐于得必乐于失，有失才能有得。

失，不管是失落、失意，也不管是失利、失败，都会给人打击、给人带来痛苦，乃至产生莫大的悲哀。但是，只要你不失志，只要你面临不幸时能沉住气，化不利为有利，失就会成为催醒你的警钟、鞭策你的长缨，激励你踏着不幸的阶梯向着人生的制高点攀登。古往今来，许多杰出人物都是在常人难以忍受的痛苦中取得了惊天地、泣鬼神的丰功伟绩。屈原矢志爱国，却遭放逐，在恶劣的环境中创作了传诵千秋的《离骚》《天问》，受万民敬仰，被后世怀念。贝多芬如若不是生活得那么悲惨的话，他也许永远写不出那首不朽的《英雄》交响曲。

人的得与失是可以相互转变的。眼前的"得"，可能在背后隐着"失"的因素，甚至埋藏着可怕的危机；眼前的"失"，可能蕴藏着"得"的种子，甚至会成为度过厄运的转机。因此，我们要以平常的心态来对待得与失，它毕竟是"镜花水月"，并不是一个永恒的存在。

得中必有失，失中必有得。只要我们真正懂得了这一道理，当"失"降临在自己头上之时，不仅能做到悔中求悟，而且还能做到失中求得。"舍"与"得"是个辩证的关系，没有"舍"便没有"得"，只有懂得舍弃，然后才能获得。

面临着"失"谁都是痛苦的，但谁能把"失"转化为"得"谁就是幸福的。可见，失中求得，是一个人从痛苦走向幸福的一块跳板，是一个人从低谷走向高峰的秘诀。暂时失去，也许意味着新的获得。

第五章 /
顺境舒展身心，逆境安顿自己

从乌云中解脱出来的阳光比以前更加灿烂，经历过风雨洗礼的天空才能更加湛蓝。

严冬之后是暖春

四时更替,季节轮回,严冬过后是暖春,这是大自然的发展规律。在我们人类眼中,事物的发展似乎也遵循着这一规律,否极泰来、苦尽甘来、时来运转等成语无不反映了人们的一种美好愿望:逆境达到极点就会向顺境转化,坏运到了尽头好运就会来到。所以我们坚信,冬天终将过去,春天必将来临。这是对生活的信心,也是对生活的希望。有了信心与希望,无论事情多糟糕,我们也会有面对现实的勇气和决心。

也许生活的压力让你迷失自我,也许工作的繁忙让你喘不过气,也许失去的金钱让你跌入谷底,也许沉闷的心让你愁眉苦脸、整日抱怨,但这一切都是我们生命中必须要经历和承受的。压力与动力并存,烦恼与高兴相伴,调整好自己的心态,学会为自己的心灵打开一扇窗,你会发现阳光灿烂依旧。

当你用微笑来面对不幸,用奋起来面对打击,用坚强来面对挫折,那么一个好的心态就会让你充满希望、振作起来。因为心中有阳光,黑夜来临时我们就不会害怕,阳光会照亮我们前行的路;暴风雨侵袭时我们就不会躲避,阳光会为我们的理想撑起一方晴空;困难挫折降临时我们就不会沮丧,阳光会给我们一往无前的动力,推动我们去改变现状。

即使昨天从黑暗和恐惧中爬起,即使今天被绝望和忧伤笼罩,但明天应该是明亮和充满希望的。坚强勇敢、乐观积极的心态,会温暖你颤抖的心灵,让你冲破寒冷的冰窖。人生有得也有失、有辉煌也有落寞、有欢笑也有泪水,但拥有一个积极的心态却是你一生的资本和财富。也许改变环境很难,改变别人很难,但改变自己的心态却不难,换一个角度、变一种心态,你就会豁然开朗。

人的一生本来就是由成功和失败相互交织组成的,世界上没有永远的失败,只有暂时的不成功。成败之间的转换只在瞬息之间,看似成功与失败位于人生天平的两端,其实二者又近在咫尺。

人间没有不弯的路,世上没有不谢的花。通往成功的路不会平坦宽阔,实现自己的梦想不会一帆风顺,但这些都只是暂时的。花开花落,潮起潮落,一切都会有终结的一天。生活是一场耐心的角逐赛,只要你能坚持下去,即便道路再崎岖难行,前途也是一片光明;生命是一朵花,纵然会在寒冬凋谢,但只要你坚持下来,下一个春天必定会绽放得更娇艳。

人在低处也飞扬

很多时候,打败自己的不是外部环境,而是我们自己。当我们跌落人生谷底,要相信自己一定能化解、克服,并于逆风之处扶摇直上,做到"人在低处也飞扬"。

人生原本就是如此矛盾,生与死、爱与恨、激情与平淡、执着与舍弃,一如顺境同逆境。

其实顺境、逆境,从来都不是绝对的东西。何谓顺境?说的是心情愉快,得到所有自己想要的东西,并且看得到前路的希望吗?何又所谓逆境呢?是否就是刚好相反,每天在不喜欢的现实中磕磕碰碰,为难自己,很想一个东西却偏得不到,明明已到手的东西,却突然不翼而飞了呢?

这个世界原本就充满了变数,唯一不变的只有这变化本身,从这个角度来讲,顺境对于人来说,其实却是最危险的时候。因为你春风得意,因为你意气风发,因为你成竹在胸,因为你对前路有太多希望和要求,因为你从来不认为你会失去,也因此,你看不到前路暗藏的危机和陷阱,也不会去想鲜花背后同样会有荆棘。所以顺境和逆境,原本就只有一线之隔。

每个人都有遇到逆境的时候,如何对待逆境,才是人生中最重要的课题。因为逆境是人生的十字路口,也是人生的试金石。逆境有时候就像人生的分水岭,你要做一个怎样的人,你要怎样掌控你的生命,只有在逆境中才会一览无余,也只有经过了逆境,你才能做一个自己想做的人。

面对逆境,会有三种人采取三种不同的态度:

一种是改变自己去适应环境,既然得不到,那么就不想了吧,安于本分,生活给我什么,我就承受什么,兵来将挡,水来土掩,既来之,则安之;第二种是不愿向现实低头的，执着于追求，改变现状和人生，越挫越勇；第三种，则可能是慨叹自己怀才不遇，怨天尤人，觉得生活太不公平，总觉得他人亏欠于自己。

第一种人值得尊重和理解，他们的勇气在于承担起生活的压力和重任，对自己的选择负责；第二种，同样是生活的勇者，因为他们懂得为自己的目标而执着付出。

还有一种人，是从顺境或逆境中走过来，心灵宽容豁达，从此不再有顺境逆境之分，心情平和淡然，懂得享受生命的过程，理解得失是生命中必然发生的事，更不会因为结果的成败而耿耿于怀。

顺境和逆境，在一定条件下是会反相转化的。只要秉持信念之灯继续前进，定能到达阳光地带。正如大多数成功者所坚信的那样："我知道我不是境遇的牺牲者，而是它们的主人。"

人生之中，无论我们的事业处于何种在他人看来卑微的境地，我们都不能自暴自弃，卑微抑或崇高只不过是世俗为我们贴上的标签，要学会以一颗平常心看待自己，能够暂时逃离尘世烦扰、置身低处休息片刻，难道不该悠然自得好好享受吗？

人生没有过不去的坎儿

有一位名人说道："没有永久的幸福，但也没有永久的不幸。"尽管在生活当中，我们每个人都会遇到各种各样的挫折和不幸，有时不仅仅要承受一种磨难，甚至有时候遭受噩运的时间可能长达几年、十几年，但是让人极度讨厌的厄运也有它的致命弱点，那就是它不会持久。

人们在遭受了噩运的打击之后，总是习惯抱怨自己的命运不好，但是他们往往忽略了，每个人都会遇到这样的挫折，而所有的挫折都会过去。

每个人的人生都有很多的路要走，但不管你走的是哪一条路径，困难、艰苦与险境都一定会出现。因此，我们不必动辄改道或临阵脱逃，唯有坚持

下去，才能建立起坚强的信心，获得最后的胜利。如果我们已经付出了很多努力去做一件事，就不应轻易放弃，而应坚持不懈。这样，才不会前功尽弃，在黎明前的黑暗中倒下。

著名的法国科幻小说家凡尔纳在出版他的第一部科幻小说《乘气球环游地球五周记》时，遭受了出版社十几次的退稿。在一个冬日的上午，凡尔纳刚吃过早饭，忽然传来一阵敲门声，一开门，一个邮政工人便把一包沉重的邮件递到了凡尔纳的手里。打开里面的一封信，上面写道："凡尔纳先生：尊稿经我们审读后，不拟刊用，特此奉还。"自从凡尔纳几个月前把他的作品寄到各出版社后，收到这样的邮件已经有14次了，这是第15次被拒绝采用。凡尔纳被激怒了，他深知那些出版人根本不会好好阅读不出名作者的作品，因为他们根本不会把这些作品放在眼里。凡尔纳心里一阵绞痛，他发誓从此再也不写作了。

正当他拿起手稿走向壁炉，准备把这些稿子烧毁的时候，妻子赶过来一把抢过手稿紧紧抱在胸前。妻子用肯定的语气安慰丈夫："亲爱的，不要灰心,你只不过才试了十几次而已,再试一次吧,总会有出版社看到你的才华,也许这次就能交上好运呢。"

凡尔纳听了这句话后,沉默了好一会儿,最终接受了妻子的劝告,又抱起这一大包手稿到第 16 家出版社去碰碰运气。果然被妻子言中,这次成功了!这家出版社读完手稿后,觉得相当精彩,立即决定出版此书,并与凡尔纳签订了 20 年的出书合同。

迎来光明十分不易,只有承受得住漫漫长夜的人,才能坚持等到最后的日出。

生命不止,希望就不息。人生没有过不去的坎儿,心中充满希望,就能以坦然的心情看待挫折和打击,就能在困难中看到光明,在逆境中找到出路。当你困惑时,当你身处逆境时,要不停跟自己说:只要希望不灭,就一定能摆脱现状!

因为泥土的滋养,才有鲜花的芬芳

"罗马不是一天建成的",任何一个伟大事业完成的背后,总有不少感天动地的故事。而故事中的"英雄""伟人""名人"也是在不为人知的岁月里,花了许多宝贵的时间、流了许多辛勤的汗水。

有一个小男孩生长于旧金山贫民区,因为从小营养不良,他患上了软骨症,6 岁时双腿变形,小腿严重萎缩。但是这个小男孩没有因为疾病而放弃自己要成为美式橄榄球全能球员的梦想,杰出的球手吉姆·布朗是他的偶像。

13 岁时,男孩不顾双腿的不便,一跛一跛地到球场去为心中的偶像加油。比赛后,他在一家冰淇淋店里终于近距离看到了吉姆·布朗,那是他多年来所一直期望的。男孩大大方方地走到这位大明星跟前,大声说道:"布朗先生,我是您最忠实的球迷!"吉姆·布朗和气地向他说了声谢谢。这个小男孩接着又说道:"布朗先生,我记得您所创下的每一项纪录。"吉姆·布朗十分开心地笑了,说道:"真不简单。"这时小男孩挺了挺胸膛,眼睛闪烁着光芒,充满自信地说道:"布朗先生,有一天我要打破你所创下的每一项纪录。"

听完小男孩的话,这位球场上的明星微笑着对他说:"好大的口气,孩子,你叫什么名字?"小男孩得意地笑了,说:"奥伦索,先生,我的名字叫奥伦索·辛普森。"

从那以后,奥伦索·辛普森靠着顽强的毅力同病魔抗争,坚持练球,心中只有一个目标:超越。十几年的坚持没有白费,辛普森最终在美式橄榄球场上打破了吉姆·布朗创下的所有纪录。

是什么激发了男孩令人难以置信的能力?又是什么使一个行走不便的人成为球场上的佼佼者?人生路上,我们首先做的事便是订立目标,接着就可以朝着这个目标坚持不懈地奋斗了。记住,毅力能改写你的人生,能把看不见的梦想变成看得见的现实。

聪明的人并非都能成功,成功的人也不是比别人都聪明,但可以肯定的是,成功的人一定比别人更有胆量和毅力。强者成功地开发了自己的毅力并有效地经营成功,弱者被自己的放弃而打败。使人走向成功的因素很多,最关键的是你是否有毅力坚持下去,是否能战胜横亘在面前的困难。有了目标,不懈地努力,靠着毅力移山倒海,必定能够达成目标。

我们不要只羡慕鲜花的芬芳,没有泥土的滋养,它们也没有绽放的机会。一分耕耘,总有一分收获,泥泞的道路上布满勤奋的脚印,路的那一端才能真正地通向成功。作为一个现代人,应具有迎接挑战的心理准备。世界充满了机遇,也充满了风险。要不断提高自我应付挫折的能力,调整自己,增强社会适应力,坚信挫折中蕴含着机遇。

失误背后常隐藏着成功的美丽

生活中,出现问题、失误并不可怕,重要的是你如何面对它。当你犯了小错,别认为这是致命的,因为这个小错不会击败你。但如果你认为这是成功的一种预示,那你就已经按响了成功的门铃,再推一把,就跨进了成功的门槛。

每个人必须具备的心态和品质就是屡败屡战。哪怕被数次的失败打消了积极性，只要不放弃，每一次挫折之后都能坚强地站起来，勇敢地为成功拼搏，就一定能走向成功。

1958年，富兰克·卡纳利为了筹集他的大学学费，开了一家比萨饼店。让这个小伙子没有想到的是，这个比萨饼店不仅为自己挣足了学费，还成就了自己日后的事业。

就在比萨饼店的生意越来越红火的时候，卡纳利准备在俄克拉荷马开设分店，但这次尝试失败了。之后他又将比萨饼店开在纽约，但销售业绩让人心灰意冷。

这次失败没有让他失去信心，他从失败中分析了原因，知道了店面装潢要因地制宜，比萨风味不只有地方风味几种，在调查了解不同的装潢风格和品尝不同的比萨口味之后，卡纳利获得了事业的又一次腾飞。

就是失误才让他明白了成功的方向，最终，卡纳利的比萨饼店成为全球知名的比萨连锁店——"必胜客"。卡纳利说他的成功是经过一次次失败之后积累起来的，因为这些失败让他从失误中学到了宝贵的经验。

卡纳利还给了那些想创业的人们这样的忠告："你必须学习失败。我做过的行业不下50种，而这中间大约有15种做得还算不错，那表示我大约有30%的成功率。可是你总是要出击，而且在你失败之后更要出击。你根本不能确定什么时候会成功，所以必须先学会失败。成长是一个"错了再试"的过程，失败的教训和成功的经验一样可贵。

成功者之所以成功，就在于会把失败当作垫脚石，所以他们不会永远停留在失败上。开普勒偶然间发现行星间的引力现象，也是由于从多次失败的观察中受到启示，进而提出了正确的假设。

当事业或者生活上出现差错、遭受某些挫折、造成了某种损失后，不要认为自己永远不会成功，只要吸取教训，总结经验，变被动为主动，就能最终获得成功。

每个人都不会永远停留在失败的道路上，"麦当劳"创始人克罗克52岁那年创业，之后也经历过多次失败。他说："当错误发生时，令人莫名痛苦；但逐年累月之后，这些错误被我们称之为经验。"所以说，世界上没有失败，只有经验。敢于正视失败的人才会自觉总结经验，因为他们知道，只要自己不懈努力，就算下一次还会失败，也不必计较，总有一天成功会敲响自己的门。

放大承受的胸怀

人生是一种承受,需要学会支撑。支撑事业、支撑家庭,甚至支撑起整个社会,有支撑就一定会有承受,支撑起多少重量,就要承受多大压力。从某种意义上说,生活本身就是一种承受。

承受痛苦。痛苦就人生而言,常常扮演着不速之客的角色,往往不请自到,有些痛苦来得温柔,如同慢慢降临的黄昏,在不知不觉间你会感到冰冷和黑暗;有些痛苦来得突然,如同一阵骤雨、一阵怒涛,让我们来不及防范。当我们屈服于痛苦的时候,它可能使我们沮丧、潦倒,甚至在绝望中走向灭亡;当我们承受了痛苦,我们就会变得坚强自信,那么,此时痛苦就变成了一笔无价的财富。

承受幸福。幸福需要享受,但有时候,幸福也会轻而易举地击败一个人。当幸福突然来临的时候,人们往往会被幸福的旋涡淹没,从幸福的巅峰上跌落下来。承受幸福,就是要珍视幸福而不是一味地沉淀其中,如同面对一坛陈年老酒,一饮而尽往往会烂醉如泥不省人事,只有细品慢咂,才会品出真正的香醇甜美。

承受平淡。人生中除了幸福和痛苦,平淡占据了我们生活的大部分。承受平淡,同样需要一份坚韧和耐心,平淡如同一杯清茶,点缀着生活的宁静和温馨。在平淡的生活中,我们

需要承受淡淡的孤寂与失落，承受挥之不去的枯燥与沉寂，还要承受遥遥无期的等待与无奈。

承受孤独，会使我们倍加珍惜友谊；承受失败，会使我们的信心更加坚定与深厚；承受责任，会使我们体会到诚实与崇高；承受爱情，则会使我们心灵更臻充盈、完美。当我们终于学会心平气和地去承受时，那么，我们的人生就达到了一定的高度。

张艾嘉曾经说过一句话，似乎偏激但也不无道理："所有的女人所承受的伤害都是她愿意受的，她不愿意受的伤害，伤害不到她。"归结起来是说，只有内心珍惜、放不下的东西才能真正地伤害你。

生命中会有很多难以承受的事情，如果我们能够放大自己的胸怀，很多萦绕在心中的小事就不会再困扰你。

换个角度看待折磨你的事儿

人们常常在烦恼中不能自拔，常常在失败中不能爬起，常常在悲伤中不能走出来，常常不停犯错却找不出原因。如果这些人都能换一个角度思考的话，或许那些烦恼、失败、悲伤、错误都将是一个快乐和成功的起点。世界诚实而公平地存在着，而每个人眼中都有着一个与众不同的"小宇宙"，不同的人在各自的"小宇宙"中发现着不同的色彩，演绎着各自的人生。

烈日的沙漠下，两个焦渴疲惫的旅人取出唯一的水壶，摇摇。一个旅人说："哎呀，太糟糕了，我们只剩半壶水了！"而另一个旅人却高兴地说："是吗？真幸运，我们还有半壶水！"其实，人生中的很多事就像那半壶水一样，换个角度，就有了不同的心情、不同的答案。

如果世界上的每个人都能有积极乐观的心态的话，那么你将多一份快乐，少一分忧愁；如果你能把失败看作是成功的起点，那么你将多一份自信，少一分挫折感；如果你能把悲哀化作力量，那么你将多一份动力，少一份哀愁；如果你能把每一次打击都看作是一次深刻的教训，那么你就会让自己变得强大起来,吸取每一次教训转化为成功的经验。

爱迪生为了寻找适合做灯丝的材料,进行了一千多次实验,当有人嘲笑他的失败时,他却自豪地说:"我已发现了一千种材料不适合做灯丝!"这样的胸襟、这样的气度、这样的智慧,真让人拍案叫绝。而这一切,不正是源于爱迪生与众不同的思考角度吗?

人们在遭受打击、挫折或更多不可思议的时候,为什么不能换个角度去思考、去对待呢?或许一个良好的心态,能使你的心灵得到一丝安慰,或许在你遭受的事情中并不一定就是坏事,或许也是一个好的开端,把遭受不痛快的事化作一种让你重新振作的力量吧。

当你遇到困难与不幸的时候,不要太悲观,应从另外的角度去想想,那些困难只不过是在考验你;当你遇到不幸的时候,不要去怨恨别人,也不要觉得老天对你不公平,你应该想想这个世界上比你不幸的人还有许多,你可能是幸运的了。

无论是取得胜利还是遇到困难,都不可太自满和消沉,在你自满时,失败就可能会降临;在你消沉时,困难就可能更深地侵入,要学会勇敢地面对与克服。

人们在复杂的社会中奔波,每天接触着形形色色的人与事,如果我们不换个眼光,而总是以某种思维定式来评判谁是谁非,在看别人和看自己时下意识地采取两种标准,那么,就会严重影响我们对自身、对别人及对社会的正确认识。再美的世界,也就只能是雾里看花,甚至连花也不像花了。

留住心中"希望的种子"

世事无常,我们随时都会遇到困难和挫折。当遇见生命中突如其来的困难时,不要把自己禁锢在眼前的困苦中,而要把眼光放远一点,当你看得见成功的未来远景时,便能走出困境,到达梦想的彼岸。

俗话说,"坚持不一定成功,但放弃一定会失败",这话虽然有些过于肯定,但不是全无道理。人的一生本就是由成功和失败相互交织而成,生活中没有永远的失败者,如果你放弃了,就等于自己给自己宣判了失败。世界上只有一种失败,那就是放弃,所以,在遭遇失败时,我们不妨对自己说:"失败只是暂时的。"只要你比别人多坚持一点,多努力一点,多自信一点,你就能获得成功。

失败是一种财富,它会带给你一时的伤痛,但是没有永远的失败,这些必经的曲折只会让你更加坚强。从失败里,我们可以学到许多,可以了解自己被什么绊倒,这样在以后就会少犯或不犯相似的错误。

戴安娜·高登,这个美国运动史上的传奇人物,用自己的意志和坚持,创造了人类的又一个奇迹。她小时候就患上了骨癌,为了保住生命,她被迫锯掉了右脚。但癌细胞还是扩散了,在非人的折磨中,她又失去了乳房和子宫。当厄运接连不断地降临在这个幼小的生命上时,她哭泣过、痛苦过、悲伤过,但从未放弃过自己从小以来的梦想——成为一名出色的滑雪运动员。她一直告诫自己:"轻言放弃就是失败,我必须对自己的生命负责!"

在一次次的滑雪练习中,戴安娜·高登不断地品尝着失败的滋味。由于身体的原因,很多时候训练都无法持续很久,但困难没有把她吓倒,顽强的意志和无比的勇气最终成就了她。戴安娜·高登在和病魔的对抗中战胜了自己,凭着努力,她参加了多次美国滑雪锦标赛,共获得29枚金牌,还创下了多项世界纪录。

生命的潜能是无限的,而最容易被激发出无限可能的时机,正是我们最沮丧、困顿的时候。绝望的那一刻,往往是希望的开始；危机的尽头，往往就是转机；山穷水尽的地方，往往就是柳暗花明。只要不放弃，就会有希望。人生总有逆境，当我们在绝望中苦苦挣扎时，只要再多一份顽强、多一份忍耐、多一份自信，就会赢得命运的转机。

无论你在人生的哪个时刻被命运甩进黑暗，都不要悲观、丧气，这时候，你体内沉睡的潜能最容易被激发出来。黑暗笼罩你的时候，也许正是为了帮你找到那个散发着微弱光芒的出口。

无论到什么时候我们都应该记住：只要我们心中的希望不灭，只要不轻言放弃，我们的脚下就一定会有新的道路。

当我们遭受厄运、面对失败的时候，当我们面对重大灾难的时候，只要我们仍能在自己的生命之杯中盛满希望之水，那么，无论遭遇什么样的坎坷不幸之事，我们都能永葆快乐心情，我们的生命才不会枯萎。

每一次跌倒，都是为了再次爬起

出色的人生总是伴随着失败和挫折，跌倒并不可怕，可怕的是偃旗息鼓。如果小孩在学走路时，因为害怕跌倒而拒绝，那么他永远都不可能学会走路。因为一次跌倒而拒绝爬起来继续上路，那会错过太多的人生美景。要知道，跌倒不过是下一次腾飞的开始。

中国有句俗语："失败是成功之母。"你现在觉得让你痛不欲生难以面对的事情，实际上回过头来看看，对你来说是大有裨益的一次帮助。

人生不能没有教训，正如跌倒是每个婴幼儿学习走路必经的过程。不小心跌倒了，最好能不受伤害，更不要因为一时的失意而一蹶不振。奇美集团的董事长许文龙说："跌倒了不必急着站起来，四周找找看有什么可以捡的，再站起来！"此言确实不错。人生的顺境、逆境，对于一个有智慧的人来说都是宝贵的经历。

跌倒是为了学会如何自己爬起来。看似很简单的一个哲理，很多人在现实生活中根本无法做到，那种内心的恐惧可以摧毁你想做的任何事情，摧毁你自己本身。跌倒可以累积经验，所以，跌倒不一定是坏事。孩子跌倒了，父母常常说："不要紧，不要紧，跌得多，长得快。"每个人的成长过程，就如学习骑脚踏车，总要跌倒好多次才能学会。有些老年人还会自豪地说自己很会跌倒，因为他懂得跌倒时要双手紧抱，先以臀部着地，再往安全的地方斜靠。积累了很多的跌倒经验，就不怕跌倒；纵有跌倒，也会安全无恙。或许成长和小时候学习走路的经历是一样的，只有不断地摔倒，不断地爬起你才能学会。

对于我们来说最糟糕的事是什么？损失金钱、失去爱情、亲人离别、遭人陷害，还是被病痛折磨得够呛？不，这些都不是最糟糕的事，只要你的生命尚存一口气息，只要你还活在这个世界上，你就没有理由抱怨自己的现状太糟。除此之外，任何东西你失去了，哪怕你现在一无所有，也只不过是从头再来，没什么大不了。

人的一生是一段漫长的路程，不要因为一时的失败就否定自己，要有从头再来的勇气。要用平常心去看待人生中的起落，不能因为一次得失就断定一生的成败。人生的路上不可能一帆风顺，总有潮起潮落之时，有时失败也未必是坏事。没有昨天的失败，也许就未必有今天的成功。

人生最大的敌人是自己，只有敢于承认失败，敢于从头再来，才能最终战胜自己，战胜命运。面对失败，我们没什么可抱怨的，从哪里跌倒，就从哪里爬起来。

每一次"丢脸"都是一种成长

别怕犯错误"丢脸"，因为你犯下的错误越多，学到的知识和经验就越多，你进步的可能就越大。如果你想逃避"丢脸"而一辈子不犯错，那么结果只有一个：当你80岁的时候，你仍然什么都不会，因为你什么都不曾尝试去做。

不成熟的人都有一个共同的特点：把"面子"看得比什么都重要，生怕被否定、生怕别人觉得自己没能力、生怕被人看不起……而任何一个人，都必须经历一个从不懂到懂、从不会到会、从最平凡的小事做起的过程，这是人生的基本规律。

很多时候，要敢于承认自己不懂甚至"无能"，能够放平心态从最不起眼的工作做起。不怕"丢脸"，反而能让自己迅速适应社会，获得增加荣耀和自信的机会，这就是"长脸"。

所以唯有不怕"丢脸"，才能获得成长。

天才的脑袋并不只长在别人头上，而是有着天才脑袋的人面子往往不薄——哪个功成名就的人在修成正果之前没丢过脸啊！

不害怕"丢脸"是一种积极的生活态度，它会让你跳出虚荣心的束缚，勇敢展示自己的缺点，用心感受失败的痛苦和教训，诚心听取他人的意见和建议，虚心接受指导教诲，不断地进行自我改进，从而激发高昂的斗志和巨大的潜能，去攀登人生的新高度。

也许有时我们会抱怨为何别人成功而自己不能如愿？其实，多半是因为我们自己放不下架子，虚荣心太强，不敢剖析自己，在困难和挑战面前害怕"丢脸"，畏惧不前，最终错失良机。所以，不要害怕"丢脸"，不要过分在意别人对自己的评价，给自己一个豁达的心胸、轻松的心态，在一次次的"丢脸"中校正自己的人生航向，成功终将垂青于我们。

机会人人都有，但往往让不怕"丢脸"的人占了先。飞人迈克尔·乔丹年少时嗜球如命，可教练连预备队员的机会都不肯给他，却安排他给队员看管球衣。他就这样不怕"丢脸"地靠近了篮球，终于一举成名。

民谚云："要了脸皮，饿了肚皮。""你这个模样也去考××？考官能看上你吗？"事过多年，往往后人又会如此改变结论："还真让他给拼出来了。"——许多名人自传的回忆里都有这么个相似的章节。不怕"丢脸"的背后，往往就是背水一战的成功。

有时害怕丢一次脸，就是白白让出了一条路。抓住每次"丢脸"的机会，感谢每个让你"丢脸"的人。

甩掉你的消极，乐观面对

对你的人生，如果只看到消极的一面，可能会使你错过许多机会。你忽视的一些问题，反而可能会改善你的人际关系和生活质量。如果你一直有一个悲观的世界观，那么你的注意力可能永远不会转移到对你有利的一面。

人在不能改变环境的时候就要改变自己的心态，因为只要及时改变心态就一定会拥有积极向上的行为，那时，再苦的日子也是甜的，你会发现其中有很多让自己心情愉悦的事情。所以说，生活的艺术就是把苦日子过甜的艺术。

乐观是一种健康的心态，乐观的人心胸宽广，能苦中作乐，在忍受中享受小小的幸福。谁都可以把苦日子过甜，但一味地发牢骚只会过得更加辛苦。其实很多时候，生活并没有亏待我们，而是我们祈求太多以至忽略了生活本身。

在美国西雅图一个普通的卖鱼市场，鱼贩子们天天在这充斥着臭气的环境中工作，他们也曾经抱怨过命运的不公。但是后来，他们意识到再多的抱怨都无济于事，唯一能拯救他们的，只有他们自己。

于是他们开始转变心态，对自己的工作从厌恶转变为欣赏，用最灿烂的笑容迎接来自四面八方的顾客。他们不再抱怨生活，而是把卖鱼当成一种乐趣。他们个个面带笑容，像棒球队员，让冰冻的鱼儿像棒球一样，在空中飞来飞去，大家互相唱和。他们的微笑感染了那些脸上布满阴云的人们，他们把快乐传递给了每一个人。这一群卑微的鱼贩子在苦难的生活面前，显示了人生的大智慧。

最终大家齐心协力，把以前气氛沉闷的鱼市，变成了欢乐的游乐场。附近的上班族也被他们感染，常到鱼市来和鱼贩用餐，感受他们快乐工作的好心情。每个愁眉不展的人进了这个卖鱼市场，都会笑逐颜开地离开，还会情不自禁地买下鱼货，自然，鱼市的销售额也因此渐渐增长。

如果你觉得悲观情绪左右着你的判断，你开始对未来失去信心的时候，不要忘了提醒自己时间正在一分一秒地流逝。悲观本质上是不切实际的，因为它让你在还没有发生并且也不一定会发生的事情上浪费了时间，它阻碍了你完成应该完成的事情。

常言道，人生不如意事十有八九。本来生活中那幸福的"一二"就不多，你再盯着那不如意的"八九"看岂不是自讨苦吃？所以我们应该学会忘却伤痛，珍惜现有，不要做自以为是的可怜虫。看淡名利、金钱、苦难，一切不过如此罢了，学会苦中作乐，用乐观积极的态度让心灵得到净化和陶冶，少些浮躁，就能拥有阳光人生。

走出逆境和困惑

人生的冬天有时候可以用寒冷冰封一切，刺骨的寒冷让你几乎以为自己走不下去。但是许多身处黑暗的人，虽然磕磕碰碰，历经各种磨难，但最终走向了成功；而另一些人却往往却被眼前的光明迷失了前进的方向，所以终身与成功无缘。

每个人都会经历人生的黑暗期，这些黑暗就是挫折和困难，它打击我们的自信，让我们看不清前方的路，但只要希望不灭，我们就会信念永存。

　　困境会磨砺人的意志，练就人的谨慎细心，也磨炼了人对成功的无限渴望。所以，困境就像黑暗，虽然每个人都不喜欢，但它却是一笔财富。困境中的人比一帆风顺的人更容易迈向成功，更容易听到成功的呼唤，就像黑暗中的人更容易感受光明的指引一样。

　　一次，拿破仑在与敌军作战时，遭遇顽强的抵抗，队伍损失惨重，形势非常危险。没有援军，自己的人员又日渐减少，许多人都以为这次必败无疑，但拿破仑没有放弃打胜仗的希望，他的雄心在困境中越发地被激起。

　　他准备带领士兵们冲锋的时候，一不小心掉入泥潭中，被弄得满身泥巴，狼狈不堪。可此时的拿破仑浑然不顾，内心只有一个信念，那就是无论如何也要打赢这场战斗。于是，拿破仑大吼一声"冲啊"，他手下的士兵被他坚强的意志所鼓舞，一时间，将士们群情激昂、奋勇当先，最终取得了战斗的最后胜利。

　　人一生会遇到很多逆境，但每遭受一次挫折，我们对生活的认识会更全面一点；每失败一次，我们对成功的觉悟会提高一阶；每不幸一次，我们对快乐的体会会深刻一层。所以，身处黑暗的逆境，我们更能找到自己的价值，发掘自己的潜能。当逆境出现，我们反而更不能丧失希望，而是要鼓励自己坚持走下去，因为逆境是赋予我们寻找自我价值的大好机会，黑暗中我们更能爆发潜力，冲破重围。

　　当你困惑时，当你身处逆境时，要不停地跟自己说：只要希望不灭，就一定能摆脱现状！在恶劣的情形中，只要专注于寻找出路，并相信自己必可跳出这个困局，就会摸索到机会，把危机化为转机。如果你被黑暗蒙蔽了双眼，失去了信念，放弃了自己的希望，那你就永远逃不出黑暗的魔爪。

　　你知道汽车轮胎为什么能在路上跑那么久、能忍受那么多的颠簸吗？起初，人们想要制造一种轮胎，能够抗拒路上的颠簸，结果轮胎不久就被切成了碎条。然后他们又做出一种轮胎来，吸收了路上新碰到的各种压力，这样的轮胎可以"接受一切"。在曲折的人生旅途上，如果我们也能够承受所有的挫折和颠簸，能够化解与消除所有的困难与不幸，我们就能够活得更加长久，我们的人生之旅也会更加顺畅、更加开阔。

最糟也不过是从头再来

如果看看世界上那些成功人士的生平经历就会发现，那些声震寰宇的伟人，都是在经历过无数的失败后又重新开始拼搏才获得最后的胜利的。

这个世界上大多数人都失败过，一些人越战越勇，排除万难迎来了成功，而另外一些人却从此萎靡不振，陷入了人生的泥沼。其实，所有的不幸都不可怕，可怕的是我们丧失了斗志，失去了面对的勇气。只要我们的生命还在，跌倒了就爬起来，所有的伤痛就都可以治愈。

有一首诗写道："白云跌倒了，才有了暴风雨后的彩虹；夕阳跌倒了，才有了温馨的夜晚；月亮跌倒了，才有了太阳的光辉。"

在坚强的生命面前，失败并不是一种摧残，也并不意味着你浪费了时间和生命，而恰恰是给了你一个重新开始的理由和机会。

一次讨论会上，一位著名的演说家面对会议室里的200个人，手里高举着一张20美元的钞票问："谁要这20美元？"一只只手举了起来。

他接着说："我打算把这20美元送给你们当中的一位，在这之前，请准许我做一件事。"他说着将钞票揉成一团，然后问："谁还要？"仍有人举起手来。他又说："那么，假如我这样做又会怎么样呢？"他把钞票扔到地上，又踏上一只脚，并且用脚碾它。而后，他拾起钞票，钞票已变得又脏又皱。"现在谁还要？"还是有人举起手来。

"朋友们，你们已经上了一堂很有意义的课。无论我如何对待那张钞票，你们还是想要它，因为它并没贬值，它依旧值20美元。"

在人生路上，我们又何尝不是那"20美元"呢？无论我们遇到多少艰难困苦或是受挫多少次，我们其实还是我们自己，并不会因为一次失败而失去固有的实力和价值，也并不会因为身陷挫折而贬值。

就算你的人生再糟糕，你的价值也没有被任何人夺走。要相信自己，从头再来，一步一个脚印地走好每一步。

人们从每次错误中可以学习到很多东西，并调整自己的路线，重新回到正确的道路上。错误和失败是不可避免的,甚至是必要的:它们是行动的证明——表明你正在做着事情。

西奥多·罗斯福说:"最好的事情是敢于尝试所有可能的事,经历了一次次的失败后赢得荣誉和胜利。这远比与那些可怜的人们为伍好得多,那些人既没有享受过多少成功的喜悦,也没有体验过失败的痛苦,因为他们的生活暗淡无光,不知道什么是胜利,什么是失败。"

在这个世界上,有阳光,就必定有乌云;有晴天,就必定有风雨。从乌云中解脱出来的阳光比以前更加灿烂,经历过风雨洗礼的天空才能更加湛蓝。人们都希望自己的生活如丝顺滑、如水平静,可是命运却给予人们那么多波折坎坷。此时我们要知道,困难和坎坷只不过是人生的馈赠,它能使我们的思想更清醒、更深刻、更成熟、更完美。

所以,不要害怕失败,在失败面前只有永不言弃者才能傲然面对一切,才能最终取得成功。其实,失败不过是从头再来。

想要不再吃苦,就要战胜苦难

有一句话说得很好:"当上帝要想成就一个人,必先去磨炼他;魔鬼要想毁灭一个人,必先去放纵他。"这也就是在我国流传很广的那句话"天将降大任于斯人也"的另一种演绎版本。从众多的事例中我们可以发现,磨炼其实是一种爱,是为了创造一种先苦后甜的条件,是为了让我们更加接近幸福,也是为了让自己不再受苦。所以,想要不再吃苦,就要配合上帝的磨炼,去战胜苦难。

1850年8月21日,在巴尔扎克的葬礼上,雨果所致的悼词中有这样的话:"在伟大的人物中间,巴尔扎克是最伟大的一个;在优秀的人物中间,巴尔扎克是最优秀的一个。可叹啊!这个坚强的、永远不停止奋斗的哲学家、思想家、诗人、天才作家。在我们中间,他过着风风雨雨的生活,遭逢了任何时代一切伟人都遭逢过的恶斗和不幸。如今,他走了,他走出了纷扰和

痛苦。"

是的,巴尔扎克一生坎坷,幼年就缺乏母爱。家庭和母亲对他冷漠无情,他好像是家里多余的人。巴尔扎克后来回忆起这段生活时曾愤愤地说:"我从来不知道什么叫母爱。""我经历了人的命运中所遭受的最可怕的童年。"

长大以后巴尔扎克立志要从事清苦的文学创作,当一个"文坛国王"。从1819年夏天开始,他整天在一间阁楼里伏案写作。阁楼咫尺见方,他的居所简陋寒酸,夏天热腾腾,冬天冷飕飕。他没有白天,没有黑夜,没有娱乐,总是不停地写。结果在与书商打交道的过程中不断受骗,以致负债累累,债务高达10万法郎,为了躲债他6次迁居。他对朋友说:"我经常为一点面包、蜡烛和纸张发愁。债主迫害我像迫害兔子一样,我常像兔子一样四处奔跑。"

巴尔扎克一生勤奋地写作,常常独自连续工作18个小时。在不到20年里,他共创作91部小说,在世界上有广泛影响,但他的一生却是在贫困和痛苦中度过的。他曾用一句话概括自己:"一生的劳动都在痛苦和贫困中度过,经常不为人理解。"但是最终他成了一代文坛巨匠。

所以,困难是人生的伴侣,困境是现实的存在,这是我们不愿意接受的,但也是无法逃避的。如果你真正过上没有苦难的生活,就要有足够的心理准备,当遇上不顺心的事情时,学着用乐观、向上的心态来战胜失败和挫折,将苦难踩在脚下,不给它一丝喘息的机会。

因此,当人生的路程中不小心邂逅困难时,先让自己从心灵里强大起来,没有人希望自己的一生在苦海中泅渡。但是,人生又岂可永远平静无波澜?遇到点儿困难其实并不可怕,困难不过是一种考验与磨炼,是为了让我们更好地感觉幸福的可贵,加倍地珍惜幸福的生活。

第六章

世界并不完美,人生当有不足

完美往往只会成为人生的负担,人绷紧了完美的弦,它却可能发不出优美的声音来。

苛求完美，生活会和你过不去

"金无足赤，人无完人。"即使是全世界最出色的足球选手，10次传球也有4次失误，最棒的股票投资专家也有马失前蹄的时候。我们每个人都不是完人，都有可能存在这样或那样的过失，谁能保证自己的一生不犯错误呢？也许只是程度不同罢了。如果你不断追求完美，对自己做错或没有达到完美标准的事深深自责，那么一辈子都会背着罪恶感生活。

过分苛求完美的人常常伴随着莫大的焦虑、沮丧和压抑。事情刚开始，他们就担心失败，生怕干得不够漂亮而不安，这就妨碍了他们全力以赴地去取得成功。而一旦遭遇失败，他们就会异常灰心，想尽快从失败的境遇中逃离。他们没有从失败中获取任何教训，而只是想方设法让自己避免尴尬的场面。

很显然，背负着如此沉重的精神包袱，不用说在事业上谋求成功，在自尊心、家庭问题、人际关系等方面，也不可能取得满意的效果。他们抱着一种不正确和不合逻辑的态度对待生活和工作，他们永远无法让自己感到满足。

而智者犯了错误，也不会一味地自责、内疚或寻找借口，而是采取适度的方式正确地对待。

张爱玲在她的小说《红玫瑰与白玫瑰》中写了男主角佟振保的爱恋，同时也一针见血地道破了男人的心理以及完美之梦的破灭：白玫瑰有如圣洁的恋人，红玫瑰则是热烈的情人。娶了白玫瑰，久而久之，变成了胸口的一粒白米饭，而红玫瑰则有如胸口的痣痕；娶了红玫瑰，年复一年，则变成蚊帐上的一抹蚊子血，而白玫瑰则仿佛是床前明月光。

事实上，世界上根本就没有真正的"最大、最美"，人们要学会不对自己、他人苛求完美，对自己宽容一些，否则会浪费掉许许多多的时间和精力，最终只能在光阴蹉跎中悔恨。

世界并不完美，人生当有不足。对于每个人来讲，不完美的生活是客观存在的，无须怨天尤人。不要再继续偏执了，给自己的心留一条退路，不要因为不完美而恨自己，不要因为自己的一时之错而埋怨自己。看看身边的朋友，他们没有一个是十全十美的。

完美往往只会成为人生的负担，人绷紧了完美的弦，它却可能发不出优美的声音来。那些爱自己、宽容自己的人，才是生活的智者。

完美只是海市蜃楼的幻想

在佛教的《百喻经》中，有这样一则可笑而发人深省的故事。

有一位先生娶了一个体态婀娜、面貌娟秀的太太，俩人恩恩爱爱，是人人称羡的神仙美眷。这个太太眉清目秀、性情温和，美中不足的是长了个酒糟鼻子，好像失职的艺术家，对于一件原本足以称傲于世间的艺术精品，少雕刻了几刀，显得非常的突兀怪异。

这位先生对于太太的鼻子终日耿耿于怀。一日出外去经商，行经贩卖奴隶的市场，宽阔的广场上，四周人声沸腾，争相吆喝出价，抢购奴隶。广场中央站了一个身材单薄、瘦小清癯的女孩子，正以一双汪汪的泪眼，怯生生地环顾着这群如狼似虎、决定她一生命运的大男人。

这位先生仔细端详女孩子的容貌，突然间，他被深深地吸引住了。好极了！这个女孩子的脸上长着一个端端正正的鼻子，不计一切，买下她！

这位先生以高价买下了长着端正鼻子的女孩子，兴高采烈，带着女孩子日夜兼程赶回家门，想给心爱的妻子一个惊喜。到了家中，把女孩子安顿好之后，他用刀子割下女孩子漂亮的鼻子，拿着血淋淋而温热的鼻子，大声疾呼：

"太太！快出来哟！看我给你买回来最宝贵的礼物！"

"什么样贵重的礼物，让你如此大呼小叫的？"太太狐疑不解地应声走出来。

"你看！我为你买了个端正美丽的鼻子，你戴上看看。"

这位先生说完，突然抽出怀中锋锐的利刃，一刀朝太太的酒糟鼻子砍去。霎时太太的鼻梁血流如注，酒糟鼻子掉落在地上，他赶忙用双手把端正的鼻子嵌贴在伤口处。但是无论他如何努力，那个漂亮的鼻子始终无法黏在妻子的鼻梁上。

可怜的妻子，既得不到丈夫苦心买回来的端正而美丽的鼻子，又失掉了自己那虽然丑陋但是货真价实的酒糟鼻子，并且还受到无端的刀刃创痛。而那位糊涂丈夫的愚昧无知，更叫人可怜！

这个行为虽然让人觉得有些可笑，但是人们追求完美的心理，却与文中那个手拿利刃的丈夫如出一辙。有些人以为自己追求完美的心理是积极向上的表现，其实他们才是最可怜的人，因为他们是在追求不完美中的完美，而这种完美，根本不存在。也就是说他们所有的追求如海市蜃楼，只是一个幻影而已。

俗话说："人无完人，金无足赤。"人生确实有许多不完美之处，每个人都会有这样那样的缺憾，真正完美的人是不存在的，即使是中国古代的四大美女，也有各自的不足之处。历史记载，西施的脚大，王昭君双肩仄削，

貂蝉的耳垂太小,杨贵妃还患有狐臭。道理虽然浅显,可当我们真正面对自己的缺陷,生活中不尽如人意之处时,却又总感到懊恼、烦躁。

思想成熟者不会强迫自己做"完人"

莎士比亚说:"聪明的人永远不会坐在那里为他们的损失而悲伤,却会很高兴地去找出办法来弥补他们的创伤。"

如果你做了还感到不好,改了还感到不快,考了99分还嫌不是100分,刻意追求完美,这样定会"累",这种情况必须要改善。

请瞧瞧你手中的"红富士",它们并不处处圆润,却甘甜润喉,再近一点儿看看牡丹,它上面也可能有一两个虫眼,却贵气十足,令百花折服。花无完美,果无完美,何况人生!

思想成熟的人不会强迫自己做"完人",他们允许自己犯错误,并且能采取适度的方式正确地对待自己的错误。

在这个世界上,谁都难免犯错误,即使是四条腿的大象,也有摔跤的时候。"人要不犯错误,除非他什么事也不做,而这恰好是他最基本的错误"。

反省是一种美德。不反省不会知道自己的缺点和过失,不悔悟就无从改进。

但是,这种因悔悟而责备自己的行为应该适可而止。在你已经知错、决定下次不再犯的时候,就是停止后悔的最好的时候,然后,你就应该摆脱这悔恨的纠缠,使自己有心情去做别的事。如果悔恨的心情一直无法摆脱,而你一直苛责自己,懊恼不止,那就是一种病态,或可能形成一种病态了。

你不能让病态的心情持续。你必须了解它是病态,一旦精神遭受太多折磨,有发生异变的可能,那就严重了。

所以,当你知道悔恨与自责过度的时候,要相信自己能够控制自己,告诉自己"赶快停止对自己的苛责,因为这是一种病态"。为避免病态具体化而加深，要尽量使自己摆脱它的困扰。这种自我控制的力量是否能够发挥，决定一个人的精神是否健全。

人人都可能做错事，做了错事而不知悔改，那是不对的；知道悔改，即为好人。所谓放下屠刀，立地成佛，过去的既已无可挽回，那么只有以后坚决行善才可以补偿。每个人都有缺点，这就是为什么我们要受教育。教育使我们有能力认识自己的缺点并加以改正，这就是进步。但在知道随时发现自己的缺点并随时改正之外，更要注意建立自己的自信，尊重自己的自尊。

有人一旦犯了错误，就觉得自己样样不如人，由自责产生自卑，由于自卑而更容易受到打击。经不起小小的过失，受到了外界一点点轻侮或为任何一件小事，都会痛苦不已。

一个人缺少了自信，就容易对周围环境产生怀疑与戒备，所谓"天下本无事，庸人自扰之"。

面对这种"无事自扰"的心境，最好的方法是努力进修，勤于做事，使自己因有进步而增加自信，因工作有成绩而增加对前途的希望，不再向后做无益的回顾。

进德与修业，都能建立一个人的自信心和荣誉感。对自己偶尔的小错误、小疏忽，不要过分苛责。

自尊心人人都有，但没有自信做基础，就会使人变为偏激狂傲或神经过敏，以致对环境产生敌视与不合作的态度。要满足自尊心，只有多充实自己，使自己减少"不如人"的可能性，而增加对自己的信心。

做好人的愿望当然值得鼓励，但不必"好"到一切迁就别人，凡事委屈自己，更不能希望自己好到没有一丝缺点，而且发现缺点就拼命"修理"自己。一个健全的好人应该是该做就做，想说就说，一切要求合情合理之外，如果自己偶有过失，也能潇洒地承认："这次错了，下次改过就是。"不必把一个污点放大为全身的不是。

阳光照不到你的生活，
微笑着才发现沿途开满花朵

汪国真有诗云："我微笑着走向生活／无论生活以什么方式回敬我／报我以平坦吗／我是一条欢快奔流的小河／报我以崎岖吗／我是一座大山挺峻巍峨……"谁能说人生没有遗憾、没有失落，失落之中只伴随着忧郁，阳光照不到你的生活；只有微笑着走向生活，才发现原来沿途开满了花朵。

体会了没有脚的痛楚，才明白为没有鞋子而哭泣是多么浅薄；经历了归途的风雨坎坷，蓦然回首，才发现来时的路却是怎样美丽的一种风景。

没有人能够完全把握前路的东西，但却也没有理由不微笑走向生活……

古语云："甘瓜苦蒂，物不全美。"从理念上讲，人们大都承认"金无足赤，人无完人"。正如世界上没有十全十美的东西一样，也不存在什么精灵通神的完人。但在认识自我、看待别人这一具体问题上，许多人仍然习惯于追求完美，求全责备，对自己要求样样都行，对别人也往往是全面衡量。

任何人总是有优点和缺点两个方面。俗话说"寸有所长，尺有所短"，"十个手指不一般齐"。长处再多的人，也不免有所短；缺点再多的人，也必定有所长。

美国大发明家爱迪生，有一千多项发明，被誉为"发明大王"。但他在晚年，却固执地反对交流输电，一味地主张直流输电；电影艺术大师卓别林创造了深刻而生活的喜剧艺术形象，但他却极力反对有声电影；创立了《相对论》的20世纪最伟大的科学家爱因斯坦，他的智慧带来了科学思想的革命，却不能处理好自己的家庭关系……奥地利圆舞曲之王约翰·施特劳斯逝世100周年之际，一本新出版的传记以几百封从未曝光的书信为依据指出，这位创作了《蓝色多瑙河》等许多著名圆舞曲的施特劳斯，其实动作笨拙，不会跳舞。他还害怕阳光，非常胆小，也害怕黑暗，不敢独处，没有半点儿幽默感。真正的施特劳斯与众人想象中的活泼形象完全不同。

这些事实说明，大师、著名人物也都不是完人、超人，也不可能十全十美。他们的缺点和失误比之于他们给予人类的贡献，当然是次要的。但通过这些事实，我们应当明白，人无完人，人生必有缺憾，才是真实的、正常的。

所以，当缺憾也成为一种美的时候，面对生活中仅有的一些不顺利，你除了恬淡接受，泰然处之，还有什么其他的选择吗？

被批评不是什么坏事

乔治在纽约郊外著名的卡瑞月湖度假村工作。

一个周末，乔治正忙碌不堪时，服务生端着一个盘子走进厨房对他说，有位客人点了这道"油炸马铃薯"，他抱怨切得太厚。

乔治看了一下盘子，跟以往的油炸马铃薯并没有什么不同，但他却按客人的要求将马铃薯切薄些，重做了一份请服务生送去。

几分钟后，服务生端着盘子气呼呼走回厨房，对乔治说："我想那位挑剔的客人一定是生意上遭遇困难，然后将气借着马铃薯发泄在我身上，他对我发了顿牢骚，还是嫌切得太厚。"

乔治在忙碌的厨房中也很生气，从没见过这样的客人！但他还是忍住气，静下心来，耐着性子将马铃薯切成更薄的片状，之后放入油锅中炸成诱人的金黄色，捞起放入盘子后，又在上面洒了些盐，然后第三次请服务生送过去。

不一会儿，服务生又端着盘子走进厨房，但这回盘子里空无一物。服务生对乔治说："客人满意极了。餐厅的其他客人也都赞不绝口，他们要再来几份。"

这道薄薄的油炸马铃薯从此成了乔治的招牌菜，并发展成各种口味，今天已经是地球上不分地域、人种都喜爱的休闲食品。

乔治的成功，关键在于他在面对批评的时候，不是满腹牢骚，抱怨别人，而是能忍住怨气做好自己的工作，让顾客满意。一次一次地改进，不仅满足了顾客，同时也成就了乔治的事业。

成功的人，所具备的素质就是当有人对自己不满意时，不是去抱怨别人，而是积极努力地完善自己。

战胜缺点的过程就是完善自我的过程

人没有完美的，总会有这样或那样的缺点。缺点是否成为成功路上的障碍，关键是要看成就什么样的事业。想成为万人瞩目的政治领袖吗？那就需要具有富兰克林那样的勇气，检视自己的缺点，并与之进行坚持不懈的斗争，直到胜利为止。

克劳兹是美国某企业总裁，他奋斗了8年，让企业的资产由200万美元发展到5000万美元。2005年他去华盛顿领取了本年度国家蓝色企业奖章。这是美国商会为奖励那些战胜逆境的中小企业而颁发的，那年只颁发了6枚奖章。

克劳兹可以算是一个成功的企业家了，可他的心中却有一个难言之隐，他将它深深藏在心里已经很多年了。白天克劳兹应接不暇地处理对外事务，好像是忙得没有时间去阅读邮件和文件。很多文件由公司的管理人员白天就处理好了，白天遗留下来的文件，到了晚上，由他的妻子莱丝帮助他处理，他的下属对他无法阅读这件事一直一无所知。

克劳兹的痛苦起源于童年。当时他在内华达的一个小矿区里上小学。"老师叫我笨蛋,因为我阅读困难。"他说。他是整个学校里最安静的小孩,他总是默默地坐在教室的最后一排。他天生有阅读障碍,老师又责骂他,这使得他在学校的学习变得更艰难了。1963年,他从高中勉强毕业,当时他的成绩主要是C、D和F(A是最高等级)。

高中毕业后,克劳兹搬到了雷诺市,用200美元的本金开了一家小机械商店。经过不懈的努力,1997年他已经成功开了5个分店,资产超过了200万美元。今天他的企业已经成为所在行业的佼佼者,公司每年至少有1500万美元的利润。

克劳兹害怕受到那些大多是大学毕业的首席执行官们的嘲笑和轻视。但是,他没想到他得到的是更多的支持和鼓励。"这使我更加佩服他获得的成功,这加深了我对他的敬意。"约斯特说。另外,当克劳兹告诉他的雇员他不会阅读的时候,也赢得了雇员们的尊重。克劳兹说:"自从我下决心让每个人都知道这件事以来,我心里轻松了许多。"

从那以后,克劳兹聘请了一名家庭教师为他做阅读辅导。克劳兹最近正在读一本管理方面的书。他在所有他不认识的单词下面画线,然后去查字典。他希望有一天能像他妻子那样可以迅速地读完办公桌上所有的文件和信函。更重要的是,他希望他的故事能鼓励其他正在学习阅读的人。

"有缺点没有什么可羞愧的,然而,如果明知自己有缺点却不做任何改进,那就变成一种耻辱了。"自己不去正视缺点,它将永远是缺点,克服它、战胜它的过程也是完善自我的过程。

朋友如音乐,也有觉得刺耳的时候

驰名于世的《包法利夫人》的作者是19世纪法国批判现实主义作家福楼拜,他的家当时坐落在摩里略镇,是同时代法国作家龚古尔、都德、莫泊桑、梅里美等利用星期日经常聚会、讨论的地方。

后来,福楼拜家的客厅里又多了一个新面孔,他就是被称为"小说家中的小说家"的屠格涅夫，他的小说语言纯净优美，结构简洁严密。作品充满诗意的氛围和淡淡的哀愁，给人无尽回味。《最后一课》的作者都德见到了侨居法国的屠格涅夫后，向他倾诉了自己对他的才华、人品的无限仰慕及对《猎人笔记》的高度赞赏。

自此，俩人结下了深厚的友谊，屠格涅夫甚至成了都德家里的常客。然而，屠格涅夫并不因为他们之间的友谊而改变他对都德著作的评价。在他看来，都德是他们领域里"最低能的一个"，但他只把这个看法作为内心的一个秘密写进心爱的日记里。

1833年，屠格涅夫因脊髓癌病逝了。当都德无意间发现了这个秘密时，感到万分意外，就像迎头挨了一记闷棍似的，他感慨地说："我始终记得他在我的家里，在我的餐桌上，怎样温柔热情地吻着我的孩子们的事，我还收藏着他写给我的无数亲切可爱的信件。但在他的那种和蔼的微笑下却隐藏着这样的意念。天哪！人生是怎样的奇怪，希腊人的所谓'冷酷'两字是多么的真实！"

这种友情的幻灭当然使都德很伤心，但在屠格涅夫方面，却并无他的不是处。因为他将友情和作品分离了，他对都德，甚至对他的孩子有友情，但是不满意他的作品，所以才在背后说出那样的话，如果不是为了友谊，屠格涅夫也许当面就向都德说了。这样一来，都德早就和屠格涅夫绝交，也不至于有死后这样的幻灭了。

能力和才华不是选择朋友的最高标准，只要投缘，只要够朋友，这些就显得不重要了。人无完人，再好的朋友也不可能让你处处满意。那就让你的不满成为内心的秘密吧，因为朋友知道后，也许会离开你，那样会使你更加痛苦。

在参加《新青年》的编辑工作时，鲁迅认识了刘半农，并和他成了好朋友。对刘半农的为人，鲁迅极为赞赏，认为他勇敢、活泼、对人真诚，用不着提防。但同时，鲁迅也发觉他有些"浅"。将刘半农与陈独秀、胡适进行比较后，鲁迅说，刘半农虽浅，却如一条清溪；如果是烂泥的深渊呢，那就更不如浅一点儿的好。不料，如此热情洋溢的评论却伤害了刘半农，因为他有自卑情结。对刘半农的这种心理，鲁迅表现出了明显的憎恶。但他说："这憎恶是朋友的憎恶。"

对友人，开口之前，我们要三思，但一言既出，就坦然面对吧。从另一方面来说，这也是对彼此交情的一种检验，连几句话都承受不了的交情，毕竟是脆弱的。

所以，朋友也不是十全十美的，所有的朋友也都不是你想象的那个样子，既然是朋友就得包容他，理解人与人之间的不同，不要对朋友要求太高。

当我跳下楼，从窗户看到别人比我更不幸

有时候我们心情沮丧，总是觉得自己拥有的太少。

有一个国王，常为过去的错误而悔恨，为将来的前途而担忧，整日郁郁寡欢，于是他派大臣四处寻找一个快乐的人，并把这个快乐的人带回王宫。

这位大臣四处寻找了好几年，终于有一天，当他走进一个贫穷的村落时，听到一个快乐的人在放声歌唱。寻着歌声，他找到了正在田间犁地的农夫。

大臣问农夫："你快乐吗？"农夫回答："我没有一天不快乐。"

大臣喜出望外地把自己的使命和意图告诉了农夫。农夫不禁大笑起来，他又说道："我曾因为没有鞋子而沮丧，直到我有一天在街上遇到了一个没有脚的人。"

有人为低工资而懊恼、忧郁，猛然发现邻居大嫂已经下岗失业，于是又暗暗庆幸自己还有一份工作可以做，虽然工资低一些，但起码没有下岗失业，心情转眼就好了起来。当自己痛苦不堪的时候，要是能够换一个角度来思考，痛苦的程度就会大大减弱。当自己兴高采烈的时候，应多向上比，会越比越进步；当自己苦恼郁闷的时候，应多向下比，会越比越开心。

人生最可怜的事，不是生与死的诀别，而是面对自己所拥有的，却不知道它是多么的珍贵。

网上有一幅比较流行的漫画：

一个漂亮的女孩子，觉得自己过得很不幸，终于有一天她真的决定跳楼自杀。身体慢慢往下坠，她看到了10楼恩爱著称的夫妇正在互殴，她看到了

9楼平常坚强的Peter正在偷偷哭泣,8楼的阿妹发现未婚夫跟她最好的朋友在一起了,7楼的丹丹在吃她的抗忧郁症药,6楼失业的阿喜还是每天买7份报纸找工作,5楼受人尊敬的王老师正在发怒大吼,4楼的Rose又要和男友闹分手,3楼的阿伯每天盼望有人拜访他,2楼的莉莉还在看她那结婚半年就失踪的老公的照片。在她跳下之前,她觉得自己是世上最倒霉的人。而此刻现在她才知道每个人都有不为人知的困境。她看完他们之后深深觉得其实自己过得还不错……可是已经晚了。当她掉在地上时,楼上所有不幸的人同时感慨:原来自己的生活还是美好的,还有人比他们更不幸。

这幅漫画很贴切地展现了我们生活中许多人的想法,我们每每羡慕别人的生活是如何的美好,总觉得自己是最不幸的那一个,而实际上并不是这样的,每个人的生活中总会出现别人所没有的各种各样的困难,就像这个美丽的女子在跳楼时所看到的那样,其实谁都一样,谁都不是生活中的宠儿,只是每个人对待生活的态度不同而已。坚强的人最终尝到了生活的美味,意志薄弱的人最终被生活所淘汰。

不要总把眼光局限在自身的坏牌上,实际上,别人手中的牌也并非都是好牌。这样去想,你才能不至于太自卑、太绝望,才能保持必胜的决心,坚强地走下去。

玫瑰有刺,完美主义者也应接受瑕疵

完美永远是可望而不可即的。当我们不再注意自己是否完美时,或许有一天我们会惊喜地发现往日渴求的完美,今天已经具备。

奥利弗·万德尔·劳尔姆斯认为罗斯福"智力一般,但极具人格魅力"。罗斯福之所以能当上美国总统,带领美国走出经济萧条,在第二次世界大战中成为真正的赢家,与他积极乐观的性格有着极大的关系。

罗斯福其貌不扬,在智力上也没有过人之处,因此他小时候是个怯懦的孩子。当他在课堂上被叫起来背诵时,总是一副大难临头的样子,呼吸急促,嘴唇颤抖,声音含糊不清,听到老师让他坐下,简直如获大赦。通常,像他这种先天禀赋较差的孩子大多是敏感多疑、落落寡合的。但罗斯福却不甘做一个生活的失败者,他没有因为同学的嘲笑而失去勇气,当他在公众面前双唇发抖时,他总是暗中激励自己,咬紧牙关,尽力克服这一毛病。

罗斯福无疑是一个了解自己、敢于面对现实的人,他坦然承认自己的种种缺陷,承认自己不勇敢、不好看,也不比别人聪明,但他并不因此而消沉、自卑,凡是他意识到的缺点他都尽力克服,用行动证明先天的缺陷并不能阻碍他走向成功。他深知作为一个总统,在公众心目中的形象有多么重要,他学会了在说话时改变口型来修饰自己的龅牙。

罗斯福用他的勇敢与才华征服了世界,从此历史上多了一位自信而从容的伟人,少了一个自卑、颓丧的少年。

生活里许多人有缺陷,来自身体或外貌,但只要你把"缺陷、不足"这块堵在心口上的石头放下来,充分发挥自己的长处,照样可以赢得精彩人生。正如清朝诗人顾嗣协说:"骏马能历险,犁田不如牛;坚车能载重,渡河不如舟。舍长以取短,智者难为谋;生财贵适用,慎勿多苛求。"

不要总把自己与别人比较,更不要拿自己的弱势和别人的强势比较,这样会愈看自己愈不值钱。不完美并不可怕,可怕的是那些失落感、无助感、挫败感,甚至一时丧失对生活的信心。

过度挑剔不如充实自己

他是一位咖啡爱好者,立志将来要开一家咖啡馆。闲暇时间,他到处喝咖啡,除了品尝不同的咖啡之外,也看看咖啡馆的装潢。

有一次,他约一位朋友喝咖啡。带着朝圣的心情,朋友跟他去了一趟咖啡馆。很不巧,他对那家咖啡馆似乎没有什么好感。朋友问他:"怎么样,这家店的咖啡口味还不错吧?"他淡淡地说:"没什么!"朋友继续问:"店面的装潢呢?"他还是回答:"没什么!"以后的日子里,朋友陆续跟他到过不同的咖啡馆，品尝不同口味的咖啡，"没什么！"仿佛是他的口头禅，对所有去过的咖啡馆，他的评价都是"没什么"，而且带着有点儿不屑的语气。朋友心想：大概是他的品位太高了，这些咖啡馆提供的饮料及气氛果真都不如他的心意。

另外，有一位对西点蛋糕有兴趣的女孩。从前，她也常说："没什么！"她不但爱吃西点蛋糕，还利用空闲时间拜师学艺，到专业的老师那儿上课，学做西点蛋糕。刚开始学习的那段日子，她还是不改本性，不论到哪里，吃到什么西点蛋糕，都会给对方"无星级"的评价："没什么！"标准之严苛，让大家觉得她挑剔得过火了。过了半年，当她从"西点蛋糕初学班"结业之后，态度有了180度大转变，无论在哪里，品尝过谁做的西点蛋糕，她都很认真地研究里面的配方，用什么材料、多少比例、烘焙的步骤。如果做西点蛋糕的师傅在场，她还会很好奇地向对方讨教、研究成功的关键技巧。朋友笑着对她说："你变了。从前是说：'没什么！'现在是问：'有什么？'""没错，没错，其实每一件事情一定都'有什么'，差别只在于你有没有观察到它'有什么'而已。"

挑剔是人们的普遍心理，人们总感到这也不好，那也不如意，却又没有比别人更好的办法来改进。如果放下对别人严苛的审视目光，改为通过各种途径来充实自己，做一个从"没什么"到"有什么"的转变，你会从别人身上发现更多值得称道的东西。

沙子与珍珠的最大区别就是沙子落下便无法再被拾起，而珍珠无论在哪里都是明亮耀眼的，沙子与珍珠，要做哪一个，全在于你自己。

有一个自以为是的年轻人毕业以后一直找不到理想的工作，他觉得自己怀才不遇，对社会感到非常失望。痛苦绝望之下，他来到大海边，打算就此结束自己的生命。这时，正好有一个老人从这里走过。老人问他为什么要走绝路，他说自己不能得到社会的承认，没有人欣赏并且重用他。老人从脚下的沙滩上捡起一粒沙子，让年轻人看了看，然后就随便地扔在地上，对年轻人说："请你把我刚才扔在地上的那粒沙子捡起来。""这根本不可能！"年轻人说。老人没有说话，接着又从自己的口袋里掏出一颗晶莹剔透的珍珠，也是随便扔在了地上，然后对年轻人说："你能不能把这个珍珠捡起来呢？""当然可以！"听到年轻人的回答，老人点点头，转身走了。因为他相信这个年轻人虽然拾不起那粒沙子，但会收起自杀的念头。

在困难面前，人们很少检讨自己的行为，而是总在抱怨"千里马常有，而伯乐不常有"，总会认为自己是有才而无用武之地，却很少问一问自己，自己是一颗沙子还是一颗珍珠。沙子总会被淹没，而珍珠无论在哪里都会光彩耀人。有的时候，你必须知道你自己是一颗普通的沙粒，而不是价值连城的珍珠，若要使自己卓越出众，那你就要努力使自己成为一颗珍珠。

别为打翻的牛奶哭泣

人生一世，草木一秋。谁都想让此生了无遗憾，谁都想让自己所做的每一件事都永远正确，从而达到自己预期的目的。可这只能是一种美好的幻想。人不可能不做错事，不可能不走弯路。做了错事走了弯路之后，有后悔情绪是很正常的，这是一种自我反省，正因为有了这种"积极的后悔"，我们才会在以后的人生之路上走得更好、更稳。

但是，如果你纠缠住后悔不放，或羞愧万分，一蹶不振；或自惭形秽，自暴自弃，那么你的这种做法就是庸人自扰了。昨日的阳光再美，也移不到今日的画册。我们为什么不好好把握现在，珍惜此时此刻的拥有呢？

1871年春天，一个年轻人拿起了一本书，看到了一句对他前途有莫大影响的话。他是蒙特瑞综合医科的一名学生，平日对生活充满了忧虑，担心通不过期末考试，担心该做些什么事情，怎样才能生活。

这位年轻的医科学生所看见的那一句话，使他成为当代最有名的医学家，他创建了世界知名的约翰·霍普金斯学院，成为牛津大学医学院的教授——这是学医的人所能得到的最高荣誉。他还被英国女王册封为爵士，他的名字叫作威廉·奥斯勒爵士。

下面就是他所看到的——托马斯·卡莱里所写的一句话，帮他度过了无忧无虑的一生："最重要的就是不要去看远方模糊的事，而要做手边清楚的事。"

40年后，威廉·奥斯勒爵士在耶鲁大学发表了演讲，他对学生们说，人们传言说他拥有"特殊的头脑",但其实不然,他周围的一些好朋友都知道,他的脑筋其实是"最普通不过了"。

那么他成功的秘诀是什么呢?他认为这无非是因为他活在所谓"一个完全独立的今天里"。在他到耶鲁演讲的前一个月,他曾乘坐着一艘很大的海轮横渡大西洋,一天,他看见船长站在船舱里,揿下一个按钮,发出一阵机械运转的声音,船的几个部分就立刻彼此隔绝开来——隔成几个完全防水的隔舱。

"你们每一个人,"奥斯勒爵士说,"都要比那条大海轮精美得多,所要走的航程也要远得多,我要奉劝各位的是,你们也要学船长的样子控制一切,活在一个完全独立的今天,这才是航程中确保安全的最好方法。你有的是今天,断开过去,把已经过去的埋葬掉。断开那些会把傻子引上死亡之路的昨天,把明日紧紧地关在门外。未来就在今天,没有明天这个东西。精力的浪费、精神的苦闷,都会紧紧跟着一个为未来担忧的人。养成一个好习惯,那就是生活在一个完全独立的今天里。"

奥斯勒爵士接着说道:"为明日准备最好的办法,就是要集中你所有的智慧、所有的热忱,把今天的工作做得尽善尽美,这就是你能应付未来的唯一方法。"

奥斯勒爵士的话值得我们每个人珍视。其实,人生的一切成就都是由你"今天"的成就累积起来的,老想着昨天和明天,你的"今天"就永远没有成果。珍惜今天吧,只有珍惜今天,你才能有好的未来!

昨天是一张作废的支票，明天是一张期票，而今天是你唯一拥有的现金，只有好好把握今天，明天才会更美好，更光明。过去的已经过去，不要为打翻的牛奶而哭泣！

生活不可能重复过去的岁月，光阴如箭，来不及后悔。从过去的错误中吸取教训，在以后的生活中不要重蹈覆辙，要知道"往者不可谏，来者犹可追"。

"明日复明日，明日何其多"，把握人生就要从当下开始，而不是总想着今后怎么样。把奋发寄托在明天是懦夫的表现，是消极思想的典型体现。我们要想积极生活，就应该把握现在，把握今天。

包容不完美，才有完美的心境

真正幸福的人生，难以圆满。"喜欢月圆的明亮，就要接受它有黑暗与不圆满的时候；喜欢水果的甜美，也要容许它通过苦涩成长的过程"，人生总是"一半一半"，在人生的乐、成、得、生中，包容不完美，才是真正完整的幸福。

"岂无平生志，拘牵不自由。一朝归渭上，泛如不系舟。"白居易曾在《适意》中这样表达过自己对自由生命的向往之情。自古以来，失意的文人墨客常常寄情于山水之间，希望能在游玩嬉戏的清逸洒脱中陶冶性情，驱除烦恼。闲来寄情山水，春鸟林间，秋蝉叶底，淙淙流水过竹林；四山如屏，烟霞无重数，荒径飞花桥自横。这般景象之中，也有叶的坠落、花的凋零，但置身其中却能拥有完美的心境。

很多人都执着于追求完美的人生，凡事要求完美固然很好，以示精益求精，更上一层楼，但星云大师却不断地给世人以警醒：有的人因小小的缺陷而全盘否定人生的意义，有的人因为小小的遗憾而将手中的幸福全部放弃，这样追求完美，有时反而因噎废食，流于吹毛求疵，不管于自己还是于他人，都是一种不必要的辛苦。

人生，永远都是有缺憾的。佛学里把这个世界叫作"婆婆世界"，翻译过来便是能容忍许多缺陷的世界。这个世界本来就是有缺憾的，如果没有缺憾就不能称其为"人世间"。在这个缺憾的世间，便有了缺憾的人生。因此苏东坡词曰："月有阴晴圆缺，人有悲欢离合，此事古难全……"这是人生的实相所在。

人生实相，就如一只飘摇的生命之舟，无所牵系，却有各种承载。小船向前行进的时候，苦与乐、爱与恨、善与恶、得与失、成功与失败、聪明与愚钝……纷纷从两侧上船，它们都是生命的必然伴侣。

如此看来，生命是有缺陷的，我们不能只接受幸福的垂青，却把不和谐的因素完全屏蔽。

面对人生缺憾，星云大师主张该留有余地，他认为尽善尽美并不是绝对好，这与清人李密庵主张所谓"半"的人生哲学一样，都在告诫世人不要过度追求圆满。日本有一派禅宗书道在挥毫泼墨时总留下几处败笔，都是意在暗示人生没有百分之百的圆满完美。更有日本东照宫的设计者因为自觉太完美，恐怕会遭天谴，故意把其中一支梁柱的雕花颠倒。

"我走过阳关大道，也走过独木小桥。路旁有深山大泽，也有平坡宜人；有杏花春雨，也有塞北秋风；有山重水复，也有柳暗花明；有迷途知返，也有绝处逢生。"这是已逝的国学大师季羡林对自己人生的总结，他坦承自己的人生并不完美，但正是这种不圆满才是真正的人生。

在每个人心里都有追求完美的冲动，当他对现实世界的残酷体会得越深时，对完美的追求就会越强烈。这种强烈的追求会使人充满理想，但追求一旦破灭，也会使人充满绝望。这个世界上没有任何一种事物是十全十美的，或多或少总有瑕疵，我们只能尽最大的努力使之更加美好，却永远不可能做到完美。所以，一个智者应该明白这个道理：凡事切勿苛求，与其追求那如镜花水月一般不可触及的完美，不如勤恳务实，才会活得更加快乐。

其实，人生也正是因为有所缺失才会有所获得，就如同一个残缺的木桶，虽然每次担水回家之后你都无法获得一整桶的水，但是某一天，当你再次从这条路上经过时，也许会发现路旁各色的小花，嗅到淡淡的花香。一天、一月、一年，从残缺的木桶中滴落的泉水浇灌了路旁的草籽花粒，它们便在这残缺的遗憾中破土而出，带给人意外的美丽惊喜。

第七章 /
有退德乃大，有忍事乃济

"猝然临之而不惊，无故加之而不怒"，冷静做人，理智处事，身放闲处，心在静中。

"忍"是家庭和睦的秘诀

季羡林先生曾说过：互相恩爱，互相诚恳，互相理解，互相容忍，出以真情，不杂私心，家庭和睦，其乐无限。

温馨的家庭氛围并不是很容易就能形成的。季老从自己的人生经验出发，得出和谐持家的两字箴言，即真与忍。"真者，真情也。忍者，容忍也。"真是所有美德的基础，而忍则是彼此迁就的良方。

季老非常重视容忍在家庭生活中的作用。"每个人的脾气不一样，爱好不一样，习惯不一样，信念不一样，而且人是活人，喜怒无常，时有突变的情况，情绪也有不稳定的时候"，此时容忍就非常重要。"小不忍则乱家庭"，所以他提倡当出现家庭矛盾时要学会容忍，如果一方发点脾气，稍稍谦让，风暴便可平息；随后诚恳陈词，人毕竟是讲理的。忍一时不快，矛盾很可能就此解决，每个人的生活就会幸福而温馨。

下面这个故事也体现了"忍"在家庭中的重要作用。

李太太精心准备了满满一桌饭菜，那可全都是李先生爱吃的。然而，李先生早忘了今天是他们结婚五周年的纪念日，而在外迟迟不归。

终于，李太太听到了钥匙的开门声，这时愤怒的李太太真想跳起来把李先生推出去。李先生的全部兴奋点都在今晚的足球赛上，那精彩的临门一脚仿佛是他射进的一般。李太太真想在李先生眉飞色舞的脸上打一拳。

然而一个声音告诫她："别这样，亲爱的，再忍耐两分钟。"

两分钟以后的李太太，怒气消减了许多："丈夫本来就是那种粗心大意的男人，何况这场球赛又是他盼望已久的。"她安慰自己。而后起身又把饭菜重新热了一遍，并斟上两杯红葡萄酒。

兴奋依然的李先生惊喜地望着丰盛的饭桌："亲爱的，这是为什么？"

"因为今天是我们的结婚纪念日。"

惊了片刻的李先生抱住李太太:"宝贝,真对不起,今晚我不该去看球。"

李太太笑了,她暗自庆幸几分钟前自己压住了火气,没有大发雷霆。

常言道:"忍一忍平安无事,退一步海阔天空。"善忍则息事宁人,则家和,家和则万事兴。

忍让的出发点就是维护家庭和睦,为了大局。忍意味着善解人意、通情达理能容人。由此可见,擅于忍让是一种优秀的美德,是一种贤良的品质,是一种美好的世界观,是智慧和善良的结晶。

百川入海,宽心制怒成大器

人怀七情,"怒"为其一。生活在纷纭繁杂的现实社会中,谁也难免会遇到人际纠纷,难免会引发怒气。但正如英国思想家培根告诫的:"怒气必须在程度和时间两方面都受限制。"

就是说,一要制怒于将起,控制在微怒、愠怒程度,不让它发展为暴怒、狂怒;二要忘怒于瞬间,怒气不超过 3 分钟,不要耿耿于怀。我国近代爱国者林则徐,历经艰难世事,承受内外风险,却能在衙门大堂上悬挂自书横幅"制怒",一生循此立身行事,名垂千秋,可为楷模。

怒的来源不外乎两个不满,要么对自己的事情不满,要么对他人及其事情不满。一般人都爱说"是可忍,孰不可忍",对自己的事情发火是躁动,对别人的事情发火是冲动。喜怒无常是不成熟的表现,宠辱不惊理应为成年人的本色,但凡从愤怒开始,往往在耻辱结束。

明神宗时,曾官至户部尚书的李三才可以说是一位好官,他曾经极力主张废除天下矿税,减轻民众负担;而且他疾恶如仇,不愿与那些贪官同流合污,甚至不愿与那些人为伍,但是他在"忍"上的造诣却太差。

有一次上朝,他居然对神宗说:"皇上爱财,也该让老百姓得到温饱。皇上为了私利而盘剥百姓,有害国家之本,这样做是不行的。"李三才毫不掩饰自己的愤怒,说话不客气的行为也激怒了神宗,因此他被罢了官。

后来李三才东山再起,有许多朋友都担心他的处境,于是劝他说:"你疾恶如仇,恨不得把奸人铲除,也不能把喜怒挂在脸上,让人一看便知啊。和小人对抗不能只凭愤怒,你应该巧妙行事。"李三才则不以为然,反而认为那样做是可耻的,他说:"我就是这样,和小人没有必要和和气气的。小人都是欺软怕硬的家伙,要让他们知道我的厉害。"可没过多久,李三才又被罢了官。

回到老家后,李三才的麻烦还是不断。朝中奸臣担心他再被重新起用,于是继续攻击他,想把他彻底打垮。御史刘光复诬陷他盗窃皇木,营建私宅,还一口咬定李三才勾结朝官,任用私人,应该严加治罪。李三才愤怒异常,不停地写奏书为自己辩护,揭露奸臣们的阴谋。

渐渐地,他对皇上也有了怨气,并且毫不掩饰自己愤怒的情绪,他对皇上说:"我这个人是忠是奸,皇上应该知道的,皇上不能只听谗言。如果是这样,皇上就对我有失公平了,而得意的是奸贼。"

最后,神宗再也受不了他了,便下旨夺去了先前给他的一切封赏,并严词责问他,于是李三才彻底失败了。奸臣当道是使李三才被罢免的本因,但他易怒的性格使他的处境更为艰难。

愤怒是危害人类身心健康的大敌,是摧毁人们情感的炸弹,是破坏愉快心境的杀手,是人生美好乐章中的不和谐音符。高位不如高薪,高薪不如高寿,高寿不如高兴,人活着就是活一种精神、活一个心情、活一个幸福,这是最朴素的道理。忍一时风平浪静,让三分海阔天空,遇事平心静气,自觉维护心理健康才是硬道理。

所以要谨记:制"怒"是身心健康的基石,是维护人际关系的润滑剂,是工作顺达的阶梯,是事业成功的保障。

避免冲突，平和地面对世界

人有各种情感，但"愤怒"往往会以更激烈、更具有破坏性的方式表现出来。

孙刚今年18岁，他的父母性格暴躁，常打骂孩子，有时又过分袒护和溺爱。孙刚出生后发育良好、好动，学习成绩中上，但在课堂上不注意听讲，不停地做小动作或睡觉，初中第二学期几门功课全部不及格。不参加考试、不服从老师管教，一个月后不再上学，经校方同意孙刚辍学。

孙刚平时性格暴躁、喜欢结交调皮学生，后被招为集体工，工作责任心差，多次因违法行为受到拘留或劳教。

火气大、爱发脾气，实际上是一种敌意和愤怒的心态。当人们的主观愿望与客观现实相悖时就会产生这种消极的情绪反应。心理学研究表明：脾气暴躁、经常发火，不仅是强化诱发心脏病的致病概率，而且会增加患其他病的可能性。

俗话说："怒从心头起，恶向胆边生。"暴躁是一种特殊情况下痛苦和压抑毫无理性的释放。暴躁是在听不到顺耳的话或遇到不如意的事时，火气不加克制的喷放。暴躁的人容易让健康过早地逝去，而且经常呈现精神恍惚、无精打采的状态。

我们可以透过自制的方法平静情绪，保持清醒和自主，这才是成熟的心灵管理方法。自制并不等同压抑，因为前者是省觉后的行动，后者是迷失的反应。所谓懂得自制，就是学习一套适合自己的情绪处理方法，一旦看到被情绪袭击时，得马上自我保护，提醒自己它只不过是借软弱打倒理性的纯粹思维惯性而已，找适当的方法打散负面情绪的集中点，如跑步、静心、瑜伽、看电影、做义工、搞创作、找知己倾诉、做个SPA、扮扮靓等，把正面能量全都掏出来。帮助自己是需要决心和毅力的，并且必须是独自一人走完的路，也是成长的责任。自疗永远是最实用最实在的自保方法，谁都不能依赖。

冲动是魔鬼，三思而后行

从心理学的角度来讲，"静"不只代表一种心理状态，同时也意味着人的各种本能和情感冲动的内抑制与理性的自觉，正如梁漱溟先生所说："人心特征要在其能静耳"，"本能活动无不伴随有其相应的感情冲动以俱来……然而一切感情冲动都足以为理智之碍。理智恒必在感情冲动摒出之下——换言之，必心气宁静——乃得尽所用。"

禅师正在打坐，这时来了一个人。他猛地推开门，又"砰"地关上门。他的心情不好，所以就踢掉鞋子走了进来。

禅师说："等一下！你先不要进来，先去请求门和鞋子的宽恕。"

那人说："你说些什么呀？我听说这些禅宗的人都是疯子，看来这话不假，我原以为那些话是谣言。你的话太荒唐了！我干吗要请求门和鞋子的宽恕啊？这真叫人难堪……"

禅师又说："你出去吧，永远不要回来！你既然能对鞋子发火，为什么不能请它们宽恕你呢？你发火的时候一点也没有想到对鞋子发火是多么愚蠢的行为。如果你能同冲动相联系，为什么不能同爱相联系呢，关系就是关系，冲动是一种关系。当你满怀怒火地关上门时，你便与门发生了关系，你的行为是错误的，是不道德的，那扇门并没有对你做什么事。你先出去，否则就不要进来。"禅师的启发像一道闪电，那人顿时领悟了。

于是，他先出去了。也许这是他一生中的第一次顿悟，他抚摸着那扇门，泪水夺眶而出，他抑制不住涌出的眼泪。当他向自己的鞋子鞠躬时，他的身心发生了巨大的变化。

禅师的话对他起到了醍醐灌顶的作用。的确，没有平和的心态，一味地冲动是无法走向成功的，只有冷静、理智的人才能与成功结缘。

人脾气的好坏与人的性格有关，而人的性格又与人的德行有关，而德行是不可能装出来的，它是要靠自己一点一滴去修养的。

脾气暴躁的人一般都是比较冲动的人，在面对很多事情的时候常仅凭借自己的感性认识去处理，这是非常不好的；如果在处理问题的时候不那么冲动，而是能理性地看待问题，那么脾气将会好很多。俄国文学家屠格涅夫曾劝告那些易于爆发激情的人，"最好在发言之前把舌头在嘴里转上几圈"，通过时间缓冲，帮助自己的头脑冷静下来。在快要发脾气时，嘴里默念"镇静，镇静，三思，三思"之类的话。这些方法都有助于控制情绪，增强大脑的理智思维。

脾气暴躁的人会常常在说话以及为人处世中带有强烈的进攻性，这样不仅给别人的印象不好，也在别人忍耐你的同时助长了你暴躁的脾气。针对这种问题，你可以在家或在课桌上贴上"息怒""制怒"一类的警言，时刻提醒自己要冷静。也可以用一个小本子专门记载每一次发脾气的原因和经过，通过记录和回忆，在思想上进行分析梳理，定会发现有很多脾气发得毫无价值，由此会感到很羞愧，以后怒气发作的次数就会减少很多。

脾气暴躁的人通常都缺乏自控能力，自控能力其实很好锻炼。当你在做一件你觉得非常有意思的事情的时候，若停止做这件事除了会让你有不愉快的感觉以外没有任何损失的话，就强逼自己立刻停止，不去做。当发觉自己的情感激动起来时，为了避免立即爆发，可以有意识地转移话题或做点儿别的事情来分散自己的注意力，把思想感情转移到其他活动上，使紧张的情绪松弛下来。比如迅速离开现场，去干别的事情，找人谈谈心、散散步，或者干脆到操场上猛跑几圈，这样可将因盛怒激发出来的能量释放出来，心情就会平静下来。

当我们胸中的怒火爆燃的时候，如果能静下心来，我们的灵魂就不会被灼伤，也不会因一时的冲动而留下终生的悔恨……

切忌感情用事,给行为加点理性

　　80后这一代,多数人都比较任性,这是因为多数家庭都只有一个孩子,有的孩子还不在父母身旁,跟爷爷奶奶或姥姥姥爷一起生活。由于这些孩子在家庭中的特殊地位,使他们过多地得到家庭成员的娇惯、溺爱和迁就,天长日久,就任性起来,渐渐地,就形成了这一代人的总体性格特征。

　　由于任性,他们在生活和工作中就难于与人相处,更谈不上协调或者融洽地配合了;由于任性,也很难与家庭成员和睦相处,发展下去就容易形成思想固执,甚至唯我独尊的性格。

　　小秋24岁,是独生女,从小就被父母宠着,所以直到成年,她仍然像孩子一样固执任性,动不动就使小性子,哭闹无常,非得母亲又哄又劝才会罢休。

　　小秋喜欢各种热闹场合,常常在客人面前卖弄小聪明,以博取他人的夸奖,别人越夸奖她就越来劲儿。她总是打扮得花枝招展,每次与别人聊天都急切地谈自己的苦恼,诉说自己多次恋爱不成、心情不快。而她最近一次"失恋",是因为一次看电影时小伙子迟到了10分钟,她便一甩长发,飘然而去了。

　　小秋说话时似乎是在念剧本里的台词,又常常添油加醋,不时还要偷看旁人的反应,如果有人面露同情之色,她就越发起劲儿,手舞足蹈,开始的忧郁与不快荡然无存。旁人也逐渐发现,她的叙述只是为了引起别人对她的注意和重视,自己却并没有深刻的情感体验。在她倾诉完心中的埋怨之后,便欣然离去,临走时还坚持和每个人握手,反复说着感激的话。

　　一个周末,小秋和朋友在一块相聚,她依然是浓妆艳抹、衣着暴露、卖弄风情。小秋继续用夸张的语言叙述她那一次又一次的失恋史,并且常掉出几滴眼泪。突然她希望一位朋友请她吃饭,但朋友因事而委婉拒绝她,她立即愤然离席,说朋友不珍视友谊。她的朋友觉得莫名其妙,都认为她太过分了。

小秋的任性倾向属于比较严重的一类,她已达到稍不如意就恣意妄为的程度。这样的人不但在生活中会受到人们的排斥,连最基本的生活机遇都难以保证。

小秋身上还有一种近似戏剧化的表现欲,希望自己每时每刻都是站在舞台中心备受瞩目的,甚至为了达到这个目的不择手段,连自己都真假不分了。

表现欲其实是害人的,可往往自己浑然不知,还以为自己的表现让别人欣赏,其实大家只是有碍情面,不便说罢了。

如今的青年人,在家、在学校的"无菌培养皿"中被保护得太好,直到走进社会才发现真正的人生并非像童话般美好。他们被残酷的现实冲击得晕头转向、神形俱疲和几尽崩溃,这都源于他们一直都恣意地活在自己的独幕剧中,从未认真审视过自己。

所以,年轻人要从自身的环境和条件出发,并结合自身实际特点,为自己量身设计一套处世准则。我们所处的时代是一个生活节奏快、信息丰富且复杂、社会变化发展迅速的时代,是一个充满变数和不确定性的时代,这就给我们的生活带来了巨大挑战,同时也孕育着大量的机遇。这些都决定了我们已从过去那种传统固定的生活模式变为到处充满着选择和创造性的模式。这就更需要我们冷静思考、理性分析、沉着应对,科学合理地安排自己的生活规划,这便是理性生活的含义。

控制情绪,心中藏一片清凉

《中庸》讲:"喜怒哀乐之未发谓之中,发而皆中节谓之和。"人在没有产生喜、怒、哀、乐等这些情感的时候,心中没有受到外物的侵扰,是平和自然的,这样的状态就是"中"。

平和是待人处世的一种态度,也是做人的一种美德。

在处理各类事务的时候,不可避免地要在心理上产生反应,发生各种各样的情绪变化,并且在表情、行动、语言等方面表现出来。如果表现出来的情绪恰到好处，既不过分也无不足，而且还符合当事人的身份，不违背情理、适时适度、切合场合，这样就达到了"和"的境界。

如果我们用粗暴的言语及行动去解决问题，结果会事与愿违，并且会越搞越糟。

有一个富人脾气很暴躁，常常得罪人，事后又懊恼不已，所以一直想将这暴躁的坏脾气改掉。后来他决定好好修行，改变自己，于是花了许多钱，盖了一座庙，并且特地找人在庙门口写上"百忍寺"三个大字。这个人为了显示自己修行的诚心，每天都站在庙门口，一一向前来参拜的香客说明自己改过向善的心意。香客们听了他的说明，都十分钦佩他的用心良苦，也纷纷称赞他改变自己的勇气。

这一天，他一如往常站在庙门口，向香客解释他建造百忍寺的意义时，其中一位年纪大的香客因为不认识字，向这个修行者询问牌匾上到底写了些什么。修行者回答香客，牌匾上写的三个字是"百忍寺"。香客没听清楚，于是又问了一次。这次，修行者有些不耐烦地又回答了一遍。等到香客问第三次时，修行者已经按捺不住，很生气地回答："你听不到吗，跟你说上面写的是'百忍寺'，你难道听不懂吗？"

香客听了，笑着说："你才不过说了三遍就忍受不了了，还建什么'百忍寺'呢？"修行者无语。

安禅何须山与水，灭却心头火自凉。修行何必去寺庙，生活才是修炼场。只有在生活中懂得控制自己的情绪，懂得平和地对待他人的人，才能做到百忍而不怒。

控制好情绪，绝不仅仅是修养的问题，从某种程度上说，它既决定着一个人的气质和生活品质，也关乎其为人处世的成败得失。怒气似乎是一种能量，如果不加控制，它会泛滥成灾；如果稍加控制，它的破坏性就会大减；如果合理控制，甚至可能有所收获。

控制好情绪，做一个平和的人，其玄机在一个"静"字，"猝然临之而不惊，无故加之而不怒"，冷静做人，理智处事，身放闲处，心在静中。

平和的人，眼界极高。表面平凡，实则内聚，心中有坚石般的意志，胸中有经世济邦之策；平和的人，热情而不做作，忠诚而不虚伪。内不见己，外不见人，施恩于人是出于真诚，而不是利用别人来沽名钓誉，信奉"君子坦荡荡，小人长戚戚"，光明磊落，纯心做人。

所以，平和既是一种修养，又是一种工作方法。平和的人，从不被忙碌所萦绕，闲时吃紧、忙里悠闲，而是能宽严得宜、分寸得体、身心自在，享受生活之乐趣。

控制自己的情绪

如果任凭自己的怒火放纵，就等于在浪费宝贵的精力和生命。人生苦短，我们不应该因为小事而愤怒，值得我们在乎的事情还有很多，愚蠢的人才总是把精力集中在毫无价值的愤怒上。

某个政党有位刚刚崭露头角的候选人，被人引荐到一位资深的政界要人那里，希望这位政界要人能告诉他一些政治上取得成功的经验，以及如何获得选票。

但这位政界要人提出了一个条件，他说："你每次打断我的说话，就得付5美元。"

候选人说："好的，没问题。"

"那什么时候开始？"政客问道。

"现在，马上可以开始。"

"很好。第一条是，对你听到的对自己的诋毁或者污蔑，一定不要感到愤怒，随时都要注意这一点。"

"噢，我能做到。不管人们说我什么，我都不会生气。我对别人的话毫不在意。"

"很好,这是我经验的第一条。但是,坦白地说,我是不愿意你这样一个不道德的流氓当选的……"

"先生,你怎么能……"

"请付5美元。"

"哦!啊!这只是一个教训,对不对?"

"哦,是的,这是一个教训。但是,实际上也是我的看法……"资深政客轻蔑地说。

"你怎么能这么说……"新人似乎要发怒了。

"请付5美元。"

"哦!啊!"他气急败坏地说,"这又是一个教训。你的10美元赚得也太容易了。"

"没错,10美元。你是否先付清钱,然后我们再继续谈?因为,谁都知道,你有不讲信用和喜欢赖账的'美名'……"

"你这个可恶的家伙!"年轻人发怒了。

"请付5美元。"

"啊!又一个教训。噢,我最好试着控制自己的脾气。"

"好,收回前面的话。当然,我的意思并不是这样,我认为你是一个值得尊敬的人物,因为考虑到你低贱的家庭出身,又有那样一个声名狼藉的父亲……"

"你才是个声名狼藉的恶棍!"

"请付5美元。"

这是这个年轻人学会自我克制的第一课,他为此付出了高昂的学费。

然后,那个政界要人说:"现在,就不是5美元的问题了。你要记住,你每发一次火或者为自己所受的侮辱而生气时,至少会因此而失去一张选票。对你来说,选票可比银行的钞票值钱得多。"

现代生活中的"怒",轻则危害自己的身体健康、损坏财物,重则伤害他人、毁掉自己的前途,所以,愤怒情绪的破坏力是多么的巨大!而一个可以有效管理自己情绪的人,他有责任在发怒的前一秒迅速考虑事态的后续结果,从而避免继续发展。如果我们能在日常生活中及时克制自己的愤怒,及时从愤怒的情绪中跳出来,那么,我们的人生之路会更为顺畅。

怒发冲冠,不如云淡风轻

杰克·威德伦蒂曾说过:怒火也许会烧及他人,但一般情况下,它是向内烧——烧的是发怒者个人的身心健康。

生活中,我们可能会遇到这样的人:他们一生气就喜欢摔东西,当时那个爽啊,无法用言语来表达,但是过后又非常后悔,当初为什么要摔东西啊?这是爱发怒人的普遍感受。

愤怒是一种有害的情绪状态,会给人带来意想不到的麻烦,因为人在愤怒时,会失去正确的判断力,使人失去理智,做出一些无法挽回的错事。长期、持续的愤怒对个体的健康也会有很大的杀伤力。

现实社会中,人难免会遇到些不顺心的事,人与人之间难免会为了一些事情发生矛盾或争执,所以,怨气和怒气就在所难免。大家知道,世间万物对人的健康危害最深的就是生气,"百病生于气矣"。而生气,又是拿别人的过错来惩罚自己的蠢行,所以,为了自己的健康也要控制愤怒。

有一个农夫,因为一件小事和邻居争论得面红耳赤,谁也不肯让谁。最后,农夫只好气呼呼地去找智者,因为他是当地最有智慧、最公道的人,他肯定能断定谁是谁非。

"智者,您来帮我评评理吧!我那邻居简直不可理喻!他竟然……"农夫怒气冲冲,一见到智者就开始了他的抱怨和指责。但当他正要大肆讲述邻居的不是时,被智者打断了。

智者说:"对不起,正巧我现在有事,麻烦你先回去,明天再说吧。"

第一天一大早,农夫又愤愤不平地来了,不过,显然没有昨天那么生气了。

"今天您一定要帮我评个是非对错,那个人简直是……"他又开始数落起邻居的恶劣。

智者不快不慢地说:"你的怒气还没有消退,等你心平气和后再说吧!正好我昨天的事情还没有办完。"

接下来的几天，农夫没有再来找智者。有一天智者散步时遇到了农夫，他正在地里忙碌着，心情显然平静了许多。

智者问道："现在你还需要我来评理吗？"说完，微笑地看着农夫。

农夫羞愧地笑了笑，说："我已经心平气和了！现在想来那也不是什么大事，不值得生那么大的气，真是给您添麻烦了。"

智者仍然心平气和地说："这就对了，我不急于和你说这件事情就是想给你思考的时间让你消消气啊！记住，任何时候都不要在气头上说话或做事。"

一个人也许改变不了自己易发怒的性格，但可以控制自己的行为，只要做到任何时候都不在气头上说话或做事，那么随着时间的推移，自然会心平气和、风平浪静。

发脾气伤害人与人的感情，还能够反映一个人的修养水平，并且往往是崩溃的前兆，因此，永远保持心平气和至关重要。

平衡情绪，走出物欲的迷宫

情绪是一种强烈的感觉状况，如激动、苦恼、兴奋、悲伤、喜爱、讨厌、害怕和生气等。人们的情绪非常复杂，它们导致身体的化学过程发生变化，而这种变化又进而影响人们的某些情绪。

除了生理性的因素外，还有什么别的因素能决定我们的情绪平衡呢？其中最主要的是我们后天养成的对生活的态度，也就是我们对自己生活环境的反应。

人在盛怒时的所做所为大多都经不起理智的推敲，很多时候都脱离了自己的本意。因为当人们陷入一种情绪的旋涡时，就很难理智地做事了。而一个人若做不了自己情绪的主人，单凭好恶或感觉去判断外界的人和事，则很容易陷入盲目乐观、焦躁、恼怒或郁闷中，那么等待他们的终将是一事无成。

小冬的经历很明显地体现了情绪的不平衡给我们的生活造成的烦恼。

小冬说当她和丈夫发生矛盾后,多数是花钱消气。和朋友说,又觉得大家都有压力,不愿把自己的不快带给朋友;和父母说,又不愿让他们担心;和丈夫讲,急性子的她和慢性子的他是越讲越生气,一时半会儿根本讲不通,还会徒增更多的气。如果用家里的东西来发泄,有些是爱情纪念品舍不得,而且最后的"战场"还得自己来打扫。

说来说去也只有让自己的不满发泄到外界才能两全其美。于是,她生气时就会出去逛街,平时想吃的甜点放心地吃;平时想买的衣服放开地买;平时舍不得去玩的地方尽情地玩……总而言之,只要能让自己的情绪发泄出去,做什么都行!等到钱花得差不多了,自己的情绪也慢慢平息了。但事后,再看那些买来的东西,有时也会心疼,当时怎么就下得了狠心呢?

小冬的这种行为属于很标准的"购物狂"行为,通过满足自己的物欲来填补心灵的空虚。

许多人都想控制住自己的情绪,但情绪上来时又总是知难而退:"控制情绪实在太难了"。言下之意就是:"我是无法控制情绪的。"别小看这些自我否定的话,这是一种严重的不良心理暗示,它可以毁灭你的意志,使你丧失战

胜自我的信心。

其实，调整控制情绪并没有你想象的那么难，只要掌握一些正确的方法，就可以很好地驾驭自己的情绪。学会控制情绪也是一个长期的过程，在平时就要把自己的心态调整好，把保持良好的情绪当成一种习惯。

情绪要控制而不要压抑，体育锻炼能让人疏解压力。同时，我们也可以走进大自然，让大自然的魅力和纯洁来净化自己的心灵。艺术活动对人的神经系统和内分泌系统都有积极的冲击力，能够使人的精神产生无法用言语表达的欢快感。有压抑情绪的人大多不愿意把自己遇到的事情向别人述说，他们独自承担着因为打击所带来的伤害。这样的自我压抑除了使精神状态变得糟糕外，还会导致个人走向自闭和孤独。假如能够把痛苦说出来，即使别人不能给你指导，你也会感到舒服很多。

无论何时我们养成良好的生活态度获得更好的处理生活中压力的方法都为时不晚，要明白，能平衡自己情绪的只能是自己的心，依靠物质只能是暂时的治标不治本。

忍耐并非软弱

有人说忍耐是软弱的象征，其实不然，有软弱之嫌的忍耐根本称不上真正的忍耐。忍耐是人生难得的佳境——一种需要操练、需要修行才能达到的境界。

忍耐，首先包括对自己的忍耐：只有对自己有耐性的人，才有可能忍耐别人。人的烦恼主要来源于自己，即所谓的画地为牢、作茧自缚。

对自己有些耐性，就能心平气和地工作、生活，这种心境是充实自己的良好状态。轰轰烈烈固然是进取的写照，但成大器者，绝非热衷于功名利禄之辈。

有一对夫妇，他们的婚姻正濒于破裂。为了重新找回昔日的爱情，他们打算进行一次浪漫之旅。如果能找回就继续生活，如果不能就友好分手。

不久，他们来到一条山谷，这是一条东西走向的山谷。山谷很平常，没什么特别之处，唯一能引人注意的是，它的南坡长满松、柏等树，而北坡只有雪松。

这时，天上下起了大雪。他们支起帐篷，望着纷纷扬扬的大雪，发现由于特殊的风向，北坡的雪总比南坡的雪来得大，来得密。不一会儿，雪松上就落了厚厚的一层雪，不过当雪积到一定的程度，雪松那富有弹性的枝丫就会向下弯曲，直到雪从枝上滑落。这样反复地积、反复地弯、反复地落，雪松完好无损。可其他的树，因没有这个本领，树枝被压断了。南坡由于雪小，总有些树挺了过来，所以南坡除了雪松，还有柏树等树木。

帐篷中的妻子发现了这一景象，对丈夫说："北坡肯定也长过杂树，只是不懂弯曲才被大雪压毁了。"

丈夫点头同意。过了片刻，两人像是突然明白了什么似的，相互拥抱在一起。

丈夫兴奋地说："我们发现了一个秘密——对于外界的压力要尽可能地去承受；在承受不了的时候，学会弯曲一下，像雪松一样让一步，这样就不会被压垮。"

所以说，忍耐绝不是软弱，绝不是面对现实的无可奈何。只有在短暂的生命中学会忍耐，你的人生才会更加快乐。

忍让是一种通权达变的智慧

有人说，"忍"是心字头上一把刀，这是造字的本意，让人望而生畏。其实忍是一种修养、一种智慧，也是一种"道"行。这里有一个故事：

一次，在公共汽车上一个男青年往地上吐了一口痰，被售票员看到了，售票员对他说："同志，为了保持车内的清洁卫生，请不要随地吐痰。"

没想到那个男青年听后不仅没有道歉，反而破口大骂，说出一些不堪入耳的脏话，然后又狠狠地向地上连吐了三口痰。

　　那位售票员是个年轻的姑娘,此时气得脸涨得通红,眼泪在眼眶里直打转。车上的乘客议论纷纷,有为售票员抱不平的,有帮着那个男青年起哄的,也有挤过来看热闹的。大家都关心事态的发展,有人悄悄说让司机把车开到公安局去,免得一会儿在车上打起来。没想到那位女售票员定了定神,平静地看了看那位男青年,对大伙说:"没什么事,请大家回座位坐好,以免摔倒。"一边说着,一边从衣袋里拿出纸巾,弯腰将地上的痰擦掉,扔到了垃圾箱里,然后若无其事地继续卖票。

　　看到这个举动,大家都愣住了。车上鸦雀无声,那位男青年的脸上也不自然起来,车到站还没有停稳就急忙跳下车去,刚走了两步,又跑了回来,对着售票员喊了一声:"大姐!我服你了。"车上的人都笑了,七嘴八舌地夸这位售票员不简单,真能忍,虽然骂不还口,却将那个浑小子制服了。

　　明明是乘客错了,售票员却不争、不吵,用忍让维护了公交车上的正常秩序。正因为这样,她不仅赢得了乘客的尊重,还让那个没礼貌的男青年认识到了错误。

　　这说明,天下只有一种方法能得到争论的最大利益——那就是避免争论。

如果你辩论、争强、反对，或许暂时能获得胜利，但这种胜利是空洞的，因为你永远得不到对方的歉意了。并且，过度的争执很可能会让事态恶化，造成更多的麻烦。

人生大舞台，风云变幻，何处没有矛盾？何时没有纷争？社会上的人，有坦荡君子，也有戚戚小人。如果你没有忍让的心怀，就无法与他人和睦相处。与他人发生矛盾时，你若能够忍让包容，留有几分余地，矛盾就会迎刃而解，还会得到更多人的信任和尊敬。

忍让、回避，这是智者教给我们的处世之道。当人生的重负背不动时就放下，前面的路走不过去就回避开。有时一个人就是另一个人的路障，如果是一块石头，能搬走就搬开；如果是大山或者悬崖，就要绕开走，前面还有很长的路，不要纠缠。这绕开走路的心理磨炼就要自己承受了。

忍让可以缓解矛盾，可以沟通心灵，是修行者的真功夫，也是人际交往中有修养、有智慧的表现。无大度心者不能让，无平常心者不能忍。不能忍让者，悟不出人生的真谛，也进入不了生命中至高的境界。

忍是一门学问，是一种处世的艺术

忍耐是通过一定的修养获得的品格。世事纷繁，人心复杂，充满着偏见，也存在着误解，记得宋朝吕本中有句话："唯不能少自忍者必败，此实未知利害之分、贤愚之别也。"

为人处世，在有利于自己的环境中要积极表现自己，在不利于自己的情况下要擅于忍耐，等待不利之时过去，抓住时机改变现状，解决问题，使困难变得无阻于你，甚至让困难给你带来全新的生活。

如何把握"忍"之度呢？哲学上常常把度作为质和量的统一。也就是说，在度中间，包含了一定的量和质。在度之中，事物的性质变化于一定的范围之内，不会出现根本性的改变。而一旦超出了这个度，事物的性质便会出现新的特征。正如水在100摄氏度之内仍然是水，可一旦烧开便变成了汽。在对待"忍"的问题上,也有一个度,这即是说,在这个度之内,我们是可以忍受的,也可以接受种种屈辱和不公,承担一定的痛苦和冤屈,但是,一旦超出了这个度,便是不可接受的,也是不能再"忍"的。这个度,就是忍的极限。

只要在限度之内的忍耐就并非是软弱,而是对他人的尊重,对自我的一种约束和克制。有忍耐力的人实际上是有修养、有自持力、有深识的人。忍在人的一生中既是全身远祸的护身符,又是获得成功的智慧和策略,所谓"一忍敌百勇",正说明关键时刻忍的力量是无穷的。

第八章
人生得于淡定时，成功须过寂寞关

山川草木无不含情，沧海桑田无不蕴理，天地万物无不藏美，那是它们在寂寞之后带给人们的享受。

只专注于脚下的路

我们之所以没有成功,很多时候是因为在通往成功的路上,我们没能耐得住寂寞,没有专注于脚下的路。

张艺谋的成功在很大程度上来源于他对电影艺术的诚挚热爱和忘我投入。正如传记作家王斌所说的那样:"超常的智慧和敏捷固然是张艺谋成功的主要因素,但惊人的勤奋和刻苦也是他成功的重要条件。"

拍《红高粱》的时候,为了表现剧情的氛围,他亲自带人去种出一块100多亩的高粱地;为了"颠轿"一场戏中轿夫们颠着轿子踏得山道尘土飞扬的镜头,张艺谋硬是让大卡车拉来十几车黄土,用筛子筛细了,撒在路上;在拍《菊豆》中杨金山溺死在大染池一场戏时,为了给摄影机找一个最好的

角度，更是为了照顾演员的身体，张艺谋自告奋勇地跳进染池充当"替身"，一次不行再来一次，直到摄影师满意为止。

我们如果还在抱怨自己的命运，还在羡慕他人的成功，就需要好好反省自身了。很多时候，你可能就输在对事业的态度上。

1986年，摄影师出身的张艺谋被吴天明点将出任《老井》一片的男主角。没有任何表演经验的张艺谋接到任务，二话没说就搬到农村去了。

他剃光了头，穿上大腰裤，露出了光脊背。在太行山一个偏僻、贫穷的山村里，他与当地乡亲同吃同住，每天一起上山干活，一起下沟担水。为了使皮肤粗糙、黝黑，他每天中午光着膀子在烈日下曝晒；为了使双手变得粗糙，每次摄制组开会，他不坐板凳，而是学着农民的样子蹲在地上，用沙土搓揉手背；为了电影中的两个短镜头，他打猪食槽子连打了两个月；为了影片中那不足一分钟的背石镜头，张艺谋实实在在地背了两个月的石板，一天3块，每块150斤。

在拍摄过程中，张艺谋为了达到逼真的视觉效果，真跌真打，主动受罪。在拍"舍身护井"时，他真跳，摔得浑身酸疼；在拍"村落械斗"时，他真打，打得鼻青脸肿。更有甚者，在拍旺泉和巧英在井下那场戏时，为了找到垂死前那种奄奄一息的感觉，他硬是三天半滴水未沾、粒米未进，连滚带爬拍完了全部镜头。

在通往成功的道路上，如果你能耐得住寂寞，专注于脚下的路，目的地就在你的前方，只要努力，你一定会走到终点；如果你专注于困难，始终想不到目的地就在离你不远的前方，你永远都走不到终点！

可能在人生旅途中我们会有理想也会有很多目标，但我们从来都不知道会遇到什么困难，所以你努力地朝着终点前进，你在过程中变得更自信更坚强，最终也走到了目的地。但如果你已经预测到了，我们的旅途是何等的艰辛，它困难重重，我们千方百计地去设想、规划每个可能碰到的困难，结果我们在攻克中迷失了方向，在想的过程中目的地已经离我们太远了。

大收获必须付出长久努力

　　幸运、成功永远只能属于辛劳的人，有恒心不易变动的人，能坚持到底、绝不轻言放弃的人。

　　耐性与恒心是实现目标过程中不可缺少的条件，是发挥潜能的必要因素。耐性、恒心与追求结合之后，形成了百折不挠的巨大力量。

　　一位青年问著名的小提琴家格拉迪尼："你用了多长时间学琴？"格拉迪尼回答："20年，每天12小时。"

　　我们与大千世界相比，或许微不足道、不为人知，但是我们能够耐心地增长自己的学识和能力，当我们成熟的那一刻、一展所能的那一刻，将会有惊人的成就。正如布尔沃所说的："恒心与忍耐力是征服者的灵魂，它是人类反抗命运、个人反抗世界、灵魂反抗物质的最有力支持。从社会的角度看，考虑到它对种族问题和社会制度的影响，其重要性无论怎样强调也不为过。"

　　凡事没有耐性，耐不住寂寞，不能持之以恒，正是很多人最后失败的原因。英国诗人布朗宁写道：

　　实事求是的人要找一件小事做，
　　找到事情就去做。
　　空腹高心的人要找一件大事做，
　　没有找到则身已故。
　　实事求是的人做了一件又一件，
　　不久就做一百件。
　　空腹高心的人一下要做百万件，
　　结果一件也未实现。

　　拥有耐力和恒心，虽然不一定能使我们事事成功，但却绝不会令我们事事失败。古巴比伦富翁拥有恒久的财富秘诀之一，便是保持足够的耐心，坚定发财的意志，所以他才有能力建设自己的家园。任何成就都来源于持久不懈的努力，要把人生看作一场持久的马拉松。整个过程虽然很漫长、很劳累，但在挥洒汗水的时候，我们已经慢慢接近了成功的终点。半路放弃，我们就必须要找到新的起点，那样我们只会更加迷失，可是如果能坚持原路行进，终点不会弃我们而去。也许，我们每个人的心里都有一个执着的愿望，只是一不小心把它丢失在了时间的蹉跎里，让天下间最容易的事变成了最难的事。然而，天下事最难的不过十分之一，能做成的有十分之九。要想成就大事大业的人，尤其要有恒心，要以坚忍不拔的毅力、百折不挠的精神、排除纷繁复杂的耐性、坚贞不变的气质，作为涵养恒心的要素，去实现人生的目标。

不眼红别人的辉煌，心中只装着自己的目标

别人的人生再辉煌，你也感受不到任何光和热，别人的辉煌与自己毫无关联，你所能做的就是耐住寂寞，认准自己的目标，然后一步步地向自己的目标迈进，千万不要被别人的成功晃花了眼。

在2006年之前，低调的张茵对于大众而言还是一张很陌生的面孔。一夜间，"胡润富豪榜"将这一当年中国女首富推出水面，这个颇具传奇色彩的商界女强人瞬间成为公众瞩目的焦点。

在美国《财富》杂志"2007年最有影响力商业女性50强"中，她被称为"全球最富有的白手起家的女富豪"！张茵已成为这个时代平民女性的榜样。

玖龙造纸有限公司，当这一企业红遍大江南北时，张茵也因此赢得了"废纸大王"的美誉。这个东北姑娘当年的泼辣闯劲至今还留在亲人的脑海里。

张茵出生于东北，走出校门后，做过工厂的会计，后在深圳信托公司的一个合资企业里也做过财务工作。1985年，她曾有过当时看来绝好的机遇：分配住房，年薪50万港币……然而，张茵却只身携带3万元前往香港地区创

业，在香港的一家贸易公司做包装纸的业务。

一直指导张茵的财富法则就是做事专注而坚定。看准商机就下手，全心全意去做事。对于中国四大发明之一的传统行业——造纸业，张茵情有独钟，倾注了很多的心血：从香港到美国，再到香港，继而把战场转向家乡，扩大到全世界，她的足迹随着纸浆的流动遍布全球。最初入行的张茵以"品质第一"为本，坚决不往纸浆里面掺水，虽然在创业过程中被合伙人欺骗，也历经坎坷，但从未退缩的张茵凭借豪爽与公道逐渐赢得了同行的信任，废纸商贩都愿意把废纸卖给她。尽管她的粤语说得不好，但是诚信之下，沟通不是问题。

6年时间很快过去，赶上香港经济蓬勃时期的张茵不但站稳了脚跟，而且还在完成资本积累的同时，把目光投向了美国市场。因为有了在香港积累的丰富创业实践经验和一定资本，加之美国银行的支持，1990年起，张茵的中南控股（造纸原料公司）成为美国最大的造纸原料出口商，美国中南有限公司先后在美建起了7家打包厂和运输企业，其业务遍及美国、欧亚各地，在美国各行各业的出口货柜中数量排名第一。

成为美国废纸回收大王后，独具慧眼的张茵有了新的想法。1995年，玖龙纸业在广东东莞投建。12年后，玖龙纸业产能已近700万吨，成为一家市值300多亿港元的国际化上市公司……

从张茵的身上，我们看到了她的专注与坚定。无论做什么事，都全身心地投入。只要全心全意想要做好一件事，无论遇到什么困难与挫折，只要沉着应对，都可以化险为夷。

有人说，挡住人前进步伐的不是贫穷或者困苦的生活环境，而是内心对自己的怀疑。但是，如果一个人内心里始终装着自己的目标，并且能够耐得住寂寞，静下心来学着为自己的目标积累能量，坚定不移地为实现自己的目标而努力，那么即使他贫穷到买不起一本书，仍然可以通过借阅来获得知识。

人若是耐不住寂寞，老是眼红别人的成就，则不免会产生愤懑之心，看不惯别人取得的成就，要么悲叹命运之苦，要么控诉社会不公，这样一来，难免会让自己陷入负面情绪当中，而影响了自己的前程。

执着于成功，才能创造成功

心界决定一个人的世界。只有渴望成功，你才能有成功的机会。

《庄子》开篇的文章是"小大之辩"。说北方有一个大海，海中有一条叫作鲲的大鱼，宽几千里，没有人知道它有多长。鲲化为鸟叫作鹏。它的背像泰山，翅膀像天边的云，飞起来，乘风直上九万里的高空，超绝云气，背负青天，飞往南海。

蝉和斑鸠讥笑说："我们愿意飞的时候就飞，碰到松树、檀树就停在上边；有时力气不够，飞不到树上，就落在地上，何必要高飞九万里，又何必飞到那遥远的南海呢？"

那些心中有着远大理想的人常常不能为常人所理解，就像目光短浅的麻雀无法理解大鹏鸟的志向，更无法想象大鹏鸟靠什么飞往遥远的南海。因而，像大鹏鸟这样的人必定要比常人忍受更多的艰难曲折，忍受心灵上的寂寞与孤独。因而，他们必须要坚强，把这种坚强转移到远大志向中去，这就铸成了坚强的信念。这些信念熔铸而成的理想将带给大鹏一颗伟大的心灵，而成功者正脱胎于这些伟大的心灵。

本·侯根是世界上最伟大的高尔夫选手之一。他并没有其他选手那么好的体能，能力上也有一点缺陷，但他在坚毅、决心，特别是追求成功的强烈愿望方面高人一筹。

本·侯根在玩高尔夫球的巅峰时期，不幸遭遇了一场灾难。在一个有雾的早晨，他跟太太维拉丽开车行驶在公路上，当他在一个拐弯处掉头时，突然看到一辆巴士的车灯。本·侯根想这下可惨了，他本能地把身体挡在太太面前保护她。这个举动反而救了他，因为方向盘深深地嵌入了驾驶座。事后他昏迷不醒，过了好几天才脱离险境。医生们认为他的高尔夫生涯从此结束了，甚至断定他若能站起来走路就很幸运了。

但是他们并未将本·侯根的意志与需要考虑进去。他刚能站起来走几步，就渴望恢复健康再上球场。他不停地练习，并增强臂力。起初他还站得不稳，再次回到球场时，也只能在高尔夫球场蹒跚而行。后来他稍微能活动、走路，就走到高尔夫球场练习。开始只打几球，但是他每次去都比上一次多打几球。最后，当他重新参加比赛时，名次很快地上升。理由很简单，他有必赢的强烈愿望，他知道他会回到高手之列。是的，普通人跟成功者的差别就在于有无这种强烈的成功愿望。

成功学大师卡耐基曾说："欲望是开拓命运的力量，有了强烈的欲望，就容易成功。"因为成功是努力的结果，而努力又大都产生于强烈的欲望。正因为这样，强烈的创富欲望，便成了成功创富最基本的条件。如果你不想再过贫穷的日子，就要有创富的欲望，并让这种欲望时时刻刻激励你，让你向着这一目标坚持不懈地前进。许多成功者有一个共同的体会，那就是创富的欲望是创造和拥有财富的源泉。

20世纪人类的一项重大发现，就是认识到思想能够控制行动。你怎样思考，你就会怎样去行动。你要是强烈渴望致富，你就会调动自己的一切能量去创富，使自己的一切行动、情感、个性、才能与创富的欲望相吻合。对于一些与创富的欲望相冲突的东西，你会竭尽全力去克服；对于有助于创富的东西，你会竭尽全力地去扶植。这样，经过长期努力，你便会成为一个富有

者，使创富的愿望变成现实。相反，你要是创富的愿望不强烈，一遇到挫折，便会偃旗息鼓，将创富的愿望压抑下去，你就很难成为富有者。

保持一颗渴望成功的心，你就能获得成功。

永抱必胜之心

1883 年，富有创造精神的工程师约翰·罗布林雄心勃勃地意欲着手建造一座横跨曼哈顿和布鲁克林的桥。然而桥梁专家却说这计划纯属天方夜谭不如趁早放弃。罗布林的儿子华盛顿，是一个很有前途的工程师，也确信这座大桥可以建成。父子俩克服了种种困难，在构思着建桥方案的同时也说服了银行家们投资该项目。

然而桥开工几个月，施工现场就发生了灾难性的事故。罗布林在事故中不幸身亡，华盛顿的大脑也严重受伤。许多人都以为这项工程因此会泡汤，因为只有罗布林父子才知道如何把大桥建成。

尽管华盛顿丧失了活动和说话的能力，但他的思维还同以往一样敏锐，他决心坚持要把父子俩费了很多心血的大桥建成。一天，他脑中忽然一闪，想出一种用他唯一能动的一个手指和别人交流的方式。他用那只手敲击他妻子的手臂，通过这种密码方式由妻子把他的设计意图转达给仍在建桥的工程师们。整整 13 年，华盛顿就这样坚持着用一根手指指挥工程，直到雄伟壮观的布鲁克林大桥最终落成。

无独有偶，博迪是法国的一名记者，在 1995 年的时候，他突然心脏病发作，导致四肢瘫痪，而且丧失了说话的能力。被病魔袭击后的博迪躺在医院的病床上，头脑清醒，但是全身的器官中，只有左眼还可以活动。可是，他并没有被病魔打倒，虽然口不能言，手不能写，他还是决心要把自己在病倒前就开始构思的作品完成并出版。出版商便派了一个叫门迪宝的笔录员来做他的助手，每天工作 6 小时，给他的著述做笔录。

博迪只会眨眼，所以就只有通过眨动左眼与门迪宝来沟通，逐个字母逐个字母地向门迪宝背出他的腹稿，然后由门迪宝抄录出来。门迪宝每一次都要按顺序把法语的常用字母读出来，让博迪来选择，如果博迪眨一次眼，就说明字母是正确的。如果眨两次，则表示字母不对。

由于博迪是靠记忆来判断词语的，因此有时可能出现错误，有时他又要滤去记忆中多余的词语。开始时他和门迪宝并不习惯这样的沟通方式，所以中间也产生不少障碍和问题。刚开始合作时，他们两个每天用6个小时默录词语，每天只能录一页，后来慢慢加到3页。

几个月之后，他们经历艰辛终于完成这部著作。据粗略估计，为了写这本书，博迪共眨了左眼20多万次。这本不平凡的书有150页，已经出版，它的名字叫《潜水衣与蝴蝶》。

在很多时候，我们看似都缺少成功的条件。在困难面前停滞不前。似乎看不到成功的条件和未来。其实缺少成功的条件不要紧，因为条件是可以创造的。如果我们主动去创造了条件，成功就指日可待。

如果你缺少成功的条件，请记住：逆境不是你不成功的理由。

坚守寂寞，坚持梦想

当你面对人类的一切伟大成就的时候，你是否想到过，曾经为了创造这一切而经历过无数寂寞的日夜，前人不得不选择与寂寞结伴而行，有了此时的寂寞，才能获得自己苦苦追求的似锦前程。

很多时候成功不是一蹴而就的，要经过很多磨难，每个人无论如何都不能丢弃自己的梦想。执着于自己的目标和理想，把自己开拓的事业做下去。

肯德基创办人桑德斯先生在山区的矿工家庭中长大，家里很穷，他也没受什么教育。他在换了很多工作之后，自己开始经营一个小餐馆。不幸的是，由于公路改道，他的餐馆必须关门，关门则意味着他将失业，而此时他已经65岁了。

也许他只能在痛苦和悲伤中度过余年了，可是他拒绝接受这种命运。他要为自己的生命负责，相信自己仍能有所成就。可是他是个一无所有、只能靠政府救济的老人，他没有学历和文凭，没有资金，没有什么朋友可以帮他，他应该怎么做呢？他想起了小时候母亲炸鸡的特别方法，他觉得这种方法一定可以推广。

经过不断尝试和改进之后，他开始四处推销这种炸鸡的经销权。在遭到无数次拒绝之后，他终于在盐湖城卖出了第一个经销权，结果立刻大受欢迎，他成功了。

65岁时还遭受失败而破产，不得不靠救济金生活，在80岁时却成为世界闻名的杰出人物。桑德斯没有因为年龄太大而放弃自己的成功梦想，经过数年拼搏，终于获得了巨大的成功。如今，肯德基的快餐店在世界各地都是一道风景。

很多时候，在日常生活、工作中我们必须在寂寞中度过，没有任何选择。这就是现实，有嘈杂就有安静，有欢声笑语，就有寂静悄然。

既然如此，你逃脱不掉寂寞的影子，驱赶不走寂寞的阴魂，为什么非要与寂寞抗争？寂寞有什么不好，寂寞让你有时间梳理躁动的心，寂寞让你有机会审视所作所为，寂寞让你站在情感的外圈探究感情世界的课题，寂寞让你向成功的彼岸挪动脚步，所以，寂寞不光是可怕的孤独。

寂寞是一种力量，而且无比强大。事业成就者的秘密有许多，生活悠闲者的诀窍也有许多。但是，他们有一个共同的特点，那就是耐得住寂寞。谁耐得住寂寞，谁就有宁静的心情，谁有宁静的心情，谁就水到渠成，谁水到渠成，谁就会有收获。山川草木无不含情，沧海桑田无不蕴理，天地万物无不藏美，那是它们在寂寞之后带给人们的享受。所以，耐住寂寞之士，何愁做不成想做的事情。有许多人过高地估计自己的毅力，其实他们没有跟寂寞认真地较量过。

我们常说，做什么事情需要坚持，只要奋力坚持下来，就会成功。这里的坚持是什么？就是寂寞。每天循规蹈矩地做一件事情，心便生厌，这也是耐不住寂寞的一种表现。

如果有一天，当寂寞紧紧地拴住你，哪怕一年半载，为了自己的追求不得不与寂寞搭肩并进的时候，心中没有那份失落，没有那份孤寂，没有那份被抛弃的感觉，才能证明你的毅力坚强。

人生不可能总是前呼后拥，人生在世难免要面对寂寞。寂寞是一条波澜不惊的小溪，它甚至掀不起一个浪花，然而它却孕育着可能成为飞瀑的希望，渗透着奔向大海的理想。坚守寂寞，坚持梦想，那朵盛开的花朵就是你盼望已久的成功。

坚忍的乌龟快过三心二意的兔子

"登泰山而小天下"，这是成功者的境界，如果达不到这个高度，就不会有这个视野。但是，若想到达这种境界亦非易事，人们从岱庙前起步上山，进中天门，入南天门，上十八盘，登玉皇顶，这一步步拾级而上，起初倒觉轻松，但愈到上面便愈感艰难。十八盘的陡峭与险峻曾使无数登山客望而却步。游人只有努力向前，才能登上泰山山顶，体验杜甫当年"一览众山小"的酣畅意境。

许多人盼望长命百岁，却不理解生命的意义；许多人渴求事业成功，却不愿持之以恒地努力。其实，人的生命是由许许多多的"现在"累积而成的，人只有珍惜"现在"，不懈奋斗，才能使生命焕发光彩，事业获得成功。

要成功，最忌"一日曝之，十日寒之"，"三天打鱼，两天晒网"。数学家陈景润为了求证哥德巴赫猜想，用过的稿纸几乎可以装满一个小房间；作家姚雪垠为了写成长篇历史小说《李自成》，竟耗费了40年的心血，大量的事实告诉我们：无论你多么聪明，成功都是在踏实中，一步一步、一年一年积累起来的。

莎士比亚说："斧头虽小，但多次砍劈，终能将一棵挺拔的大树砍倒。"

现在有一种流行病，就是浮躁。许多人总想"一夜成名""一夜暴富"。他们不扎扎实实地长期努力，而是想靠侥幸一举成功。比如投资赚钱，不是先从小生意做起，慢慢积累资金和经验，再把生意做大，而是如赌徒一般，借钱做大投资、大生意，结果往往惨败。网络经济一度充满了泡沫。有的人并没有认真研究市场，也没有认真考虑它的巨大风险，只觉得这是一个发财成名的"大馅饼"，一口吞下去，最后没撑多久，草草倒闭，白白"烧"掉了许多钞票。

俗话说："滚石不生苔"，"坚持不懈的乌龟能快过灵巧敏捷的野兔"。如果能每天学习一小时，并坚持12年，所学到的东西，一定远比坐在学校里混日子的人所学到的多。

人类迄今为止，还不曾有一项重大的成就不是凭借坚持不懈的精神而实现的。

大发明家爱迪生也如是说："我从来不做投机取巧的事情。我的发明除了照相术，也没有一项是由于幸运之神的光顾。一旦我下定决心，知道我应该往哪个方向努力，我就会勇往直前，一遍一遍地试验，直到产生最终的结果。"

要成功，就要强迫自己一件一件地去做，并从最困难的事做起。有一个美国作家在编辑《西方名作》一书时，应约撰写102篇文章。这项工作花了他两年半的时间。加上其他一些工作，他每周都要干整整7天。他没有从最容易阐述的文章入手，而是给自己定下一个规矩：严格地按照字母顺序进行，绝不允许跳过任何一个自感费解的观点。另外，他始终坚持每天都首先完成困难较大的工作，再干其他的事。事实证明，这样做是行之有效的。

一个人如果要成功，就应该学习这些名人的经验，从小事入手，坚持下去，总有一天你会看到成功的阳光。

一生只能认真做好一件事

生活里,总是存在着这样那样的诱惑,这些诱惑扰乱着我们的思维,影响着我们的判断力。所以,如果我们要想做好一件事情,持之以恒,拒绝其他因素的诱惑、干扰,是至关重要的。

古希腊著名演说家戴摩西尼年轻时为了提高自己的演说能力,躲在一个地下室练习口才。由于耐不住寂寞,他时不时就想出去溜达溜达,心总也静不下来,练习的效果很差。无奈之下,他横下心,挥动剪刀把自己的头发剪去一半,变成了一个怪模怪样的"阴阳头"。如此一来,因为头发羞于见人,他只得彻底打消了出去玩的念头,一心一意地练口才,演讲水平突飞猛进。正是凭着这种专心执着的精神,戴摩西尼最终成为世界闻名的大演说家。

1830年,法国作家雨果同出版商签订合约,半年内交出一部作品,为了确保能把全部精力放在写作上,雨果把除了身上所穿毛衣以外的其他衣物全部锁在柜子里,把钥匙丢进了小湖。就这样,由于根本拿不到外出要穿的衣服,他彻底断了外出会友和游玩的念头,一头钻进小说里,除了吃饭与睡觉,从不离开书桌,结果作品提前两周脱稿。而这部仅用5个月时间就完成的作品,就是后来闻名于世的文学巨著《巴黎圣母院》。

许多人才华横溢,却往往因为抵抗不住外界的诱惑与干扰而与成功失之交臂。面对外界的干扰,你的抗御力决定了你成功的概率,抗御力越强,你成功的概率就越大。

鲁迅说过:"如果一个人,能用十年的时间专注于一件事,那么他一定能够成为这方面的专家。"成就大事的人都不会把精力同时集中在几件事情上,而只是关注其中之一。手里做着一件事,心里又想着另一件事,这只能让每件事情都做不好。黑格尔说:"那些什么事情都想做的人,其实什么也不能做。一个人在特定的环境内,如果欲有所成,必须专注于一件事,而不分散他的精力在多方面。"是啊,人的精力是有限的,要取得事半功倍的成就,必须集中精力，一次只做一件事。

"一次只做一件事"，可以使我们静下神来，心无旁骛，一心一意地把那件事做完做好。倘若我们见异思迁，心浮气躁，什么都想抓，最终会像狗熊掰玉米，掰一个，丢一个，到头来两手空空，一无所获。

用坚忍创造闪光的快乐

人生最大的自由，莫过于选择成败，成功者寥若晨星，更少有人青史留名，而失败者比比皆是。据有关学者研究证明：48%的人经历一次失败，就一蹶不振了；25%的人经历两次失败就泄气了；15%的人经历3次失败也放弃了；只有12%的人经历无数次的失败后，仍不气馁，始终朝着一个方向冲刺。他们坚信，只要方向不错，方法得当，坚持不懈、锲而不舍，成功只是时间问题。人生最大的敌人是自己，战胜自己是成功者的必经之路。

李健最早涉足茶叶经营是在2001年。在这之前他经营着一家超市，由于拆迁，他只好改行和一个福建籍朋友做起了茶叶生意。那时，茶艺还处于萌芽状态，是一个新兴产业，利润空间和发展空间都比较大。

然而，李健对茶艺、茶文化一窍不通，门市开业后，面对顾客提出的有关茶的问题，他常常脸涨得通红，说不出话来，之后只得向朋友求救。看着朋友和顾客大谈茶文化，李健第一次认识到茶居然有着这样深的内涵，他喜欢上了这一行。

后来，李健和朋友的经营理念发生了分歧，生意也开始变得冷清。李健回忆，在一段时间里，他们不断地往里垫钱，根本没有回款。坚持了3个月后，李健与朋友在经营思路上的分歧越来越大，最后只好分道扬镳。于是，李健开始独自创业。

经过市场调查，他把茶叶门市地址选在了北京茶叶一条街——马连道。也许是初生牛犊不怕虎，李健当初只是想扎堆的生意好做，并没在意这一条街上对手们的来历。后来他才发现这里的人个个都是高手，不论是茶道还是销售，而且他们都来自茶叶生产厂家，对茶有着深刻的理解，唯独他是个门外汉。

李健选定地址后看中了一间60平方米的门市，年租金4万元。他交了租金请来装修工装修门市，自己则赶往茶叶生产地采购茶叶。这是他第一次采购茶叶，由于没有经验，又缺乏茶叶知识，他采购的茶叶无论在色泽上还是质量上都给日后的批发和销售带来了困难。为了不再犯同样的错误，他买来大量有关茶叶的书，仔细研读，凡是上门的客户都提供最优惠的价格，以便发展市场。即使这样，他的门市仍是门庭冷落。

李健开始托朋友介绍茶叶销售渠道，稍有空闲就亲自背着茶叶样品去零售店推销，有时他请人给他看门市，自己背个大袋子到偏远区县去找销售点。而很多时候，他都吃了闭门羹，偶尔听到"我们有供货方，以后考虑吧"，他都激动半天。"那时我一心想着尽快发展客户，有时一天只能吃一顿饭，一个月下来整个人都快虚脱了。"

在两个月里，他跑遍了6个城市的茶叶零售店，但是没有得到任何回报。

李健的茶叶门市经历了整整14个月的萧条后才开始复苏。在这期间，他不断听到类似他这种门外汉茶业门市倒闭的消息，他的朋友也劝他收手。李健经过激烈的思想斗争后，咬着牙告诉朋友："我已经喜欢上了这个行业，每个行业起步都会有艰难和困苦，更何况我还没有认输。"

随着对茶经的深入了解和对市场的辛勤开拓，李健的门市第13个月开始有了一点利润，就在2003年春节前的一个月，他的门市赚回了之前的所有投资，还略有盈余。2004年，李健的茶叶门市纯利润达20多万元。

事实证明：只要有恒心，铁棒也能磨成针。看一个人，不必看他辉煌耀眼、春风得意之时，而应看他身处逆境时是怎样艰难跋涉的。执着是人类的一种美德，任何天赋、才华、强势都不能代替。不积跬步，无以至千里；不积细流，无以成江河。千里之行始于足下，做任何事情都必须有恒心。

不怕失败才会成功

在这个世界上,每一个人都经历过无数次的失败。当然,也包括成功人士在内,他们的成功也并非是一帆风顺的。

没有人不想成功,也没有人不想拥有财富,但很多人在追求成功与财富的过程中要么被困难打败,要么对挫折望而却步、半途而废。如果我们换个角度来看问题就不一样了:世界上根本就没有所谓的失败,只有暂时的不成功。这也正是成功人士的信条,正是因为在他们的字典里没有"失败",他们才不会放弃,才会继续努力,他们知道不成功只是暂时的,总有一天他们会成功!

金融家韦特斯真正开始自己的事业是在17岁的时候,他赚了第一笔大钱,也是第一次得到教训。那时候,他的全部家当只有255块钱。他在股票的场外市场做掮客,在不到一年的时间里,他发了大财,一共赚了168000元。拿着这些钱,他给自己买了第一套好衣服,在长岛给母亲买了一幢房子。但是这个时候,第一次世界大战结束了,韦特斯以为和平已经到来,就拿出了自己的全部积蓄,以较低的价格买下了雷卡瓦那钢铁公司。"他们把我剥光了,只留下4000元给我。"韦特斯最喜欢说这种话,"我犯了很多错,一个人

如果说他从未犯过错,那他就是在说谎。但是,我如果不犯错,也就没有办法学乖。"这一次,他学到了教训。"除非你了解内情,否则,绝对不要买大减价的东西。"

他没有因为一时的挫折而放弃,相反,他总结了相关的经验,并相信他自己一定会成功。后来,他开始涉足股市,在经历了股市的成败得失后,他已赚了一大笔。

1936年是韦特斯最冒险的一年,也是最赚钱的一年。一家叫普莱史顿的金矿开采公司在一场大火中覆灭了。它的全部设备被焚毁,资金严重短缺,股票也跌到了3分钱。有一位名叫陶格拉斯·雷德的地质学家知道韦特斯是个精明人,就游说他把这个极具潜力的公司买下来,继续开采金矿。韦特斯听了以后,拿出35000元支持开采。不到几个月,黄金挖到了,离原来的矿坑只有213英尺。

这时,普莱史顿的股票开始飞涨,不过不知内情的海湾街上的大户还是认为这种股票不过是昙花一现,早晚会跌下来,所以他们纷纷抛出原来的股票。韦特斯抓住了这个机会,他不断地买进、买进,等到他买进了普莱史顿的大部分股票时,这种股票的价格已上涨了许多。

这座金矿,每年毛利达250万元。韦特斯在他的股票继续上升的时候把普莱史顿的股票大量卖出,自己留了50万股,这50万股等于他一分钱都没有花。

韦特斯的成功告诉我们,不要害怕失败,财富的获得总是在失败中一点点积累的,很少有一夜暴富,而且一夜暴富的财富也总是不长久的。这便是成功者不怕失败的原因,因为失败也是一种财富。

放低姿态,像南瓜一样默默成长

《伊索寓言》中有这样一个故事:

有一只狐狸喜欢自夸自大,它以为森林中自己最大。

傍晚,它单独出去散步,走路的时候看见一个映在地上的巨大影子,觉得很奇怪，因为它从来没有见过那么大的影子。后来，它知道那是它自己的影子，就非常高兴。它平常就以为自己伟大、有优越感，只是一直找不到证据可以证明。

为了证实那影子确实是自己的，它就摇摇头，那个影子的头部也跟着摇动，这证明影子的确是自己的。它就很高兴地跳舞，那影子也跟着它舞动。它继续跳，正得意忘形时，来了一只老虎。狐狸看到老虎也不怕，就拿自己的影子与老虎比较，结果发现自己的影子比老虎大，就不理它，继续跳舞。老虎趁着狐狸跳得得意忘形的时候扑了过去，把它咬死了。

一个人若种植信心，他会收获品德。一个人若种下骄傲的种子，他必收获众叛亲离的果子，甚至带来不可预知的危险，就像那只自夸自大、自我膨胀的狐狸一样。

但高傲的姿态，却是现代人的通病。大家都想吸引别人的目光，殊不知这目光可能投来善意，也可能投来恶意。骄傲的人，容易成为众矢之的。老子在《道德经》中说："生而不有，为而不恃，功成而不居。"又说："功成名遂，身退，天之道。"如果成功之后，只知自我陶醉，迷失于成果之中停滞不前，那就是为自己的成就画了句号。

成功常在辛苦日，败事多因得意时。切记：不要老想着出风头。一个人的成绩都是在他谦虚好学、伏下身子踏实肯干的时候取得的，一旦骄气上升、自满自大，必然会停止前进的脚步。

有人会说，大凡骄傲者都有点本事、有点资本。你看，《三国演义》中"失荆州"的关羽和"失街亭"的马谡不是都熟读兵书、立过大功吗？关羽之所以"大意失荆州"，马谡之所以"失街亭"，不正是因为他们自以为"有资本"而铸成的大错吗？

一个人有一点能力，取得一些成绩和进步，产生一种满意和喜悦感，这是无可厚非的。但如果这种"满意"发展为"满足"，"喜悦"变为"狂妄"，那就成问题了。这样，已经取得的成绩和进步，将不再是通向新胜利的阶梯和起点，而成为继续前进的包袱和绊脚石，那就会造成失败。

在这个世界上，谁都在为自己的成功拼搏，都想站在成功的巅峰上风光一下。但是成功的路只有一条，那就是放低姿态，不断学习。在通往成功的路上，人们都行色匆匆，有许多人就是在稍一回首、品味成就的时候被别人超越了。因此，有位成功人士的话很值得我们借鉴："成功的路上没有止境，但永远存在险境；没有满足，却永远存在不足；在成功路上立足的最基本的要点就是学习，学习，再学习。"

坚忍的骆驼在沙漠中行走自如

生活不总是公平的，就像大自然中，鸟吃虫子，对虫子来说是不公平的一样，生活中总会有些力量是阻力，不断地打击和折磨我们。

但我们承认生活是不平等的这一客观事实，并不意味着消极处世，正因为我们接受了这个事实，我们才能放平心态，找到属于自己的人生定位。命运中总是充满了不可捉摸的变数，如果它给我们带来了快乐，当然是很好的，我们也很容易接受，但事情往往并非如此。有时它带给我们的会是可怕的灾难，这时如果我们不能学会接受它，反而让灾难主宰了我们的心灵，生活就会永远地失去阳光。

威廉·詹姆士曾说："心甘情愿地接受吧！接受事实是克服任何不幸的第一步。"

我们应该能接受不可避免的事实。即使我们不接受命运的安排，也不能改变事实分毫，我们唯一能改变的，只有自己。成功学大师卡耐基也说："有一次我拒不接受我遇到的一种不可改变的情况。我像个蠢蛋，不断做无谓的反抗，结果带来无眠的夜晚，我把自己整得很惨。后来，经过一年的自我折磨，我不得不接受我无法改变的事实。"面对不可避免的事实，我们就应该学着做到诗人惠特曼所说的那样："让我们学着像树木一样顺其自然，面对黑夜、风暴、饥饿、意外等挫折。"

但是，面对现实，并不等于束手接受所有的不幸。只要有任何可以挽救的机会，我们就应该奋斗。而当我们发现情势已不能挽回时，最好就不要再思前想后、拒绝面对，要坦然地接受不可避免的事实，唯有如此，才能在人生的道路上掌握好平衡。

明白了这些，你就会善于利用不公正来培养你的耐心、希望和勇气。比如在缺少时间的时候,可以利用这个机会学习怎样安排一点一滴珍贵的时间,培养自己行动迅速、思维灵敏的能力。就像野草丛生的地上能长出美丽的花朵,在满是不幸的土地上,也能绽开美丽的人性之花。

生活的不公正能培养美好的品德,我们应该做的就是让自己的美德在不利的环境中放射出奇异的光彩。

你也许正为一个专横的老板服务,并因此觉得很不公平,那么不妨把这看作是对自己的磨炼吧,用亲切和宽容的态度来回应老板的无情。借着这样的机会磨炼自己的耐心和自制力,转化不利的因素,利用这样的时机增强精神的力量。你自己也将提升到更高的精神境界,一旦条件成熟,你就能进入崭新的、更友善的环境中。

外界的事物什么样,这由不得你去选择和控制,但用什么样的态度去对待,可以由你自己做主。面对生活中的种种不公正,能否使自己像骆驼在沙漠中行走一样自如,关键就在于你是否足够坚忍,这也是成大事者的一种品质。

不抱怨的人才能在寂寞中爆发

人生路上,当遇到逆境的时候,我们往往会听到很多抱怨的声音:我上学的学校不好、我的工作条件不好、工资少、没有一个能赏识我的老板……总觉得自己的生活不如意,天天抱怨。而我们也常常会发现,那些抱怨的人生活似乎一直都不怎么好,有时候抱怨会产生连锁反应,越抱怨,倒霉的事情越是接二连三。所以,我们千万不要陷入自己设置的"抱怨门"。

有这样一个故事:

孔雀向王后朱诺抱怨。它说:"王后陛下,我不是无理取闹来诉说,您赐给我的歌喉,没有任何人喜欢听。可您看那黄莺小精灵,唱出的歌声婉转,它独占春光,风头出尽。"

朱诺听到如此言语,严厉地批评道:"你赶紧住嘴,嫉妒的鸟儿,你看你脖子四周,如一条七彩丝带。当你行走时,舒展的华丽羽毛,出现在人们面前,就好像色彩斑斓的珠宝。你是如此美丽,你难道好意思去嫉妒黄莺的歌声吗?和你相比,这世界上没有任何一种鸟能像你这样受到别人的喜爱。一种动物不可能具备世界上所有动物的优点。我赐给大家不同的天赋,大家彼此相融,各司其职。所以我奉劝你不要抱怨,不然的话,作为惩罚,你将失去你美丽的羽毛。"

孔雀羡慕黄莺清脆的嗓子,所以抱怨自己为什么没有拥有和黄莺一样婉转、美妙的歌喉,却不知道自己的美本来就让其他动物羡慕。由此看来,实际上抱怨不是本身拥有的条件不够好,而是自己不知足。很多时候当你不断地抱怨自己拥有的条件和资源少不能取得成功的时候,后来的不成功就会排着长队等着你,接连不断地到来。

当你把大量的精力都用在了抱怨别人或者上天的不公的时候,用于努力改变局面的时间就少了,大量的抱怨会让你在自己的抱怨声中不断地肯定自己的不幸,在无形之中会在大脑里形成自己成功的道路为什么这样艰难的想法,以及上天对自己不公的想法,所以在下一次困难来临时,又开始抱怨,而如何去战胜困难,如何能够摆脱这种局面的方法早已经被自己抛之脑后。所以爱抱怨的人更容易失败,而且失败是一个接着一个。

喜欢抱怨的人向别人不断抱怨着自己的不幸,起初可能还会有人同情,但是久而久之抱怨的人会让别人生厌。人们喜欢和那些整天乐观的人在一起,而不是和整天发牢骚的人在一起,因为你的牢骚会直接影响别人的心情。这样,喜欢抱怨的人不仅自己在事业上不断落后,在人际关系上也会越来越糟,会导致你更加沮丧,会觉得上天真的对你太不公了,了解你的人为什么这么少呢?实际上这一切都是你无形中造成的。

生活中，当我们个人或者企业遇到困难的时候，首先不要怨天尤人，而是努力寻找突破困难的方法。寻求解决的办法，才能让企业走出困境，让每一个人走出困难的沼泽，向成功迈进。

耐得住寂寞是成功的前提

这是一个小岛，但历史上西方列强曾 7 次从这一海域入侵京津。在这个小岛上驻守着济空雷达某旅九站官兵。这个雷达站新一代海岛雷达兵在艰苦寂寞、气候恶劣的自然环境中，用青春和汗水铸起了一道天网。

近年来，连队雷达情报优质率始终保持 100%，先后 20 多次圆满完成中俄联合军事演习等重大任务，被誉为京津门户上空永不沉睡的"忠诚哨兵"。

这个雷达站 80% 的官兵是"80 后"，70% 的官兵来自城镇、经济发达地区和农村富裕家庭，50% 的官兵拥有大中专以上学历。尽管如此，这些新一代军人仍然能够像当年的"老海岛"一样，吃大苦、勤奉献、打硬仗。

风平浪静时，小岛十分美丽，初进海岛的官兵都会感到心清气爽。可不出一个星期，无法言喻的孤独和寂寞就会悄然爬上心头。白天兵看兵，晚上听海风。值班时，盯着枯燥的雷达屏幕看天外目标；休息时，围着电视机看外面的世界。除了连队的文体活动场所外，小岛上没有任何可供官兵休闲娱乐的去处。每当有客船来岛，听到进港的汽笛声，没有值班任务的官兵，就会欢呼雀跃地拉起平板车跑向码头，去接捎给连队的货物，顺便看上一眼岛外来人的陌生面孔，呼吸几口船舱带来的岛外空气。孤岛上的寂寞，连祖祖辈辈生活在这里的渔民都发出这样的感慨："初来小海岛，心境比天高；常住小海岛，不如死了好。"

多年来，60 多名战士从当兵到复员没有出过岛，守住了孤独，守住了寂寞。目前，九站已连续 12 年保持先进，年年被评为军事训练一级单位，先后两次被军区空军评为基层建设标兵连队，荣立集体二等功、三等功各一次。

"论至德者不和于俗，成大功者不谋于众"，从侧面阐明的正是这个意思：

至高无上之道德者,是不与世俗争辩的;而成就大业者往往是不与多数人商榷的。这话乍听起来似乎有悖于历史唯物主义,但细细想来,也不无道理。"头悬梁锥刺骨"也好,"孟母三迁""凿壁偷光"也好,大都说的是成就大业者在其创业初期都是能耐得住寂寞的,古今中外,概莫能外。门捷列夫的化学周期表的诞生、居里夫人镭元素的发现、陈景润在哥德巴赫猜想中摘取的桂冠等,都是在寂寞中扎扎实实做学问,在反反复复的冷静思索和数次实践后才得以成功的。

耐得住寂寞是一个人的品质,不是与生俱来,也不是一成不变,它需要长期的艰苦磨炼和凝重的自我修养、完善。耐得住寂寞是一种有价值、有意义的积累,而耐不住寂寞往往是对宝贵人生的挥霍。

一个人的生活中有可能会有这样那样的挫折和机遇,但只要你有一颗耐得住寂寞的心,用心去看待与守望,成功一定会属于你。

第九章 /
出世心做人，入世心做事

隐于野的心境、入于世的淡泊、登于朝的气度，和光同尘，于熙攘人群中享受内心的安宁。

看轻自己也是积极的人生观

在南北战争时期,美国北军格兰特将军和南军李将军率部交锋,经过了一场激战后,南军败得溃不成军,李将军也被送到爱浦麦特城受审,签订降约。

格兰特将军在这次胜利后很谦恭地说:"李将军是一位很值得我们敬佩的人物。他虽然战败了,但是他的态度仍旧是那么镇定。他仍旧是穿着全新的、完整的那套军服,腰间还佩着政府奖赐他的名贵宝剑,而我却远远比不上他呀。"

他说他能取得这次战争的胜利,都是因为偶然的机会造成的。他说:"我们能够取得这次胜利是因为我们运气好,当时敌方军队在弗吉尼亚,几乎天天都遇到阴雨,害得他们不得不陷在泥泞中进行作战。然而,我们所到之处,几乎每天都是好天气,非常方便我们行军,我们就是因为幸运才取得胜利的。"

这些谦虚的话,要比自吹自擂好得多。

有不少居功自傲的人,最终还是落得身败名裂的下场,只有那些继承了谦虚美德的老实人才能"赢得生前身后名",为人所津津乐道。

一个真正深通人际关系的人,是不会自我吹嘘、自我炫耀的,你所取得的成绩,别人比你看得更清楚。

一个人如果太把自己当回事就容易产生骄傲自满的心理,这种心理对于工作和学习都是一道障碍,这种人总爱凭着自己曾经取得的成绩就自我感觉良好,一副目中无人的样子,

从而导致在工作中不思进取，丧失更多进步的机会，使荣誉不能连续保持。

别太过看重自己，偶尔出点状况也无妨。

如果总是把自己当成珍珠，那么就时时遇到被埋没的危险；如果不把自己太当回事，坦诚平淡地生活着，也没有人会把你看成是卑微、懦弱和无能。只有这样，才能不断地充实自己、完善自己，进而缔造一个完美人生。

谦虚是一种美德，也是一种修养。谦虚者可以包容别人、善待别人，学习和吸取别人有益的经验和知识，从而提高自己，避免浅薄无知。

把自己当回事的人不计其数，每个人都想极力表现自己，处处以自我为中心，毫不隐讳地彰显个性。有个性自然很好，但太过个性就会显得自满骄傲，后果则是要么自惭形秽，要么就遭人反驳。因此，做人要懂得谦逊，别太把自己当回事，只有这样才能使我们的心理达到平衡的状态，才能得到健康的心灵。

做人应该保持一颗谦卑的心

有句格言说得好："谦受益，满招损。"这句格言极其形象地阐明了"谦虚"这一美德的意义，可以作为我们每一个人的座右铭。

有这样一则寓言：从前有一只骄傲的蚊子，总认为自己无人能敌，每天唱着快乐的歌，在森林里飞来飞去。

有一天，蚊子在森林里遇到同样骄傲的狮子，它们都吹嘘说自己是世界上最伟大的动物，谁也不服输。狮子看着身材渺小的蚊子，又看看高大威武的自己，感到又好气又好笑，于是狮子说："如果不服气，咱们可以比试比试！"蚊子很痛快地答应了。

于是狮子与蚊子展开了一场奇怪的搏斗。狮子依仗自己身强力壮，丝毫不把蚊子放在眼里，于是连扑带咬，没想到小小的蚊子飞来飞去，四处躲闪。几个回合下来，狮子累得气喘吁吁，可丝毫没有伤着蚊子一根毫毛，反倒被蚊子抓住机会狠狠叮咬了几口。最后，狮子只好宣告认输。

蚊子得意极了，一边飞，一边吹着小喇叭，兴冲冲地向森林里所有动物宣布，它才是林中之王。可是没想到，当蚊子飞到两棵大树之间的时候，一不小心，一头撞在挂在树下的蜘蛛网上，被蜘蛛网粘住了。它越是挣扎，蛛网就粘得越紧。很快，蚊子就不能动弹了。

就在这时候，一只黑色的蜘蛛从大树那边爬了过来，一口就把蚊子吞到肚子里了。

这则寓言真是妙极了，世界上有多少人，正像那只蚊子一样妄自尊大、自不量力，为了一时的虚荣而盲目自信，自毁前程。

英国哲学家丁尼生曾经说过："真正的谦虚是最崇高的美德，是一切美德之母。"奥地利诗人里尔克在谈到著名雕塑家罗丹的时候，曾经说过一句名言："荣誉毕竟是一切误解的总和。"这句话恰如其分地指出了罗丹的人生信条：永不满足。

谦虚是进步的基石。世界上有虚怀若谷的求知者，却没有狂妄自大的成功者，可见骄傲和自满是事业成功的大敌。有人打了一个极为形象的比喻：求知的人就像是一个永远也装不满的容器，正因为有着许许多多的空缺，才促使他不断求知，不断奋斗，不断前进。古希腊被誉为"智者之尊"的苏格拉底曾经说过一句极为精辟的话，他说："我之所以有智慧，不是因为我更看中自己的长处，而是能够意识到自己的不足。"

有人说："现代社会里强调竞争与自我表现，谦虚已经过时，谦虚就是虚伪的代名词。"其实二者之间有着本质的区别，谦虚是指虚心、永不自满，并肯于接受别人的批评，而虚伪则是故意隐瞒事情的真相，为达到某种自私目的而采取的一种欺骗手段，即使是最微不足道的虚伪，与真正的谦虚也截然不同。

"谦虚使人进步，骄傲使人落后。"无论任何时候，谦虚都是一个人应当坚持的操守和应该遵循的美德，更是做人的根本。

隐于野的心境，入于市的淡泊，登于朝的气度

真正能静下心的人，不会像孤芳自赏的水仙，而是有隐于野的心境、入于世的淡泊、登于朝的气度，和光同尘，抬得起头、弯得下腰，于熙攘人群中享受内心的安宁。

大海因为能容，所以纳百川。一个谦虚的人，勇于向人请教，无论是在学习、工作还是生活中，都能受益匪浅。同时，由于他的谦敬，自然容易获得他人的好感，增加自己学习、上进的机会，从而练就更多的才能，成就更加完美的人生。

孔子是至圣先师，我们这些凡夫俗子，当然是不能和他相比的。但孔子仍然能够秉持谦虚的态度，不耻下问，从而使自己的学识和修养，上升到了一个让人无法企及的高度，所以唯有谦虚才能受益。

谦虚的人，路越走越宽广，也会受到他人的尊重；而骄傲的人，则不易为别人所接纳，并且容易为自己树立敌人。

谦虚的人对待事物，有一种心平气和的神态。得意时淡然视之，失意时泰然处之，当真去留无意，宠辱不惊。谦虚是内心和谐、心胸开阔的表现，而不是表面狭隘、口是心非的伪善。

谦虚有时候会被看成是软弱。其实这种生活态度与其说是软弱，不如说是品尝过人世辛酸之后的一种成熟。反倒是那些夸夸其谈、肤浅轻薄、不以为然的人，才会对这个问题表现出一种无知张狂的强劲，一种内心虚浮的强硬。真正智慧的人，是属于谦虚谨慎的人。

谦虚不是没有立场的顺从，不是随声附和的讨好，不是优柔寡断的自卑；谦虚是海纳百川的浑厚，是虚怀若谷的博大，是为人处世的踏实沉稳，是对待工作的平静坦然。

谦虚对于健全的人格来说是不可缺少的。保持谦虚，能让我们正确处事，敢说真话，关心别人的利益；谦虚能促使我们更有自知之明，让我们更能以诚待人；谦虚的人知道自省，每当发现缺点和不足，便及时改正，从而完善

自己的品行。

谦虚意味着识大体，顾全局，不以自己的利益为重，坚持真理，坚持做正确的事；谦虚意味着不吹嘘，不浮躁，不骄傲，不狂妄，不贬低别人抬高自己。

谦虚源自一种认识，即个人的生活只是整个社会的一部分。我们不可能与世隔绝而单独存在，凡事也不能按照自己的意愿去做，个人无法控制周围的环境和先天因素。谦虚能够帮助我们选择正确的方式去适应环境，从而使我们与环境完美结合。

花要半开，酒要半醉

常言道："花要半开，酒要半醉"，因为鲜花盛开娇艳的时候，也就是衰败的开始；"形醉而神不醉"，"醉"只是迷惑对手的手段，人生也是这样，要学会"装醉"。

在电视剧《水浒传》中，武松醉打蒋门神的片断非常精彩：武松手握酒杯，仰脖而干，身子东倒西歪，步履轻飘虚浮，蒋门神于漫不经心之际，鼻梁突着一拳，尚未回过神来，眼额又遭一腿……当其终于醒悟这绝非是酒鬼的"歪打正着"之时，其身已受重创而无还手之力了。武松所用的"醉拳"，乃武术中一种高难度拳术，委实厉害之极。"醉拳"的厉害，在于一个"装醉"，表面上看来跌跌撞撞，踉踉跄跄，不堪一推，而其实呢，醉之中却杀机暗藏，就在你麻痹大意之时，却被"醉鬼"打趴在地。

所谓"花要半开，酒要半醉"就是这个道理。所以，那些自认为有才华的人，要做到谦虚谨慎，既有效地保护自己，又能充分发挥自己的才华，不仅要说服、战胜盲目骄傲自大的病态心理，凡事不要太张狂、太咄咄逼人，更要养成谦虚让人的美德。

杜甫有句名诗："射人先射马，擒贼先擒王。"后来也不知是哪个聪明人演绎出一个推论："出头的椽子先烂"，应当说，这句话在客观世界中反映了一定的客观事实。对此"屋檐下的小雨"可能理解得更深。君不见,一年四季,风吹雨淋,年复一年,日久天长,出头的椽子先烂是自然而然的事。在客观世界中,类似的事情很多。

所以,这种随时保持"一半"警醒、"一半"低调的哲学,已经渐渐深入人心。

低下高贵的头，收起虚荣的心

虚荣心是人的天性之一，街头乞丐会因为多讨得一枚硬币而向同伴炫耀；天真的孩子为了赢得老师的表扬在考试中作弊。曹操与刘备煮酒论英雄，认为"唯使君与操耳！"其实不过是用刘备来做陪衬，标榜的正是他自己。

虚荣心是你前进路上的绊脚石，如果你不把它踢开，你就会被它绊倒，它不但会影响你的学业，还会影响你的事业，进而耽误你的一生。

一个名叫韦格的奥地利女孩，天生丽质，聪明过人。韦格在一所大学专修油画，她的男朋友正在为她筹备一个个人画展。当经济上遇到困难时，男朋友鼓励她去参加世界小姐选美，初赛的奖金高达5000美元。韦格去了，而且一路进军到了拉斯维加斯——她成了1987年度的世界小姐。

韦格曾一直梦想可以开个人画展，而如今她已不再需要画展。韦格曾经幻想有一个自己的家庭，和男朋友过着浪漫温馨的日子，然而她成为世界小姐以后，整天被一众优质男子包围着，理所当然地接受他们的大献殷勤，她再也不缺少浪漫与温馨了。作为世界小姐，高高站在财富与荣耀的顶端，似乎曾经的一切都不那么重要了。

韦格心安理得地享受着这一切，享受着世界小姐的荣耀带给她的琳琅满目的、意外的"财富"。

正当事业如日中天时，她却生病了，患上一种名叫克里曼特的综合征。

这种病的最大危险在于，她的双眼视力将逐渐衰退，最终将会失明，韦格因此而陷入绝望之中。

她的情绪低落到了极点，她开始诅咒上帝，不该把她的"意外收获"在"一瞬间"统统收回去，她认为是上帝妒忌她的天资聪颖，因此她更加怨恨交加。

就在韦格病重的消息传出不久，一个名叫帕迪的非洲小男孩寄给她一包土，说他们那里的人都用这种土来治病。韦格并不相信土可以治病，但还是抱着试试的态度用了，结果，她的病竟奇迹般地好了。

又是一次意外，使她欣喜若狂，她的财富又可以回到她的身边了，于是她发誓这次一定要紧紧抓住这些财富，绝不能再失去。

她后来嫁给了一个美国富翁。

在以后的日子里，韦格先后改嫁了6次，可是没有一个男人令她满意。终于在一天夜里，她明白了，自己看起来拥有一切，其实却一无所有，她这辈子没有什么价值可言，于是她选择了自杀……

如果在她发达时没有抛弃男朋友，被评为世界小姐之后依然继续她的事业，也许她会活得更加幸福。追求金钱、爱慕虚荣，让她彻底迷失了自己，陷入虚荣的泥潭里无法自拔。

每个人多多少少都有点爱慕虚荣，男人大多追求自己的名誉、地位、车子等，女人更多地追求自己的衣着、容貌、房子，尤其当今社会经济发展突飞猛进，人们的需求已经不仅仅是为了生存，为了解决温饱。

人们已经不能像老子在《取舍》中所言："难得之货使人是以圣人之治也，为腹而不为目，故去彼而取此。"

所以我们每个人都应该适时低下那高贵的头颅，放弃过分追求虚荣的心，持心谦虚，坐卧随心。

看高自己的人必会重重地摔下来

人们常说："别太把自己当回事儿了！"人要时常检讨自己，才能有更高更大的进步。

以前听说过不少神童的例子，在他们很小的时候就被父母所重视，被世人看成是跟平常人不一样的人。孩子还小，在那种处处被人恭维的环境下成长，养成了养尊处优的性格和习惯，让他们太把自己当回事了。相信大家也知道，很多之前被称为神童的孩子，到最后并不出众。

人难免有时会为一些小成就而兴高采烈，比如小时候，考了100分、得了小红花，妈妈总会教导孩子说不要太骄傲。那时还小，并不理解；现在长大了，我们要时常提醒自己要严于律己，不要因那些虚无缥缈的事情迷失了自我。

人不能把自己太当回事儿了，如果为那么一丁点儿夸奖或成绩就得意忘形，那么，从那时起，你就为自己挖好了"坟墓"。

有这样一个有趣的故事：

一天，主任让小付和小金清理一下资料室，把那些堆积如山的旧报刊卖掉。他们在墙角发现了一个手提袋，竟是厚厚一摞泛黄的"应聘简历表"，不少还贴着照片，有详细的联系方式。这定是公司以前到人才市场招聘时收到的，于是留了下来。

忙完了，几个人坐下来休息。小刘开始扒拉那些简历，说找找有没有美女。过了一会儿，小刘拿着一张简历表念道：

"某男，大学本科，曾担任院学生会副主席，三次获学院二等奖学金，英语四级，爱好看书，曾在校报发表作品……"

小付不屑一顾地说："肯定是假的，一个学校有N个学生会副主席呢，校报发表作品还值得一提？太普通了，这样的人一抓一大把。"

小刘又念了一个，也都很普通。"难怪这些人没有被公司录用呢，毫无特色。"小付和小金都用刻薄的语气批了一通。

这时小刘一脸坏笑，摇了摇那两份简历说，这可是你们两位当年的简历啊。

小付和小金都愣了，满脸通红。

5年后，自己竟成了陌生人！

中午吃饭时，他们跟主任聊起了这件事。

主任说："小付当年是拿着贴满了在校报发表的文章的剪报来的，虽然很幼稚，但是那股朝气让我眼前一亮啊；小金是唯一一个没穿高跟鞋的女生，在铺了地板的办公室走廊走过，没有一点噪音……"

答案竟然如此简单。

很多时候，我们总会以为自己不得了，而事实上，换一个角度去看自己，我们与别人其实差不了多少，一次又一次，我们或许也只是运气稍好罢了。所以，无论取得什么成绩，我们都没有理由骄傲自满。

用平常心去代替高姿态

很多时候，我们会遇到被怠慢的事情，而我们常常自以为对名利看得很开，能够随遇而安，可真正回到现实里，我们才发现随遇而安，这并不是一件简单的事。

我们太容易高看自己，而忘记了那颗初心以及淡薄的平常心。

三国时东吴的步骘是淮阴人，东汉末年，社会动荡，他因避难来到江东。那时他父母双亡，穷困潦倒。

后来遇到和他同年的卫旌，两人结成朋友，一起以种瓜为生，他俩白天在瓜田忙碌，夜间则研读经传典籍。在他们的心目中，眼下只不过是暂时的境遇而已。

会稽郡有个姓焦的豪门大族，为人放纵，欺压乡邻，由于他曾经做过征羌县县令，所以人称焦征羌。

步骘与好友卫旌避乱于此，怕受其害，不得不到他那里拜拜码头，就挑些瓜放上名片送往焦府。

当时焦征羌正在屋子里睡觉，等了好长时间，也不见他出来，卫旌有些生气，就打算离去。步骘劝他说："我们来的目的就是因为害怕他势力强大，现在如果一走了之自命清高，恐怕只会结下冤仇，岂不与我们的目的背道而驰？"

又过了好长时间，焦征羌才打开窗户接见他们，身子斜靠着茶几，在地上摆了两个座席，让他们两个坐在窗外。

卫旌觉得更加耻辱，而步骘却神态自若毫不在乎。

待出了焦府大门，卫旌对步骘生气地说："你怎么能忍受这样的怠慢？"

步骘笑着说："贫贱与富贵的时候，都应该随遇而安。我们现在如此贫贱，他以贫贱对待咱们，这有什么羞耻或者光荣可说呢？"

然而贫贱是埋没不了人才的，后来步骘受到孙权的赏识，他横戈跃马，东征西讨，战功卓著，做官一直做到丞相。

可贵的是，富贵之后的步骘依然平和淡定，丝毫没有改变自己俭朴的生活方式，教诲子弟要手不释卷，他的穿衣打扮就和一个普通的儒生一样，为人处世从未有盛气凌人的姿态。

人生的际遇千差万别，而面对同样的境遇，有的人愤愤不平，有的人却能随遇而安，皆缘于心境。

《菜根谭》里有一句话："我贵而人奉之，奉此峨冠大带也；我贱而人侮之，侮此布衣草履也。然则原非奉我，我胡为喜；原非侮我，我胡为怒？"一个人贫也好，富也好，高也好，低也罢，都不会是一成不变的，重要的是要有一颗平常心，处在高位仍能悠然自得。

低姿态才能为自己保留一席之地

吕后专权时，把刘邦的几个儿子差不多都杀光了。吕后死后，陈平、周勃等削平吕家势力。大臣们要求找刘邦的儿子来继承帝位，结果只剩下一个代王刘恒，被封在西北边塞。刘恒为什么能躲过吕后的屠刀呢？因为他的母亲薄氏喜好道学，以"清静无为"为立身之本，防意如城，无欲无争。吕后没有把她放在眼里，她和儿子的性命才得以保全。

刘恒也跟母亲一样，喜好道学，性情朴实。他听说朝中大臣想迎请他当皇帝，非但没有欣喜若狂，反而有些犯愁。皇权人人想要，人家不争不抢，送到他手里，到底是真心还是假意？他拿不定主意，就去跟母亲薄氏商量。薄氏的道学已修到比较高的境界，"无为无不为"，既没说该去即位，也没说不该去，而是建议儿子先派个人去看看再说。刘恒派老成持重的舅舅薄昭去长安了解情况。薄昭回来后报告说，天下人心仍然向着刘家，绝大多数大臣是支持刘家子弟即位的。这样，刘恒才动身去长安。

刘恒知道，这时候的生杀大权不在他手中，而是掌握在周勃等大将手中，稍微处置不当，那些将领一翻脸，不要说当皇帝，小命都难保，所以他必须谦虚谨慎。周勃等人率文武大臣来迎接他，跪在地上向他请安，他立即跪下

来还礼。照说他是王,虽然尚未即帝位,也不必下跪还礼。但俗话说得好,"礼多人不怪",宁可多礼,也不可失礼。

周勃将皇帝的玉玺奉献给刘恒,照规矩,这时刘恒就是皇帝了,可以发号施令了。但他却说:"今天我初到,还不了解情况。天下之事,不一定要由我来当皇帝,可以当皇帝的人很多,我现在只是先代为把玉玺保管起来,过些时日再说。"

大臣们都觉得这位新君道行实在太高了,是帝位的理想人选。人家不是说"伴君如伴虎"吗?这位新君看来不可能当暴君,那么伴在他身边,比伴在老虎身边安全多了,所以大家越发拥护他。虽然如此,刘恒还是没有立刻即皇帝位,也不敢住进皇宫,在驿馆里住了九个月,等一切都观察清楚了,这才宣布即位。正如大家估计的那样,刘恒的道行确实很高,他只是一味谦逊而已,没有用任何暴力手段,就让大臣们服服帖帖。他只写了一封充满谦辞的信,就让谋反称帝的南越王赵佗自动取消帝号,向他称臣。至于他采用"与民休息"的无为之策,使天下走向繁荣,那又是另一种能力了。

把自己放低、保持低姿态是釜底抽薪的聪明做法。低调做人是一种品格、一种姿态、一种风度、一种修养、一种胸襟、一种智慧、一种谋略,是做人的最佳姿态。欲成事者必要宽容于人,进而为人们所悦纳、所赞赏、所钦佩,这正是人能立世的根基。根基既固,才有枝繁叶茂,硕果累累;倘若根基浅薄,便难免枝衰叶弱,不禁风雨。而低调做人就是在社会上加固立世根基的绝好姿态。低调做人,不仅可以保护自己、融入人群,与人们和谐相处,也可以让人暗蓄力量、悄然潜行，在不显山不露水中成就事业。

所以，我们要用平和的心态来看待世间的一切，修炼到此种境界，为人便能善始善终，既可以让人在卑微时安贫乐道、豁达大度，也可以让人在显赫时持盈若亏、不骄不狂。

放下身份，路会越走越宽

做人做事难免有不如意的时候，若能低调一下，也许就会峰回路转。如果你掌握了自我克制，也就掌握了一条低调做人的方法。

明朝苏州城里有位尤老翁，开了间典当铺。一年年关前夕，尤老翁在里间盘账，忽然听见外面柜台处有争吵声，就赶忙走了出来。原来是附近的一个穷邻居赵老头正在与伙计争吵。

尤老翁一向谨守"低调做人""和气生财"的信条，先将伙计训斥一遍，然后再好言向赵老头赔不是。可是赵老头板着的面孔不见一丝和缓之色，靠在柜台上一句话也不说。挨了骂的伙计悄声对老板诉苦："老爷，这个赵老头蛮不讲理。他前些日子当了衣服，现在，他说过年要穿，一定要取回去，可是他又不还当衣服的钱。我刚一解释，他就破口大骂，这事不能怪我呀。"尤老翁点点头，打发这个伙计去照料别的生意，自己过去请赵老头到桌边坐下，语气恳切地对他说："老人家，我知道您的来意，过年了，总想有身体面点儿的衣服穿。这是小事一桩，大家是低头不见抬头见的熟人，什么事都好商量，何必与伙计一般见识呢？您老就消消气吧。"尤老翁不等赵老头开口辩解，马上吩咐另一个伙计查一下账，从赵老头典当的衣物中找四五件冬衣来。然后，尤老翁指着这几件衣服说："这件棉袍是您冬天里不可缺少的衣服，这件罩袍您拜年时用得着，这三件棉衣孩子们也是要穿的。这些您先拿回去吧，其余的衣物不是急用的，可以先放在这里。"赵老头似乎一点儿也不领情，拿起衣服，连个招呼都不打，就急匆匆地走了。尤老翁并不在意，仍然含笑拱手将赵老头送出大门。没想到，当天夜里赵老头竟然死在另一位开店的街坊家中。

赵老头的亲属乘机控告那位街坊逼死了赵老头,与他打了好几年官司。最后,那位街坊被拖得筋疲力尽,花了一大笔银子才将此事摆平。原来赵老头因为负债累累,家产典当一空后走投无路,就预先服了毒,来到尤老翁的当铺吵闹寻事,想以死来敲诈钱财。

没想到尤老翁做人一向谦和,明显吃亏也不与他计较,赵老头觉得坑这样的人即使到了阴曹地府也要下地狱,只好赶快撤走,在毒性发作之前又选择了另外一家。

事后,有人问尤老翁凭什么料到赵老头会有以死进行讹诈这一手,从而忍耐让步,躲过了一场几乎难以躲过的灾祸。尤老翁说:"我并没有想到赵老头会走到这条绝路上去。我只是根据常理推测,若是有人无理取闹,那他必然有所凭仗。在我当伙计的时候,我爹就常对我说,'天大的事,忍一忍也就过去了。'如果我们在小事情上不忍让,那么很可能就会变成大的灾祸。"尤老翁以少见的忍耐力避开了大的灾祸。的确,做人要低调一些,天大的事,忍一忍也就过去了,这可谓是能屈能伸、方圆做人的至高境界了。

美国前总统林肯曾经说过:"对暂时斗不过的小人要忍耐。"与其和狗争道被狗伤,还不如让狗先走。因为即使你将狗杀死,也不能治好被咬的伤,正所谓"小不忍则乱大谋"。

在待人处世中要低调,当自己处于不利地位或者危难之时,不妨先退让一步,这样做不但能避其锋芒、脱离困境,而且还可以另辟蹊径、重新占据主动。

弓越弯才能射得越远

"我们在改变自己的历程中再没有一种像克服骄傲那么难的了。虽极力藏匿它、克服它、消灭它,但无论如何,它在不知不觉之间,仍旧显露。"

——《富兰克林自传》

年轻时候的富兰克林,非常的骄傲自大,言行简直就是不可一世,无论到哪里都显得咄咄逼人。造成他这个坏脾气的最大原因是因为他的父亲对他太纵容了，从来都不对他的这种行为做出训斥。

不过他父亲的一位挚友倒是看不下去了，有一天，把他叫到面前，用很温和的语气对他说："富兰克林，你想想看，你不肯尊重他人意见，事事都自以为是的行为，结果将使你怎样呢？人家受了你几次这种难堪后，谁也不愿意再听你那骄傲的言论了。你的朋友们也会远远地避开你，免得他们会受你一肚子的冤枉气。"

"如果你还这样下去，那么你从此就不能交到好朋友，你也不能从他人那里获得半点知识了。再说你现在所知道的事情才那么一点点，很有限，这样是不行的。"

听了这一番话后富兰克林大受感动，他也看清楚了自己过去的错误，决定从此要痛改前非，在处世待人的时候处处都改用研究的态度，言行也变得谦恭和婉了，时时慎防有损别人的尊严。

在不久后，他便从一个受人鄙视、拒绝与人交往的自负者，变成了一个到处受人欢迎和爱戴的人际交往高手。

如果富兰克林没有接受意见改变自己的毛病，仍然是一意孤行，说起话来还是不分大小，不把他人放在眼里，那么他的结果一定不堪设想。他也正是因为这才拥有了丰富的人际关系资源，成为美国的一位伟大的领袖。

东汉初时的名将冯异在建立东汉王朝的战争中屡立功勋，然而他在每次战争后，总独自躲在大树下，而不像其他人那样，聚在一处争说自己的功劳，因而他赢得了"大树将军"的美称。

南朝梁时的开国良将冯道根，在梁武帝最初举兵时，受命为先锋，立了大功。每次征伐取得胜利之后，他从不自吹自擂。梁国的宰相沈约对梁武帝称赞冯道根说："此陛下之大树将军也！"

功劳是客观存在的，别人抹杀不掉，自己的吹嘘也终是徒劳。

骄傲是和才能成正比的。但是，正如大才朴实无华，小才华而不实一样，大骄傲往往谦逊平和，只有小骄傲才露出一副不可一世的傲慢脸相。有巨大优越感的人，必定也有包容万物、宽待众生的胸怀。

骄矜的人无知，自知的人智慧

常听别人说："我还不了解自己吗？"其实，这样说的人恰恰没有自知之明。为什么呢？"自知"一词象征的最高智慧，需要终生修炼。

老子说得好："知人者智，自知者明。"洞彻他人是对表面现象的理解，而"明"则指知人知己，"表里俱澄澈"。与中国古人相似的是，古希腊人把"认识你自己"写在智慧神庙的大门上，可见"人贵自知"放之四海而皆准。

不自知的人，常常高看自己，无限骄傲。骄傲也能令人中毒，夸的人多，爱的人多，终于有一天你也爱那水中的倒影。也许在某一天，你现在所拥有的将会失去，没有一颗坦然的心去面对，心思再向前一步，一切都会不同，仿佛一个鲜艳明亮的花，蕊上趴着一只毒虫。

每一个人都有自己的骄傲，但是很多时候，这骄傲和水果一样，过了它的保鲜期，面临的是腐烂。一个人真实的骄傲，是对自己真实的认知，不对环境做虚高的评估。

人贵有自知之明，可怕的自我陶醉比公开的挑战更危险。自以为是者不足，自以为明者不明；自高必危，自满必溢；胜时自己就认为完美无缺，成就大就居功自傲，名声高即目中无人。这都是不对的。

要真正了解自我，就必须换一个角度看自己。首先，要"察己"。客观地审视自己，跳出自我，观照自身，如同照镜子，不但看正面，也要看反面；不但要看到自身的亮点，更要觉察自身的瑕疵。包括对自己的学识能力、人格品质等进行自我评判，切忌孤芳自赏、妄自尊大；其次，要不断完善自我，有则改之，无则加勉。须知道天外有天，人外有人，尺有所短，寸有所长。

人类的无知一再地使人陷入自以为是和固执己见的深潭中，即使已经看到自己或别人虚伪轻浮的样子，他们仍无法醒悟过来。人就是这样，永远没法抓住自己的头发走上断头台。

随着时间的流逝，人们切身的经验深怜自己的不足，每每遥望星光下这神明的格言，人们仍然感到深奥。人们越学越感受到自己还有很多东西需要去学，这也是人们生性谦逊的原因。

谷穗越成熟，头垂得越低

寺院里接纳了一个年方16岁的流浪儿。这个流浪儿头脑非常灵活，给人一种脚勤嘴快的感觉。

灰头土脸的流浪儿在寺院里剃发沐浴后，就变成了一个干净利索的小沙弥。

法师一边关照他的生活起居，一边苦口婆心、因势利导地教他为僧做人的一些基本常识。看他接受和领会问题比较快，又开始教他习字念书、诵读经文。

也就在这个时候，法师发现了小沙弥的致命弱点——心浮气躁、喜欢张扬、骄傲自满。

例如，他一旦领悟了某个禅理，就一遍遍地向法师和其他僧侣炫耀；更可笑的是，当法师为了鼓励他，刚刚夸奖他几句，他马上就在众僧面前显摆，甚至把任何人都不放在眼里，大有唯我独尊、不可一世之势。

一天，法师把一盆含苞待放的夜来香送给这个小沙弥，让他在值更的时候注意观察一下花卉的生态状况。

第二天一早，还没等法师找他，他就欣喜若狂地抱着那盆花一路招摇地找上门来，当着众僧的面大声对法师说："您送给我的这盆花太奇妙了！它晚上开放，清香四溢、美不胜收，可是一到早上，它便又收敛了它的香花芳蕊……"

法师用一种特别温和的语气问小沙弥："它晚上开花的时候吵你了吗？"

"没，没有，"小沙弥高高兴兴地说，"它开放和闭合都是静悄悄的，哪会吵我呢？"

"哦，原来是这样啊，"法师以一种特殊的口吻说，"老衲还以为花开的时候得吵闹着炫耀一番呢。"

小沙弥愣了一下，脸唰地一下就红了，喏喏地对法师说："弟子知错了！弟子知错了！"

一个人在任何时候都须懂得谦虚，所谓"满招损，谦受益"，时时保持谦虚方能以低姿态向他人学习，也才能有更多成长的机会。过多的炫耀只能证明自己的无知，收获一点点就自满自大，只能让自己止步不前，破坏潜心精进的心境。

成熟的谷穗，总是谦虚地低下头；勤奋的蚂蚁，总是悄无声息。人常说：山外有山。这就是告诉我们，做人不可自视过高、夸夸其谈、眼高于顶，必须要懂得谦虚。一个高傲自大的人，表现狂妄，不屑于他人的作为。这种逞强的人，实际是遮住了自己的眼睛，捂住了自己的耳朵，无法接受别人的意见，看不到真理与事实，从而阻碍了自己与他人的交往，这无疑损失了自己进步的机会，实在是不明智的。

真正谦虚的人，能够深刻地看出自己在这个世界上的位置，准确地估价出自己的天赋与潜能，因此面对广大未知的世界，能够保持强烈的好奇心与不满足感，并由此产生一种永不言败的进取心。

夜郎自大，付出沉重代价

秦汉时代，我国西南地区居住着许多部落。汉初，由于朝廷忙着平定内乱和对付北方匈奴的侵犯，没有余力顾及遥远的西南地区，而西南的这些部落也从不知道外面的世界。

西南地区的这些部落都很小，他们散住在山中、林间。其中有一支名为"夜郎"的部落，就算是很大的了。

夜郎部落有个首领名叫多同。在他眼里，夜郎就是天底下最大的国家了。一天，他骑马带着随从出外巡游，他们来到一片平坦的土地上，多同扬鞭指着前方说："你们看！这一望无边的疆土，都是我的，有哪一国能比它大呢？"

跟随一旁的仆从连忙献媚说："大王您说得很对，天下还有哪一国比夜郎更大呢！"多同心里沾沾自喜。

他们又来到一大片高山前，多同仰起头，看着巍峨的高山说："天下还找得到比这更高的山吗？"

随从连忙应和说："当然找不到，天下哪有比夜郎的山更高的山呢！"

后来，他们来到一条江边，多同跳下马来，指着滔滔江水说："你们看，这条江又宽又长，这是世界上最长最大的河了。"

随从们没有一个不同意的，都齐声说："那是肯定的。我们夜郎是天下最

大的国家。"

这次出游以后,夜郎国的人更加自大起来。

汉武帝时候,武帝派使者出使印度,经过夜郎国。夜郎的首领多同从没去过中原,根本不知道中原是怎么回事。于是他派人将汉朝使者请进部落帐中。多同问汉朝使者说:"汉和夜郎相比,哪个大些?"

汉使者听了多同的问话,不禁哈哈大笑起来,他回答说:"夜郎和汉是完全不能相比的。汉朝的州郡就有好几十个,而夜郎的全部地盘还抵不上汉朝一个郡的地盘。你看,哪一个大呢?"多同一听,不禁目瞪口呆,满脸羞愧。

生活中也是这样,见识越广的人越懂得谦虚,而见识愈短浅的人反而愈盲目自大。我们今天之所以会感到痛苦,就是优越感太过于强烈,我们都觉得自己很有才干,别人劝谏的话,一句也听不进去。我们觉得这比别人好,那也比别人好,自然不堪挂碍,不甚烦恼。

每个人都有比他人强的地方,但也都有不如他人的地方,所以,任何时候都不要自以为是、自大自满,认为自己了不起。越有能力、学习越多、越要谦虚,因为,无论你懂得再多,都依然有太多你所不知道的。

把自己的位置放低一点

有一个郁郁寡欢的年轻人,千里迢迢跑到终南山寺院,对住持明心禅师诉苦说:"我一心一意要学习绘画,但走遍天下,没有找到一个让我满意的老师。"

明心禅师淡淡一笑说:"老和尚虽不懂丹青,但也喜好欣赏,收藏一些名家精品。既然施主画技不俗,那就请给老僧留一幅墨宝吧。"

小和尚应声备下文房四宝。

明心禅师继续说:"老和尚最大的嗜好,就是闲来品茗饮茶。施主不妨给老僧画一只茶杯、一只茶壶吧。"

年轻人慨然应允,铺纸运墨,不一会儿,一只倾斜的茶壶和一个精致的茶杯跃然纸上，栩栩如生。水壶内的壶水徐徐吐出一脉茶香，缓缓注入到茶杯之中。年轻人踌躇满志，得意洋洋，龙飞凤舞地在上面题上"茶香四溢"四个大字。

搁笔后，年轻人问明心禅师："大师，这幅画您老人家可否满意？"

禅师瞥了一眼，摇摇头说："你画得确实不错。但我感觉，你把茶壶、茶杯的位置颠倒了。老僧看来，应是茶杯在上，茶壶在下。"

年轻人哈哈大笑，说："大师好糊涂。哪有茶壶往茶杯里倒水，茶杯在上、茶壶在下的道理呢？"

禅师捻须朗笑："孺子可教也！其实，你懂得这个道理呀。只可惜，这些年来，你总是把自己的那个杯子端得高高的，比那些你要请教的'茶壶'还高。那样，老师们智慧的'香茗'，又怎么能注入你的杯中呢？"

年轻人如醍醐灌顶，连连给禅师作揖、拜谢。从此谦卑恭敬地拜师学艺，终于集众家之长于一身，成为画坛的一代大师。

为人谦下为要，学习虚心为真。时常把自己的茶杯放低，保持适当的谦下，我们就能常得香茗注入，而这也正能使我们提升，使我们更加充盈。

看低自己一点点，就会多一份清醒，少一份陶醉，就能常怀一颗谦虚之心，就能常提醒自己"山外有山，天外有天"，从而见贤思齐、取长补短。

如果只见树木不见森林，只看优点不看缺点，常常以己之长比人之短，就会把自己越看越高，越比越目中无人，以至于飘飘然、昏昏然，最终裹足不前。

如果夜郎自大，时时处处都认为自己高人一等，看不起周围的同事，看不起长辈，听不进不同的意见，最终自己只能唱"独角戏"，成为孤家寡人。

约翰·保罗说过："一个人真正的伟大之处，就在于他能够认识到自己的渺小。"《史记·李斯列传》有言："泰山不让土壤，故能成其大；河海不择细流，故能就其深。"

把自己看低一点，就能与人平等相处，就容易听取别人的意见，就能闻过则喜、闻过则改。当工作遇到困难时，就会有人主动帮你出主意、想办法；当你有缺点和不足时，就会有人敞开胸怀给你指正，从而让你走得更远、走得更稳。

第十章
淡定坚守,寂寞求索

守静如一,安之若素;闹处不闹,闲处不闲,静处不静,躁处不躁。和寂寞打交道,和孤独交朋友。

苦难让生命散发芳香

人生路漫漫,充满了鲜花,也充满了荆棘;充满了幸福,也充满了痛苦。

不测是时时刻刻都存在的,学业的失意、疾病的折磨、自信的受挫、亲人离去的悲痛……在踏上人生路途的时候,我们就该明白前途的坎坷。要接受温润的春和赤烈的夏,就必须接受清冷的秋和寒冽的冬,正像茶叶一样,我们要坦然面对沉浮,让生命散发芳香……

大文豪高尔基曾说:"苦难是人生最好的大学。"生活中,不是因为苦难本身有多么神秘和令人向往,而是因为经历了苦难后,人就会越挫越坚,无往不胜。

18世纪,在法国里昂的一次宴会上,人们就一幅油画是表现古希腊神话还是历史发生了争论。主人眼看争论越来越激烈,就转身找他的一个仆人来解释这幅画。使客人们大为惊讶的是,这个仆人的说明是那样清晰明了,那样深具说服力。争论马上就平息了下来。

"先生,您是从什么学校毕业的?"一位客人很尊敬地问道。

"我在很多学校学习过,先生。"年轻人回答,"但是,我学的时间最长、收益最大的学校是苦难。"

这个年轻人为苦难的课程付出的学费是很有益的。尽管他当时只是一个贫穷低微的仆人,但不久以后他就以其超群的智慧使整个欧洲为之震惊。

他就是那个时代法国最伟大的天才——哲学家和作家卢梭。

上帝创造天才的方式常常独特得不可思议,其实,这之中秘密之一即是苦难。

其实对于每一个人来说,苦难都可以成为礼物或是灾难,你无须祈求上帝保佑、菩萨显灵,选择权就在你自己手里。一个人的可贵之处,就是不轻易被苦难压倒,不轻易因苦难放弃希望,不轻易让苦难伤害自己蓬勃向上的心灵。

弥尔顿,这位英国伟大的诗人,这位失去了光明的战士,这位坚强地立足于苍茫大地的人,在描述自我的境遇时,是这样自勉的:"在茫茫的岁月里 / 我这无用的双眼 / 再也瞧不见太阳、月亮和星星 / 男人和女人 / 但我并不埋怨 / 我还能勇往直前。"弥尔顿、贝多芬和帕格尼尼,他们三位被称为世界文艺史上的三大怪杰,居然一个成了盲人、一个失聪、一个成了哑人!或许这正是上帝用他的搭配论摁着计算器早已计算搭配好了的。

苦难,在这些不屈的人面前,会化为一种礼物,一种人格上的成熟与伟岸,一种意志上的顽强和坚韧,一种对人生和生活的深刻认识。然而,对大多数人来说,苦难是噩梦,是灾难,甚至是毁灭性的打击。

苦难是最好的大学,当然,你必须首先不被其击倒,然后才能成就自己。

生命的雕琢,我们要学会接受

一开始就选择享受的人和一开始就执着奔波、千锤百炼的人最后的结局是后者成了珍品,前者成了废料。

深山里有两块石头,第一块石头对第二块石头说:

"去经一经路途的艰险坎坷和世事的磕磕碰碰吧,能够搏一搏,不枉来此世一遭。"

"不,何苦呢,"第二块石头嗤之以鼻,"安坐高处一览众山小,周围花团锦簇,谁会那么愚蠢地在享乐和磨难之间选择后者,再说那路途的艰险磨难会让我粉身碎骨的!"

于是,第一块石头随山溪滚涌而下,历尽了风雨和大自然的磨难,它依然义无反顾执着地在自己的路途上奔波。第二块石头讥讽地笑了,它在高山上享受着安逸和幸福,享受着周围花草簇拥的畅意抒怀,享受着盘古开天辟地时留下的那些美好的景观。

许多年以后,饱经风霜、历尽尘世之千锤百炼的第一块石头和它的家族已经成了世间的珍品、石艺的奇葩,被千万人赞美称颂,获得无数的殊荣。第二块石头知道后,有些后悔当初,现在它想投入到世间风尘的洗礼中,然后得到像第一块石头那样的成功和高贵,可是一想到要经历那么多的坎坷和磨难,甚至疮痍满目、伤痕累累,还有粉身碎骨的危险,便又退缩了。

一天,人们为了更好地珍存那石艺的奇葩,准备为它修建一座精美别致、气势雄伟的博物馆,建造材料全部用石头。于是,他们来到高山上,把第二块石头粉了身、碎了骨,给第一块石头盖起了房子。

第一块石头,选择了艰难坎坷,懂得放弃享乐,所以它成了珍品,成了石艺的奇葩;只可惜第二块石头,不仅最后落得粉身碎骨的下场,而且成了废物。

一位著名的雕刻师准备塑造一尊佛像以给人供奉,经过精挑细选,他看上一块质感上乘的石头,开始雕刻。没想到才拿起锉刀敲了几下,这块石头就痛不欲生,不断哀号:"好痛,好痛,师傅,不要再刻了,还是让我躺着吧!"师傅只好停工,让其躺在地上,另外找了一块质感差一点的石头重新雕刻。这块石头任凭刀琢棒敲,只是咬紧牙根承受,默然不出一语。师傅渐入佳境,在精雕细琢下,果然将石头雕成了极品。大家惊叹其为杰作,将佛像送到大雄宝殿,供善男信女日夜顶礼膜拜。从此,该庙宇香火鼎盛,远近驰名。

不久,无法忍受雕刻之痛的那块石头被人废物利用,铺在通往庙宇的马路上。人车频繁经过,又要承受风吹雨打,实在痛苦不堪,石头内心愤愤不平,质问庙里那尊佛像,说道:"你资质比我差,却享尽人间礼赞尊崇,我却每天遭受凌辱践踏、日晒雨淋,凭什么?"佛像只是微笑,说:"你天资虽好,却耐不住雕琢之苦,怎能抱怨别人呢?"

战胜心灵寂寞,人生从此不再难过

不同的人生有不同的人生观念,就有不同的人生寂寞。寂寞,是每一个人都不愿与之为伴的,但只要生活在这个世界上,你就逃不脱寂寞的纠缠。寂寞的这种矢志不渝的执着精神实在让人无奈。

喧嚣的人世使人们都希望自己远离寂寞,可偏偏它时隐时现很难绝迹。

当困难和重负压弯了你的脊背,当希望与梦想和你开个玩笑做个鬼脸逃跑时,当遥远的目标在生活苦涩的显影剂中变得虚无缥缈时,当心中的种子拱不动现实板结的土地时,寂寞就会不约而至。它和你促膝谈心,喃喃絮语;它抚慰你,万般柔情。

可以说,寂寞是人生旅途中始终和你结伴而行却又无法摆脱的伴侣,是人生之旅一种驱之不散的状态。它就像藤缠树、树绕藤,与人生相依相伴,互附终生。

亿万富翁的寂寞:一个人不敢逛公园,不敢进饭店。

单身的寂寞:没有爱人陪伴身边,没有能聊天的人,别人似乎不尊重自己。

中年还没有能力成就事业的人的寂寞：前面无根基，一切从头再来。

二十出头的青年的寂寞：感觉无知，不知道怎么样和别人交流，不知道怎么样去处世。当一天和尚，撞一天钟。

雄心勃勃的人的寂寞：哀叹自己是"英雄无用武之地"，但又知道自己不是英雄。

所以不管是哪一个人都会有寂寞。一个人的寂寞，不是名誉地位或有形的幸福所可以消除的。往往我们感到的是灵魂上的寂寞，是有苦有乐无处申说的寂寞，是没有人能真正懂得我们内心苦乐的寂寞。

寂寞并不可怕，可怕的是对一切都没有兴趣。能对人生有热忱，生活才有光亮。

人人都应跟上时代的潮流，否则会落伍，会寂寞。但是在跟随时代脚步的同时，更要能经常保持一份置身事外的旁观者的冷静，才可以知道真正的方向，而在适当的时候，对这时代真正有所贡献。

人生本来就注定要到处漂泊的，因为我们有两只脚，有一个会幻想的脑子。不要把"漂泊流浪"当作是一种可怜的字眼，它正是我们所有人类一生的写照，也是我们应该鼓起勇气去追寻的一种生活。

能在孤独寂寞中完成使命的人即是伟人。如果你领略过真正的孤独与寂寞，而且你曾经用自己的力量战胜孤独寂寞，而找出自己的路，有了自己的创造与成就，你就可以相信，孤独与寂寞并不如你所以为的那样可怕，因为它对你有激励的作用。

孤独并不可怕，可怕的是对什么都没有兴趣。能够对一件事物热衷地去爱好，去钻研，而不愿把时间浪费在其他任何一件事情上的人，他不但不怕孤独，有时反而喜欢孤独。

中国人爱自由爱到极致，寂寞也成为一种令人向往的美。

假如人人都不肯主动地去找朋友，当然大家都会觉得孤独而寂寞，这是人之常理。

个人是渺小的，我们只能尽自己最大的力量去做可能做到的事。人如果太狂妄，就难免寂寞与无助。

能够在单独一个人的时候，不觉得孤单；在冷清的时候，不觉得寂寞；在空闲的时候，不会无所事事，所靠的是内心的丰富与充实。

人与人之间在有形的亲密之下，还是有着无形的距离的。而且这距离有时很远，但是，我们不必为这距离而觉得悲观，我们只是必须承认这是一些事实而已。一个人能承认事实，就会有力量去面对事实，能面对事实，就不会觉得寂寞是可怕的了。

爱静的人对宁静的要求，正是为了要找到自己，听听自己内心的声音，使自己不再寂寞。

因为我们总固执自己的成见，因为我们很少用同情和爱心去为别人设想，所以我们才容易陷于孤立和寂寞。

一个人没有朋友固然寂寞，但如果忙得没有机会面对自己，可能更加孤单。

每个人的不安的心理都是突如其来的，每一个人的寂寞都是与生俱来的。除非你不去深想，除非你以表面上的热闹为满足，否则你总难免会感觉到：即使是在热闹繁华之中，你仍是孤零零的一个。

既然不想在沉默中灭亡，就要学会把心中的寂寞燃烧成照亮自己前进方向的烈火，就要把沉默郁结成可以折射阳光、闪亮自己生活的水晶、钻石。

和一些人聊天，大家不约而同地谈到时下一种令人担忧的心态：浮躁。浮躁大凡是和耐不住寂寞有关的，因此，学会和寂寞相处，对避免产生浮躁心态是非常有益的。

然而，没有寂寞的人生却是有缺憾的人生，能战胜寂寞的人生才可能是圆满的人生。人有时是需要学会和寂寞相处的。辛弃疾在一首词中自嘲："笑我庐，门掩草，径生苔。"这足见他当时身处的环境是何等孤独寂寞。就是在这样的环境中，他读书写作，潜心创作。生活虽然看来索然无味，但他却饶有兴味："味无味处求我乐，材不材间过此生。"可见，成大事者大都善于和寂寞打交道，和孤独交朋友，这是一门艺术，也是人生的一种境界。

和寂寞相处要神情专一。孔子在谈到看一个人能否成就一番事业时总结出三种方式："视其所以，观其所由，察其所安。"意思是看他的所作所为，观察其由来始末，了解他的内心寄托。所谓"安"，按现代人的理解就是"心安理得"，心绪宁静。

宁静，是一种厚积薄发的蓄势，是与轻浮焦躁全然有别的人格修养，

"非淡泊无以明志，非宁静无以致远"，惟心境平和的时候，人才能专一，惟其专一，人才能隐默自守，从从容容，心无旁骛，才能真正做到可为世态炎凉所感，但不为人情冷暖所动，一心干自己的事。其实，人的智商没有大的差别，差别往往在于专注事物的程度不一样。投入精力不一，结果就会大相径庭。

要耐得住寂寞，就要自觉抵制来自各方面的诱惑。《礼记》讲："人生而静，天之性也，感物而动，性之欲也。"可见感物而动是人之天性。人寂寞久了，更容易感物而动。

寂寞常常在人想入非非时钻空子。它不知深浅，你越是困惑烦恼、物欲萌动，它越是和你套近乎、拉关系，这就考验你怎样把握自己，不给它可乘之机。因此，必须要保持心底的那一份纯净，守静如一，安之若素；必须要保持对诱惑的一种警觉，闹处不闹，闲处不闲，静处不静，躁处不躁。这些对自己形成动处守静的人格和习惯都是非常重要的。

耐住寂寞，是一种长期的心理修炼和性格磨砺，是旷日持久的自己与自己较劲，是自己战胜自己的过程。

古人称五十岁是人的知天命之年，泛指此时是人的成熟黄金阶段，对自己偶然的一生算是有个来龙去脉的理解和认识。古人在总结人生经验时总是把它和"命"联系在一起，总结出"天命""立命""正命"等一系列的名词并细说了它们的内涵。

人虽生活在无可计量的偶然性和变化中，但绝不失去自己主宰自己的主动性，这叫"知天命"。"夭寿不二，修身以俟，所以立命""知命者不立乎岩墙下；尽其道而死者，正命也"（《孟子·尽心上》）。这种"立命""知命""正命"，一方面明确了人自身的局限性，另一方面也明确了人生的某种可能性，其意义都是在鼓励人们正确认识和对待自己的人生，把握住自己命运的决定权和主宰权，而绝非听命、认命、宿命。由此，消极地对待寂寞，囿于寂寞，不是积极向上的人生；善于和寂寞相处，战胜寂寞，才是昂扬可取的人生。

机遇可以等待，但也可以创造

诺贝尔的一生和炸药紧密相连，炸药带给他欢乐，也带给他痛苦，带给他责骂，也带给他赞扬。

诺贝尔的父亲就是一个炸药爱好者，很小的时候，诺贝尔就看见父亲研究炸药。父亲研制的水雷曾被俄军用于克里米亚战争中，用来阻挡英国舰队的前进。由于父亲经常换工作，诺贝尔所受的教育多半来自家庭教师。

17岁时，诺贝尔以工程师的名义到了美国，在有名的艾利逊工程师的工厂里实习。实习期满后，他又到欧美各国考察了4年，才回到家中。不久，父亲从俄国搬回瑞典。当时正是采矿业发展的时期，对性能稳定的炸药需求旺盛，诺贝尔决定改进炸药生产。

在诺贝尔之前，中国"四大发明"之一的黑色火药早已传到欧洲。但黑色火药的威力不够大，而另一种新的炸药又是个"暴脾气"，容易爆炸，制造、存放和运输都很危险，人们不知道该怎么使用它。诺贝尔的哥哥曾试图制造出更好的炸药，但却没有实用价值。诺贝尔和他的弟弟一起建立了实验室，继续哥哥的研究。经过多次的试验，诺贝尔终于发明了使硝化甘油爆炸的有效方法，并取得了这项发明的专利权。初获成功之后，意外却降临了。1864年9月3日，实验室发生爆炸，当场炸死了5人，其中包括诺贝尔的

弟弟。这场事故不仅让诺贝尔失去了亲人,也失去了邻居们的信任。再也没有人愿意他在附近办实验室,诺贝尔只好把设备转移到一只船上。几经波折,诺贝尔还是建造了世界上第一个硝化甘油工厂。

但这并不是故事的结尾。世界各国买了他制造的硝化甘油,经常发生爆炸事故:美国的一列火车,因炸药爆炸,成了一堆废铁;德国的一家工厂,因炸药爆炸,厂房和附近民房变成一片废墟;"欧罗巴"号海轮,在大西洋上遇到大风颠簸,引起硝化甘油爆炸,船沉人亡。世界各国对硝化甘油失去信心,但诺贝尔没有灰心,而是去想办法解决硝化甘油不稳定的问题。

1867年7月14日,诺贝尔拉来火药需求商,在他们面前表演了一个重要的节目:他先在一箱安全炸药上点燃木柴,结果没有爆炸;再把一箱安全炸药从大约20米高的山崖上扔下去,结果,也没有爆炸;然后,他在石洞中装入安全炸药,用雷管引爆,结果都爆炸了。这次实验,获得了完全的成功,给参观的人留下了深刻的印象。诺贝尔的安全炸药,确实是安全的。不久,诺贝尔建立了安全炸药托拉斯,向全世界推销这种炸药。如果诺贝尔等着客户来找自己,他可能永远都在自己的小山沟中做实验,走不出实验的范畴。但是既然没有人找到他,他就把别人找过来。炸药的安全性不需要多言,通过对比就一目了然了,别人亲眼看了他的炸药,还有什么好怀疑的呢?

诺贝尔的故事适合那些自认为怀才不遇的人,当你真的有才华的时候,就要创造机会来表现自己的才华!事实上,绝大部分人的成功都是靠自己争取得来的,坐等机会的人,最终很少能遇到天时地利齐备的时候。

成功的人生,始于准确地判断并抓住机会

成就成功者的因素有很多,但是归纳起来不外乎实力和机遇。很多人把修炼内功当成头等大事,这本来不错,但也有点"傻",有时候修炼内功的过程中,也会出现好的机遇,如果你一定要等到自己功夫到家的时候再出山,很可能已经时过境迁了。

其实很多人都是在"修行"的过程中抓住了机遇，才平步青云的。比如最初走上电视屏幕的主持人芭芭拉·沃尔特斯与男主持人哈里·里勒森共同主持晚间新闻时，大家都觉得这是新闻节目的娱乐化，并对此表示质疑。

当女性新闻特派记者和主播出现在美国的电视屏幕上时，女性电视节目主持人开始增加。但在当时以男性为主导的电视界里，女性主持的节目多为以生活、人物、家庭、教育之类内容为主的专栏；更为可悲的是，电视界对女性的才华并不认可，即使有女性主播或特派记者在严肃新闻领域有突出的表现，也往往被认为是靠容貌或者所谓"女性的特殊优势"取胜。因此，当美国广播公司以百万年薪聘请芭芭拉·沃尔特斯与男主持人哈里·里勒森共同主持晚间新闻时，大家都觉得这是新闻节目的娱乐化。

除了电视行业的一片骂声之外，更让人伤心的是，与她搭档的男主持人哈里·里勒森毫不掩饰地对她表示反感。里勒森是一个资深的新闻行家，他每天从街上喝完咖啡回来，进入办公室之后和沃尔斯特一句话都不讲，唯一理会她的是化妆师，她常常委屈地流眼泪，化妆师就劝她："别哭了，你把妆都弄花了。"

很多观众都对一个女人主持晚间新闻感到别扭，沃尔特斯百万美元的年薪也让很多人感到不舒服。"谁都不愿理我，我只好离开那里。这太可怕了！"破纪录的薪水和耀眼的记者地位，与公开遭到拒绝交织在一起，沃尔特斯面临了空前的"反芭芭拉"运动，结果她只好从硬新闻中退出。她的性别，她口音中浓重的"r"音都成为周围人的攻击的把柄。"每天都有可怕的新闻等着我，我只有回家才能逃脱，我觉得我完蛋了，感到没有生活保护者而遭受到没顶之灾。"

幸好 ABC（American Broadcasting Company，美国广播公司）新闻社总裁看出她的窘境，并愿意出手相救。他让一些主持人到华盛顿、芝加哥和伦敦等地去出名，当然，那个拒绝和沃尔特斯合作的最大的明星里勒森不愿意留下，他辞职另谋出路。为了证明 ABC 没有白花钱雇她，沃尔特斯开始强迫自己搞到更大的新闻。"我不能后退。"她说，那段时间，她做出了一生中最多的新闻，她到古巴采访卡斯特罗；到巴拿马采访领导人奥马尔·赫雷拉；她采访以色列总理贝京和埃及总统萨达特。尽管这样劳碌奔波也还是要忍受失败带来的耻辱，但她总算是站住了脚跟。

芭芭拉·沃尔特斯的成功在于，她在绝望的时候获得了一个翻身的机会，而她自己也拼尽全力去抓住这个机会。如果因为害怕就主动放弃，她永远也不会在电视行业出人头地了。别人的成功轨迹看来轻松，但他走的路和用的心，是我们所不知的。只有一条可以确定：任何成功的人生，都是从准确地判断并抓住机遇开始的。

机遇只青睐那些有准备的头脑

天下没有免费的午餐，机遇总是偏爱那些有准备的人。这两句话并不矛盾，所有的机会都是公平的，但并不表示所有人把握机会的概率是相同的，有准备的人自然是概率大很多。

在西方流传着这样一个故事：

许多年前，一位聪明的国王召集了一群聪明的臣子，给了他们一个任务："我要你们编一本各时代的智慧录，好流传给子孙。"这些聪明人离开国王后，工作了很长一段时间，最后完成了一本十二卷的巨作。

国王看了以后说："各位先生，我确信这是各时代的智慧结晶，然而，它太厚了，我怕人们不会读，把它浓缩一下吧。"这些聪明人又长期努力地工作，几经删减之后，把它浓缩成了一卷书。然而，国王还是认为太长了，又命令他们再浓缩，这些聪明人把一卷书浓缩为一章，又浓缩为一页，然后减为一段，最后变为一句话。

国王看到这句话后，显得很得意。"各位先生，"他说，"这真是各时代智慧的结晶，并且各地的人一旦知道这个真理，我们大部分的问题就可以解决了。"

这句话就是："天下没有白吃的午餐。"

第一个进入太空的中国人杨利伟，为什么那么幸运？听听他的话我们就能明白："现在我一闭上眼睛，座舱里所有仪表、电门的位置都能想得清清楚楚；随便说出舱里的一个设备名称，我马上可以想到它的颜色、位置、作用；

操作时要求看的操作手册，我都能背诵下来，如果遇到特殊情况，我不看手册，也完全能处理好。"如果不是经过魔鬼训练的重重考验，他怎么能在众多的后备人选中把握住这个机会呢？

我们中国人做事讲究"天时、地利、人和"，充分的准备用现在的话来说，不外乎这些因素：

1. 观察力

具有敏锐的观察力，才能及时捕捉到看起来微不足道的偶然事件。

2. 判断力

在人们发现的机遇中，并不是每一个意外情况都有价值，都值得探索，都有成功的希望。这就需要准确判断，从各种机遇中抓住有希望的线索，抓住有价值、有潜在意义的线索。这一点对于确定是否进一步探寻机遇所提供的线索有决定性意义。

3. 创新意识

机遇是意外的、异常的，因而用常规方法抓住机遇是很困难的，这就需要有创新意识，能不断寻求新的对策和方法。

4. 事业心

只有把自己的思想和行为与事业紧密相连的人，才有可能把机遇与发展事业、搞好工作联系起来，为了事业而刻意求索。头脑的准备，不仅是心理、意识的准备，而且还包括经验和知识的储备。因为处理机遇很难像一般事务那样有计划、有目的、有步骤，主要是凭自身的经验、知识的积累进行决策，因此你必须有丰富的经验、渊博的知识与合理的知识结构，这样，在机遇出现时，才能触类旁通、引起注意、努力思考、作出判断。现代社会竞争日趋激烈，一个机遇往往被几个人同时捕捉。在这种情况下，究竟谁能把捕捉到的机遇利用起来，这就要取决于实力的对比和竞争了。要取得随机决策的成功，机会和实力两个条件缺一不可。"机遇只偏爱有准备的头脑"，这是一句早为人们所熟稔的名言，其中所包含的朴素真理一次次为实践所证实。要想牢牢抓住机遇，就为机遇的来临做好准备吧。

风险的背后，就是机会和成功

并不是每一个机会都是带着桂冠来到我们身边的，有些机遇往往披着危险面罩，使很多只看表面的人望而却步。那些善于思考的人，往往能变"危机"为"良机"。

大家或许对2009年的经济危机并不陌生，媒体也有过铺天盖地的报道，但它与1873年、1929年的经济危机不同的是，1873年只是美国国内的经济危机，1929则是西方国家的经济危机，而2009年，是全球性的经济危机。

危机来临，股票狂跌、市场疲软、企业倒闭、工人失业、大学生就业困难，人们的生活受到了不同程度的影响。但是，当危机肆虐的时候，难道我们就没有应对它的法宝了吗？答案是否定的。

从"危机"一词的组合中我们可以看出：危险中往往蕴藏着新的机会。这里有两个故事，也许会给我们一些启发：

第一个故事：

从前有一座名城中最繁华的街市失火，火势迅猛蔓延，数以万计的房屋商铺在一片火海之中顷刻之间化为废墟。有一位富商苦心经营了大半生的几间当铺和珠宝店也恰在那条闹市中。火势越来越猛，他大半辈子的心血眼看毁于一旦，但是他并没有让伙计和奴仆冲进火海，舍命抢救珠宝财物，而是不慌不忙地指挥他们迅速撤离，一副听天由命的神态，令众人大惑不解。然后他不动声色地派人从家乡河流的沿岸平价购回大量木材、石灰。当这些材料像小山一样堆起来的时候，他又归于沉寂，整天逍遥自在，好像失火压根儿与他毫不相干。

大火烧了数十日之后被扑灭了，但是曾经车水马龙的城市，大半个城已经是墙倒房塌，一片狼藉。不几日，宫廷颁旨：重建这座城市，凡销售建筑用材者一律免税。于是城内一时大兴土木，建筑用材供不应求，价格陡涨。这个商人趁机抛售建材，获利颇丰，其数额远远大于被火灾焚毁的财产。

第二个故事：

有位经营肉食品的老板，在报纸上看到这么一则毫不起眼的消息：某地发生类似瘟疫的流行病。他立即想到瘟疫一旦流行起来，一定会传到相邻地区，而与该地相邻的两个地区是肉食品的主要供应基地。

如果发生瘟疫，肉类食品供应必然紧张，肉价定会飞涨。于是他先派人去该地探得真情后，立即调集大量资金购买大批菜牛和肉猪饲养起来。过了不久，该地的瘟疫果然传到了相邻的两个地区，市场肉价立即飞涨。时机成熟了，他大量售出菜牛和肉猪，净赚百万美元。

任何危机都蕴藏着新的机会，这是一条颠扑不破的人生真理。很多时候看起来毫无价值的信息，在会思考的人心中就是一个好机会。受苦的人会把不幸当成人生的痛苦，而积极向上的人总是能把苦难当成使自己飞得更高的财富。

机遇是靠自己争取的

索富克勒斯这样说过："机会要靠自己争取，机会是一切努力之中最杰出的船夫。"而比尔·盖茨曾教导微软的员工："只要你善于观察，你的周围到处都存在着机会；只要你善于倾听，你总会听到那些渴求帮助的人越来越弱的呼声；只要你有一颗仁爱之心，你就不会仅仅为了私人利益而工作；只要你肯伸出自己的手，永远都会有高尚的事业等待你去开创。"比尔·盖茨之所以能开创辉煌的事业，是因为他总是能够全力以赴，并以他独特的眼光捕住身边转瞬即逝的机会。

生活中许多人常常会舍近求远，到远处去寻找自己身边就有的东西。而机遇往往就在你的脚下。

有这样一个故事。

一位船长讲述道："天正渐渐地黑下来。海上风很大，海浪滔天，一浪比一浪高。有一天晚上我们碰到了不幸的中美洲号，我给那艘破旧的汽船发了

个信号打招呼,问他们需不需要帮忙。

"'情况正变得越来越糟糕。'中美洲号的亨顿船长朝着我喊道。'那你要不要把所有的乘客先转移到我船上来呢?'我大声地问他。'现在不要紧,你明天早上再来帮我好不好?'他回答道。'好吧,我尽力而为,试一试吧。可是你现在先把乘客转到我船上不更好吗?'我问他。'你还是明天早上再来帮我吧。'他依旧坚持道。

"我曾经试图向他靠近,但是,你知道,那时是在晚上,夜又黑,浪又大,我怎么也无法固定自己的位置。后来我就再也没有见到过中美洲号。就在他与我对话后的一个半小时,他的船连同船上那些鲜活的生命就永远地沉入了海底。船长和他的船员以及大部分的乘客在海洋的深处为自己找到了最安静的坟墓。"

亨顿船长曾经离救援船咫尺,他却没有抓住这个机会,在他面对死神的最后时刻,深深地自责又有什么用?他的盲目乐观与优柔寡断使得许多乘客成为牺牲品!

其实,在我们的生活当中,有很多像亨顿船长这样的人,只有在失去之后才幡然悔悟，认同了那句古老的格言"机不可失，时不再来"。然而，这时一切已经太迟了。

善于利用机会就如同给成功埋下了一粒种子，终有一天，这些种子会生根、发芽、结果，这样给他们自己或是别人带来更多的机会。每个一步一个脚印、踏踏实实工作的人其实正在离机会与幸福越来越近，可以选择的道路也会越来越宽，越来越平坦。只有运用自己的主动性不断向机会靠近，才能赢得机会。

机会的大门向所有的人都是敞开的，无论是头脑清醒、才华横溢的科学家，还是温文尔雅的学生，无论是谨慎细致的公务员，还是兢兢业业的公司职员，机会的存在形式都是一样的。成功的机会是无限的，在每一个行业中都有无数的机会，但是，每个机会又都是稍纵即逝的，除非有人抓住它，并善加利用。

每当面对困难时，不妨停下来问问自己："这个困难之中，可能藏有什么机会呢？"当你发现了机会，你就超越你的对手了。常常有人终其一生在等待一个完美的机会自动送上门，这样他们便可以拥有光荣的时刻。直到他们了解，每一个机会都属于那些主动寻找的人，才后悔不该坐等机会的到来！

如果你对你的未来有具体的计划，不要犹豫了！别蹉跎空候，也别期望成功会自然到来，当你确定自己所要的是什么，就全力以赴地去争取，只有这样你才有成功的希望。只有不负责任的人才总是抱怨自己没有机会，没有时间；而那些永远在孜孜不倦地工作着、努力着的人能够从琐碎的小事中找到机会，并紧紧抓住细小的机会，去利用它们完成自己的计划。

每个人的体内都包含了诚实的品质、热切的愿望和坚忍的品格，这些都让人们有成就自己的可能；人们的前方还有无数伟人的足迹在引导着、激励着人们不断前行；而且，每一个新的时刻都给人们带来许多未知的机遇。一个聪明的人，只要把握住这些"未知的机遇"，就能够为人生目标进行拼搏，赢得人生。

有"心机"才能发现转机

在每个人的生活中都会遇到这样或者那样的困难,当面临困境的时候,有的人能够在困境中突围,从而得到更好的发展,而有的人却被困境拖垮。有两种截然不同的结果是因为:从困境中突围的那个人认真观察生活的细节,思考转败为胜的良机,并在关键时刻抓住机会,奋力一战,取得成功;而失败者没有动脑筋发现生活的转机,以致耽误了突围的最佳时机而以失败告终。

有时生活中遇到的事情看起来很糟糕,有心人会通过自己的细心发现其中的转机,抓住转机就能获得巨大的成功;对于无心的人来说,这些糟糕的事情就像压在心中的石头一样,一直压着自己,让自己一直不能翻身。

"年轻人的机遇不复存在了!"一位学法律的学生对丹尼尔·韦伯斯特抱怨说。"你说错了,"这位伟大的政治家和法学家答道,"最顶层总有空缺。"

对于善于利用机会的人,世界到处都是门路,到处都有机会。我们总能依靠自己的能力尽享美好人生,这种能力既给了强者,也给了弱者。弱者与强者相比较而言,缺少的就是强者的观察力和对于生活中的机遇的判断力。

把一块固体浸入装满水的容器,人人都会注意到水溢了出来,但从未有人想到固体在容器中的体积等同于同体积水这一道理,只有阿基米德注意到这一现象,并发现了一种计算不规则物体体积的简易方法。

用心发现生活中的每一个转机,一个小小的发现也可能造就一生的成功。在遇到困境的时候,不要一味地沉浸在悲伤的氛围中或者是一味地抱怨之中,而是要走出来,多看看,多思考外面的世界,或许突然之间的一个发现会让你灵感顿生,一个新的解决困境的方法就由此诞生。而伤心和抱怨是无论如何也不能解决当前的困境,只会徒添烦恼。对于一个不善于观察生活的人来说,是永远也看不见生活的转机的。

只有擦亮双眼,用心思考,才能发现隐藏在我们生活的一些细小的事情中的机会,抓住机会在绝境中逢生,不断前进。

第十一章

淡看世间风光，枯荣皆有惊喜

人生如梦，当知天乐，对酒当歌，人生几何，遇饮酒时须饮酒，得高歌处且高歌。

在大起大落间保持平常心

在短暂而又漫长的人生道路上，会出现许许多多的坎坷，这是很正常的现象，因为天有阴晴、月有盈亏、人有祸福，不经历风雨哪能见彩虹，只有把一切坎坷看清楚、看明白，我们的人生才能快乐和幸福。

这世界本身就有太多的无奈，也有太多需要我们追求的东西，如果总是把自己放入永无出头之日的忙碌追寻之中，便会陷入一种恶性循环中无法自拔，便失去了悄然生活的意义。所以我们要释放自己，不必患得患失，不必伤感彷徨，始终平常淡然。悠悠岁月中，我们都是你来我往的过客，所有的故事都是人生舞台上必然上演的剧目，我们大可从容走过，无须彷徨，无须失意，无须痛苦。我们唯一能做的就是坦然面对一切，保持一种怡然心境。正如徐志摩《再别康桥》中的人生境界："悄悄地我走了，正如我悄悄地来，我挥一挥衣袖，不带走一片云彩。"

很多人害怕坎坷，实际上，坎坷会给我们带来不一样的经历，我们可以在挫折中磨炼自己，可以在悲喜间发现新的自己，这样的收获比起一帆风顺的人生，其实更有滋味。所以不要抗拒悲悲喜喜的坎坷，这

才是人生。

我们要有一种处世坦然、怡然自乐的境界,面对人世无常能处变不惊,始终以一颗平常心去看待形形色色的人,看待所有的愁云惨雾;不论面对什么事都能波澜不惊,无论什么事都不放在眼里,心里坦坦荡荡静如止水。

是生活就免不了磕磕绊绊,免不了"悲看起落愁正长"。人生的起起落落是永远无法退场的,恩怨情仇永远是人生不可或缺的成分。正是这样,人生的路途才会色彩斑斓,才会美丽无比。若我们能以平和的心态面对,你会发现这世界中的一切都是理所当然,都是值得理解的。那些人事、那些天命正在成为或者已经成为过去,我们不必因此而耿耿于怀、黯然神伤。去了的不会再来,唯有明天才有希望。

所以,忘记那些人间的世事无常、大起大落,淡然地过好现在的每一天,以平和坦然的心境去面对生活,去掉"年轻气盛"的那份冲动与激情,多些成熟,少些躁动,多点儿深思熟虑,少点昭举妄礼。

看庭前花开花落,宠辱不惊

陈眉公辑录的《幽窗小记》中记录了明人洪应明的对联:"宠辱莫惊,闲看庭前花开花落;去留无意,漫随天外云卷云舒。生固欣然,死亦无憾;花落还开,水流不断;我今何有,谁钦安息?明月清风,不劳寻觅。"

现在的人大多觉得活得很累,不堪重负。大家很是纳闷,为什么社会在不断进步,而人的负荷却更重、精神越发空虚、思想异常浮躁?的确,社会在不断前进,也更加文明了。然而文明社会的一个缺点就是造成人与自然的日益分离,人类以牺牲自然为代价,其结果便是陷于世俗的泥淖而无法自拔,追逐于外在的物质而不知什么是真正的美。金钱的诱惑、权力的纷争、宦海的沉浮让人殚心竭虑,是非、成败、得失让人或喜、或悲、或惊、或诧、或忧、或惧,一旦所欲难以实现,一旦所想难以成功,一旦希望落空成了幻影,就会失落、失意乃至失志。

我们主张人生应当宠辱不惊,并不是要人们从此处于麻木状态,放弃力争上游的锐意与拼劲,而是面对宠与辱都要静下心来,审视自己,不能遇辱一蹶不振,心如枯井,意志消退,惶惶不可终日;也不能得宠就桀骜不驯,咄咄逼人,甚至忘记了自己姓甚名谁。宠辱不惊,是一门生活艺术,更是一种处世智慧。

得人信宠时勿轻狂,莫忘"贺者在门,吊者在闾";受人侮辱时忌激愤,犹记"吊者在门,贺者在闾",如此清醒应对,便不难达到"不以物喜,不以己悲"的思想境界。古往今来万千事实证明,凡是有所成就者无不具有"宠辱不惊"这种极可宝贵的品格。

19世纪中叶,美国实业家菲尔德率领他的船员和工程师们,用海底电缆把"欧美两个大陆联结起来"。菲尔德因此被誉为"两个世界的统一者",一举而成为美国最光荣、最受尊敬的英雄。但因技术故障,刚接通的电缆传送信号中断,顷刻之间,人们的赞辞颂语骤然变成愤怒的狂涛,纷纷指责菲尔德是"骗子"。面对如此悬殊的宠辱逆差,菲尔德泰然自若,一如既往地坚持自己的事业。经过6年努力,海底的电缆最终成功地架起了欧美大陆的信息之桥。宠也自然,辱也自在,一往无前,否极泰来,菲尔德之所以为菲尔德,便基于此。

人生在世,有褒有贬,有毁有誉,有荣有辱,这是人生的寻常际遇,无足为奇。为君子者,不妨宠亦坦然,辱亦淡然,豁达大度,一笑置之。

人生苦旅,等闲视之

时间在不知不觉中悄悄溜走,岁月在漫不经心中静静流逝,生命在平平淡淡中慢慢老去。如今,人生的路程已走完了大半,至今人未悴,心已老,激情不再有,惰气长相随,到了不是结局的结局。

孔子说:"三十而立,四十而不惑,五十而知天命。"回首沧桑,不禁感叹:三十未立,四十犹惑,现在还碌碌无为,该顺应天命了。人生苦短,岁月无情,命运已定,万事皆休。应该收心敛性,淡定从容地去面对生活、看淡人生。

古往今来，又有多少人能够看淡人生呢？当今社会，物质丰富，生活多彩，物欲横流，食色俱全，又如何能做到看淡人生？

其实，人生谁也看不淡。

看淡人生，只是安然满足者劳碌有得、家和事顺的慰藉；

看淡人生，只是坎坷失意者时运不济、命运多舛的无奈；

看淡人生，只是功成身退者门前冷落、世态炎凉的怅叹。

看淡人生，以一种平静恬淡的态度去对待人生。人生过半，当顺天命，不必对过去懊丧嗟叹，对未来斤斤计较。不必为未知的命运背上沉重的行囊，负重而行。

看淡人生，应是心理上的定位：人生过半，当明天理，山有高低，人有高下。命中若有自会有，命中若无莫强求。

看淡人生，应是心态上的调整：人生在世，当解天律，生不带来，死不带去，万里长城今犹在，不见当年秦始皇。

看淡人生，应是心情上的纾解：人生如梦，当知天乐，对酒当歌，人生几何，遇饮酒时须饮酒，得高歌处且高歌。

看淡人生，应看淡功名利禄，看轻荣辱得失。富贵无意，荣辱不惊，厚德积福，逸心补劳。

　　看淡人生，应坚持自我，为自己而活。酒逢知己饮，诗向会人吟。坦荡磊落，不卑不亢，不趋炎附势，不摧眉折腰。

　　看淡人生，应知足常乐，坦然面对现实，从容应对艰难，淡定承受困苦，少一份失落，少一份困扰，多一份满足，多一份快乐。

　　看淡人生，是一种境界与豁然。涉世历事，有所为，有所不为，有所争，有所不争，有所求，有所不求。自身利益不轻丢，身外利益不强求。

　　看淡人生，是一种包容与释怀。持身待人，以责人之心责己，恕己之心恕人，渡尽劫难兄弟在，相逢一笑泯恩仇。

　　看淡人生，是一种责任与义务。人生过半，当知父母恩深终有别，夫妻义重也分离。应孝敬父母，夫妇互重，关爱子女，呵护家庭。

　　看淡人生，使心灵不再受世俗的羁绊，潇潇洒洒，淡淡定定，从从容容，快快乐乐。把紧锁的眉头舒展，让久违的笑声从心底传出。

　　人生如梦，看淡人生，才能对人生中的那些坎坷失望等闲视之。

时刻保持一份淡然的心境

　　人在大多时候活的是一种心境，也就是一种感觉。一个人应理清自己的思绪，知道自己能做什么和该做什么。人的一生不可能风平浪静、一帆风顺，但要是真遇到了事情，能淡定自如、顺其自然就是一种很好的心态，也是一种很高的素质，这也是我们一直追求的人生目标。

　　人在大多时候，并不在乎事情的本身，任何事情随着时间的流逝都能被淡忘，或被封尘在记忆的最深处，而真正走不出的总是自己的心。人要是能换位思考，学会逆向思维，往往事情就好办多了，苦思冥想的问题也就很容易想通了。任何事情都是一样的结果，真情能经得住时间的考验，假意终究会失去耐心；伪装最终会被识破，真相总会大白于天下。

人在多数时候只注重事情的结果，而忽视整个过程的享受；其实过程远比结果更有魅力。会享受过程的人才是真正懂得享受人生的人，因为往往你寄予的希望有多大，失望也就有多大。

人在大多时候总以为自己是反传统的，可真遇到事情了，不一定就比别人做得更好，临了也免不了还会笑话别人，可终究忘了要是站在传统里反传统，只能是站在原地。人生一世，贫与富、贵与贱、荣与辱、得与失在所难免，重要的是我们应当学会在生活中寻找一个平衡的坐标，让自己不因得意而张扬，不因失意而沉沦，在面对生命的大喜大悲或者生死无常的时候，能以一种淡然的心态来对待一切，而那些人生中的名缰利锁和悲欢离合也自会纷纷落地成尘。正所谓真英雄自洒脱，真名士自风流。

不经历风雨怎能见彩虹，成功也好，失败也罢，所有的事情都来得很自然。有失败就会有成功，有完美就会有缺陷，保持顺其自然的心境面对生活，面对人生记忆里或者正在发生的新鲜的事和物。曾经拥有的不要忘记，已经得到的要更加珍惜，属于自己的不要放弃，已经失去的就留作回忆，想要得到的就要更加努力。

淡定不是平庸，而是一种超然的生活态度，你可以在平淡中感受着寻常的幸福——身边不会缺少好心人，父母总是在你最需要的时候给你最大的支持，庆幸也还有那么几个知心好友……我们要在平凡的生活里怀揣一颗感恩之心，学会赞美，学会宽容，把信心的口袋装满，修复日见粗粝的灵魂，活得简单而有味道。

事业重如山，名利淡如水

人生只有两条船，一条为名，一条为利。也许，应该属于你的"名"，得到者非你；也许应该是你的"利"，拥有者非你。视名利淡如水，看事业重如山，真正体现人生价值的，不是一个人名利的多少，而是看你做了什么、做成了什么，你是否拥有足够的自信与坦诚。

虽然世人都知道名利只是身外之物，但是却很少有人能够躲过名利的陷阱，一生都为名利所劳累，甚至为名利而生存。一个人如果不能淡泊名利，就无法保持心灵的纯真，终生犹如夸父追日般看着光芒四射的太阳，却永远追寻不到，到头来只能得到疲累与无尽的挫折。其实静心观察这个物质世界，即使不去刻意追赶，阳光也仍旧会照耀在我们身上。

世界上最著名的大科学家爱因斯坦和居里夫人，对大多数人所汲汲追求的名声、富贵、奢华都看得非常淡，也因此留下了无数的佳话。尽管是国际知名的大科学家，爱因斯坦却说，除了科学之外，没有哪一件事物可以使他过分喜爱，而且他也不过分讨厌哪一件事物。据说在一次旅行中，某艘船的船长为了优待爱因斯坦，特意让出全船最精美的房间等候他，爱因斯坦竟然严词拒绝了。他表示自己与他人并无差异，所以不愿意接受这种特别优待。这种虚怀若谷、坦然率真的人品，成为许多人诚心敬佩的对象。

居里夫妇在发现镭之后，世界各地纷纷来信希望了解提炼的方法。居里先生平静地说："我们必须在两种决定中选择一种。一种是毫无保留地说明我们的研究成果，包括提炼方法在内。"居里夫人做了一个赞成的手势说："是，当然如此。"居里先生继续说："第二个选择是我们以镭的所有者和发明者自居，但是我们必须先取得提炼铀沥青矿技术的专利执照，并且确定我们在世界各地造镭业上应有的权利。"取得专利代表着他们能因此获得巨额的金钱、舒适的生活，还可以传给子女一大笔遗产。但是居里夫人听后却坚定地说："我们不能这么做，如果这样做，就违背了我们原来从事科学研究的初衷。"她轻而易举地放弃了这唾手可得的名利，如此淡泊名利的人生态度，使人们都能感受到她不平凡的气度。

两位科学大师的非凡气度为拼命追求名利的世人留下了一面明亮的镜子。一个人如果拥有一颗纯真的心灵，在自己应该做的事情中尽了全力，他的成就自然而然就会显现出来，他理所当然可以得到应该得到的人世间的荣耀。所以，淡泊名利、无求而自得才是一个人走向成功的起点。

是非成败转头空

不要以成败论人生，一切由心而出的经历都是尊贵的，都是神圣的。

成功与失败客观地摆在世人面前，然而，人们都渴望成功、不愿失败。成与败都不以人的主观愿望为转移，而是取决于人们对生命之舟的驾驭能力，但只要成不骄、败不馁，一旦成功自欢喜，直面失败也风流。

成功是一种社会概念，事业的成功是属于个人的，也是属于社会的。希望成功是一种良好的愿望。成功意味着辛勤的汗水结出了丰收的硕果；意味着奋力地登攀跨上了崭新的台阶；意味着艰辛的求索取得了重大的突破。"如果你希望成功，当以恒心为良友，以经验为参谋，以当心为兄弟，以希望为哨兵（爱迪生语）。"当你满载着这些"天兵天将"出航，成功就在彼岸。

一个人为自己的事业取得进步与成功而高兴乃人之常情，也无可厚非，同时真诚地为别人的进步与成功而高兴则难能可贵。然而一个有良好的思想、品德、气度、情操的人，总是以人类的进步为重，由衷地为别人获得进步与成功高兴，并给予热情支持和帮助。正如一位哲人所说："生命的另一种意义，便是为别人掌一盏灯。"为别人掌一盏灯，就会使人们像星星一样彼此照耀，世界就会变得更加光明、更加灿烂、更加辉煌。

失败是一种带有怪异的麻辣味道的特殊食品。初次品尝，生性浮躁的人免不了大摇其头，大咋其舌，不堪卒食；气质沉稳者则会细细咀嚼，从中吸收有益的营养成分。

世界上没有人希望失败光顾自己，但失败却常常不可避免。它是组成生命不可或缺的环节，是生活乐章中并非多余的音符。没有失败的人生，就像没有盐的食物，是残缺的、寡味的人生。

不愿失败是一种理想，正视失败是一种修养。面对失败时有的人站在高处看待它，冷静地总结教训，结果获得了力量和智慧；有的人陷入失败的泥沼不能自拔，因而丧失了勇气和信心。前者是暂时的失败，后者是彻底的失败。暂时的失败，失掉的仅是一次成功的机会，并没有失去成功本身；彻底

的失败是在失去了成功本身的同时，连自己也失掉了。

的确，"失败"是个消极的字眼，连它的声音都是消极的。除了"死亡"之外，没有别的字眼比它更令人生畏，但是不可避免，我们每个人在人生道路上都要或多或少地遇上它，那该如何去面对呢？其实只要有一个积极的思维和心态，然后有达到目标的坚定信念和毅力，这样，失败就不再成为成功路上的绊脚石。

不管是成功还是失败，其实都是一样的，人生百年，白驹过隙，是非成败转头空，古今多少事，都不过是一场笑谈而已，无须太在意。

随高就低，顺其自然

有一种美叫随高就低。

这是一种由内心世界向外发散的信息，不依赖话语。这是一种境界，是一种生活态度；是人生历练后的睿智，是对生活的感悟；是涵养，也是心智的结晶；更是我们穷其一生不懈的追求。理想不一定是权势或者金钱，而是一种心灵的寄托，是给我们心灵储备快乐的资源。一个人内心的感受，永远比他外在的业绩更加重要。我们每个人都有自己的理想，但当我们在繁忙的工作中去追求自己的理想时常常会忽略了我们自己内心的感受。在竞争激烈的现代生活中，一个人是否能够成就一番事业，并不在于他给自己定了多高的目标，而在于他的内心是否能有一种淡定的理念，是否能把握自我。

人生面对的永远是十字路口。比如经商要面对的只是成功与失败两条路，没有中庸之道；谈恋爱要面对结婚与分手……顺其自然方为悟道者所为，成功与失败永远是一对孪生兄弟，有成功自然就有失败。人生在世，事事成功，事事顺利，自然是莫大的福分，但这恐怕连神仙也难保证。假如我们不幸遭遇了失败，也应该乐观地看到，作为一个健全的正常人，一生之中最起码也要在感情上失恋一次，在事业上失败一次，在选择上失误一次……才能成长，才有可能去赢得成功的垂爱。

无论人生遇到什么样的际遇，都会有两个可能，一个是好的可能，一个是坏的可能，在好的可能中藏匿着坏的可能，而坏的可能中又隐含着好的可能，关键是我们以什么样的眼光、什么样的心态、什么样的视角去对待它；如果用乐观旷达、积极向上的心态去看待，那么坏的可能也会成为好的可能；如果用消极颓废、悲观沮丧的心态去看待，那么好的可能也会看成是坏的可能。

一个人在一生之中，常常会面临许多抉择，尤其是面对那些"未知"的抉择时，我们常常会因为"未知"而感到恐惧、感到担心、感到难以把握。因为，我们不自觉地运用了那种消极颓废、悲观沮丧的心态，先入为主地去看待"未知"的一切。我们太害怕失败，我们太看重得失，我们把那未知的一切都看成了坏的可能，心中一旦有得失的牵绊、失败的担忧，便样样无所适从、事事瞻前顾后，结果反倒把许多好的可能都丧失了、错过了、荒废了。

所以跋涉的人们，把心态调整到"一切顺其自然"，勇敢坦然地面对人生吧！

天塌下来也要淡定

淡定的人会在世事的牵累、终日的忙碌中偷出空闲，滋养自己，用自己的淡然去呵护心灵，呈现出来的是阳光的笑容、端庄的气度、深厚的内涵。

淡定的人善待生命，沉稳而不缺少热情，淡然而不缺少善良。淡定的人，总能以微笑面对困难、面对环境，不为日常琐事而烦恼，不为生活的压力而焦虑，不为现代人儿女情长的善变而忧郁。失意时，用笔记录潮起潮落的心绪；挫折面前，告诫自己重新振作，适应新的处境；苦难面前，命令自己跨过颓唐，去拥抱新的一轮红日。

从容淡定的人总是笑看人生，虽然他们已不再年轻，也许岁月的印痕已刻上额头，也许病痛在折磨着他们，也许世态炎凉已把年轻时的梦打碎，但在人生路上，他们仍会以矫健的步伐勇往直前，把欢乐和笑声传递给他人，他们是生活的强者，因为他们可以不斤斤计较，可以不为烦琐困扰，可以不因窘境而沮丧，可以不被压力所逼迫……他们完全是超脱的，以至于一颦一笑、一举一动都如轻风似流水，尽显个性本色。

淡定的人是水，在山涧小溪，他们是单纯清澈的水滴；在飞天瀑布，他们是奋不顾身的飞花碎玉；在浩瀚的大海，他们又如汹涌的波涛一次次朝礁石撞击。

淡定的人是画，一幅清新隽秀的山水画。无论外界风卷云涌、世事变迁，内心总是一派处事不惊、安详宁静的意境。

淡定的人生呈现出的是历尽沧桑却依然随遇而安的美丽。

望天上云卷云舒，去留无意

朋友见面，总会互诉衷肠，聊聊单位的人际关系、社会的复杂和人与人之间的差异。聊到伤心处，不免潸然泪下，眼里满是愤世嫉俗的悲凉，有些无奈，有些落空。

在大千世界里，面对人世间的纷纷扰扰，不争名、不夺利，能让自己独自拥有和享受一份平和，以"闲闲看过"的心态为人处世，无疑是一种幸福的能力。

人生短短的几十年，一路走来有得亦有失，面对得到和失去，是否也曾患得患失、斤斤计较，缺少潇洒的气度？对于功名利禄，是否过于在乎、胆小谨慎，丢失了个性？

对于浮世繁华，因为太在乎、太计较，所以没了那份"闲闲"的兴致。

"闲闲看过"不是消极处世，在某种意义上，它只不过是一种用平和的心境、一颗平常心待人处世的生活方式。

因为闲适的心境，你不必再为调职晋级苦苦争斗，自知平日里已努力做了属于自己的那份工作，或许也有不尽如人意之处，或许也有错误与疏漏。

总之,只要尽力了,评说之事虽在旁人,却从不为溜须拍马、阿谀奉承所累。

因为闲适的心境,你会暂时放下自己的处境,去维护一种公正,哪怕你所维护的是极少数人的观点与意见,也许会因此而使自己更为孤立无援,或者被人所睥视,但你执着地坚信着,公正最终是公正的。

因为闲适的心境,整日里可以看到你笑得通红的脸,看到你无忧无虑的神情,看到你专注于学识的眼神,看到你宽敞明亮的心胸。

因为闲适的心境,你从不羡慕虚荣;因为闲适的心境,你真诚地赞许别人的才能;因为闲适的

心境,你从不掩饰你从农舍里走出;因为闲适的心境,你有很多的朋友,他们也许无权无钱,却可以在你困境的时候伸出援手;因为闲适的心境,你会为朋友的冤屈给出证言,哪怕置自己于被误解被冤屈的境地;因为闲适的心境,你爱着每一个善良的人,不管是街头修鞋的大叔,还是报亭里那个下肢残疾的年轻人;因为闲适的心境,你恨着每一个邪恶的灵魂,不管与你的利益是否相干;因为闲适的心境,你把机会让给更需要的人;因为闲适的心境,你用自己的双手创造机会。

保持"闲闲看过"的心态,是处理好生活中各种琐事的前提,只有心境悠闲时,我们才能冷静地用一双慧眼去看事、看人、看物,才会将世间百态尽览眼底。陶渊明身着粗衣,却能"采菊东篱下,悠然见南山";刘禹锡身处陋室,也能心平气和地"调素琴,阅金经"。他们都曾仕途坎坷,遭遇沦陷,但因为有了"闲闲看过"的心态,才得聊以自慰,悠然自得,在山水天地间畅快游弋。

以淡泊的心境看待人生

做人要有几分淡泊的心态,否则欲望会让你痛苦不堪。

人生贵在淡泊,古往今来,多少名士终其一生都在向往或操守着淡泊的心境。"采菊东篱下,悠然见南山",陶渊明算得上是个淡泊者;"一箪食,一瓢饮,不改其乐",凭着淡泊,颜回成了千古安贫乐道的典范;钱锺书学富五车,闭门谢客,静心于书斋,潜心钻研,著书立说,留下了旷世名篇;齐白石晚年谋求画风变革,闭门十载,破壁腾飞,终成国画巨匠。

淡泊是人生的一种坦然,坦然面对生命中的得失;淡泊是人生的一种豁然,豁然对待人生中的进退;淡泊是对生命的一种珍惜,珍惜眼前,从不好高骛远。

拥有淡泊的人是幸福的,淡泊使人心更加宁静、更加自由、没有羁绊。淡泊是不慕名利,远离喧嚣和纠缠,走向超越。淡泊是在遭受挫折时仍有与花相悦的从容，淡泊是别人都忙于趋本逐利时仍然保持恬静。淡泊是一种修养，一种气质，一种境界。

淡泊的人生是一种享受，守住一份简朴，不再显山露水；认识生命的无常，时刻保持一种既不留恋过去、又不期待未来的心态。淡泊人生，并非消极逃避，也非看破红尘，甘于沉沦。淡泊是一种境界，要做到真正的淡泊，没有极大的勇气、决心和毅力是不行的。

唐朝著名高僧慧宗禅师特别喜欢兰花，于是带着一群小和尚辛勤栽培。第二年春天，满山开满了兰花，小和尚们都高兴得合不拢嘴。不料一场暴风雨之后，满山的兰花被乱七八糟地打倒在稀泥里，花朵撒了一地。小和尚们看到后都忐忑不安地等待高僧的数落，哪知高僧却平心静气地说："我栽花是为了寻找爱好和乐趣，而不是要得到愤怒和埋怨。"小和尚们顿时醍醐灌顶，不由得对高僧宽广的胸怀钦佩起来。

是啊，只要我们将那些快乐的兰花栽种于心田，拥有了兰心蕙质，我们的心境一定会盈满幸福与快乐、安详与宁静。

自嘲也是解脱

人际交往中，在人前蒙羞，处境尴尬时，用自嘲来对付窘境，不仅能很容易找到台阶，而且多会产生幽默的效果。所以自我解嘲，自己把自己胳肢几下，自己先笑起来，是一种很高明的脱身手段。

传说古代有个石学士，一次骑驴不慎摔在地上，一般人一定会不知所措，可这位石学士不慌不忙地站起来说："亏我是石学士，要是瓦的，还不摔成碎片？"一句妙语，说得在场的人哈哈大笑，自然这石学士也在笑声中免去了难堪。以此类推，一位胖子摔倒了，可说："如果不是这一身肉托着，还不把骨头摔折了？"换成瘦子，又可说："要不是重量轻，这一摔就成了肉饼了！"

所以应凡事乐观，即使身陷囹圄也要看到希望，而不是整天悲悲戚戚、愁眉不展,其宝贵的思维模式是"大不了就……",而不是斤斤计较,过分认真;多想自己的缺点和无能,经常自我嘲笑,而不是老子天下第一,盲目逞能好胜,这就是豁达。

豁达往往意味着超脱,但又没发展到虚无,所以它仍是一种积极因素,是一种美好的人性的表现。

站在自己之外欣赏自己的创伤,就能产生一段时间的快乐。一位名叫海伍德·布洛思的人曾把40年的积蓄投资于股票市场,在1929年的危机中全部丧失。当他听到这个消息时,他的反应并不是失声痛哭,也不是大喊大叫,而只是说:"来得快,去得也快。"一夜之间便丧失了,不能不说"去得快",但真的"来得快"吗?不,我们知道那是他花了40年的积蓄。显然,他这是跳出了自己的灾难之外来嘲讽自己。

《启颜录》上有这样的故事:刘焯和他的堂侄刘炫都很有学问,因犯法而被捕,县吏不知道他

们是大学问家，全给他们上了枷锁。刘焯说："整天在枷（家）中坐着，就是回不了家。"刘炫说："我也是，终日负（妇）枷（家）而坐，就是不见妇。"

比起布洛思来，他们的自嘲更见情趣，也更讲究技巧。不见家人和妻子的孤寂而凄凉的生活也似乎显得并不严重。和布洛思一样，他们嘲笑了自身的悲剧，实际上就是战胜了悲剧。

有一位矮个子学者的妻子嘲笑丈夫身材太短，这位学者笑眯眯地说："我看还是矮点好，我如果不是一米五七，现在能够著作等身么？如果不是我身短力小，我们的战斗你能场场取得胜利么？如果不是我矮，你能很优越地说我太短么？"话毕，全场叫绝。

当然，自嘲不是自我辱骂，不是出自己的丑，这里要把握分寸。

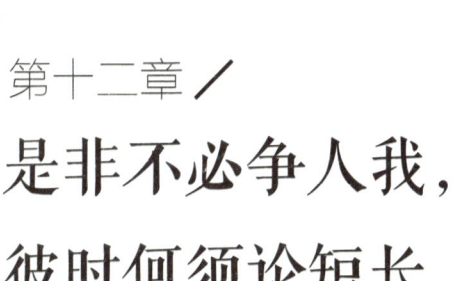

第十二章

是非不必争人我，
彼时何须论短长

"以其不争，故天下莫能与之争。""不争"乎？"争"也。

静坐无所为，春来草自青。

"不辩"是一种大胸襟

在现实生活中,"口舌之交"是人际沟通中最重要的一种方式。在这个沟通过程中,言来言去,自难免失真之语,诽谤就是失真言语引发出的一种带有攻击性的恶意伤害行为。在很多时候,诽谤与流言并非我们所能够制止的,甚至有人说有人群的地方就有流言,也正因为如此,我们对待流言的态度就显得尤为重要。伟大的美国前总统林肯说:"如果证明我是对的,那么人家怎么说我都无关紧要;如果证明我是错的,那么即使花十倍的力气来说我是对的,也没有什么用。"

当诽谤已经发生,我们一味地去争辩,其结果往往会适得其反,不是越辩越黑,便是欲盖弥彰。鲁迅先生说得好:"积毁可销骨,空留纸上声。"的确,对付诽谤最好的方法便是保持缄默,让清者自清而浊者自浊,这才是明智的选择。

有位修行很深的禅师叫白隐,无论别人怎样评价他,他都会淡淡地说一句:"就是这样吗?"

在白隐禅师所住的寺庙旁,一对夫妇开了一家小店,他们家里有一个漂亮的女儿。有一天,夫妇俩发现尚未出嫁的女儿竟然怀孕了,这种见不得人的事,使得夫妇俩异常震怒。在夫妇俩的一再逼问下,他们的女儿终于吞吞吐吐地说出"白隐"两字。

夫妇俩怒不可遏地去找白隐禅师理论,但这位大师不置可否,只是若无其事地说道:"就是这样吗?"于是孩子生下来后,就被送给白隐禅师,此时,白隐禅师的名誉也已扫地,但他并不在意,而是非常细心地照顾孩子。他向邻居乞求婴儿所需的奶水和其他用品,虽不免横遭白眼或是冷嘲热讽,但他总是泰然处之。

事隔一年后,这位没有结婚的妈妈终于不忍心再欺瞒下去了,她老老实实地向夫妇俩吐露真情——孩子的生父是住在附近的一位青年。

夫妇俩立即将她带到白隐禅师那里向他道歉,请他原谅,并将孩子带回。

白隐禅师仍然是淡然如水,他只是在交回孩子的时候,轻声说道:"就是这样吗?"仿佛不曾发生过什么事,即使有,也只像微风吹过耳畔,霎时即逝。

白隐禅师为给邻居女儿以生存的机会和空间,毅然放弃了为自己洗刷清白的机会,纵使受到人们的冷嘲热讽,他也始终泰然处之,只有平平淡淡的一句话"就是这样吗?"雍容大度的白隐禅师令人赞赏景仰。

一个人如果能够将外界的闲言碎语当作耳边的一阵风,任它吹来,任它吹去,不为之所动,就会省却很多时间,获得一个清静圆满的人生。

流言止于智者,"不辩"才是一种大胸襟,真正有智慧的人是不会被流言中伤的,因为他们懂得用缄默来对待那些毫无意义的流言、诽谤。当我们用缄默来处理问题时,我们的心就会得到安宁与平静,不再会有怨恨之类的繁杂情绪让我们烦恼。

不斗气,不生气

世上有两种人,一种是开口便笑的人,一种是牢骚满腹的人;同样的一件事,有人埋头做事,有人破口大骂。埋头做事的并不一定是傻子,破口大骂的也不见得是聪明人,但是前者一定很快乐,后者则容易生气。一个让自己快乐工作的人,一定能将工作做好,这也是成功的前提。在我们斗气的时候,何不学着把看问题的角度稍稍修正,将自己从心魔中解脱出来,站在另一个角度看问题。要懂得缩小自己的不满,才能看见问题的另一个方面。任何斗气都是无济于事的,应勇敢地面对现实,接受现实,以一颗平常心看待已然无法改变的现实。

小薛和小刘是大学时的校友,同系不同班,毕业的时候一同进了一家电脑公司。高科技公司的特征就是高薪高压加高竞争,两人不由自主地成了对手,两年多的时间里不知交锋过多少次。后来,小薛参加一个新程式的开发项目,并被提为主要负责人。

开发很顺利,接近尾声的时候却出了问题,一家同行竞争公司抢先推出了类似的项目成果。开发顿时失去意义,项目立刻被停止。经公司主管研究发现,该推出软件是在本公司研究的核心程序基础上做出的,作为主要负责人的小薛受到技术泄露风波的牵连不可避免地被降了职。直到半年后小刘辞职跳槽到了那家公司,小薛才知道原来一切都是因为小刘嫉妒她过于锋芒毕露认为她抢了自己的发展机会而暗中使的坏,而正是自己的信任和疏忽,无意中让小刘看到了自己所编的程式。知道了真相的小薛无法咽下这口恶气,于是也跳槽到了那家公司,处处与小刘对着干。结果是两败俱伤,那家公司的经理厌烦了两个人的明争暗斗,最终将她们都辞掉了。

生活中有些挫折可能是别人无意中附加给我们的,有些可能来自和我们敌对的一方,来自于那些准备冷眼旁观我们身陷窘境如何自处的对手。这就需要我们充分利用自己的智慧,低调处之,不和他人斗气,才能保持清醒的头脑。

其实人与人之间,你对我不好,我也就对你不好。这样以恶制恶、以怨制恨、互相伤害,只能加深和激化矛盾、产生怨恨,丝毫解决不了根本问题。要知道,一个人与其意见相左的敌人越多,他的人际交往也就越失败,事业就越难以发展。多一个朋友多一条路,与其与人为敌,不如化敌为友,这样人生之路才会越走越宽,越走越顺。因此遇到矛盾时不管对方是对还是错,自己首先忍让一步,后退一步,心平气和地把问题说清楚。在善心善语面前,相信再不讲理的人也不好意思变本加厉,再大的矛盾都会化干戈为玉帛。

所以,面对他人的过错,能够做到不斗气、不生气的人,才是生活的智者。

放下名利之争是明智之举

功名利禄只是役心之物,不可强求。《红楼梦》中空空道人有首《好了歌》写得很好,其中有:"世人都晓神仙好,唯有功名忘不了,古来将相在何方,一堆荒冢草没了。世人都晓神仙好,唯有金银忘不了,生前只恨聚无多,待到多时眼闭了。"这两句写得甚是精辟，将功名利禄一语道破——饿了它不能充饥，冷了它不能御寒，它只会助长内心的欲望，吞噬人纯洁的性情。多少人因为它，迷失自我，到头来身败名裂；多少人因为它，丧心病狂，最终落个"人见人弃"。倒不如留得一份悠闲，任心灵在思想的河流里随意去留。

从前有一个渔翁在梦中见到了智者。

智者问道："你想和我交谈吗？"

渔翁说："我很想和你交谈，你觉得人类最烦恼的是什么？"

智者答道："他们为名利而活，又为名利而烦。他们牺牲自己的健康来换取金钱，然后又牺牲金钱来恢复健康。他们对未来充满忧虑，但却忘记了现在；于是，他们既不生活于现在之中，也不生活于未来之中。他们活着的时候好像从不会死去，但是死去以后又好像从未活过……"

渔翁问道："作为智者，您有什么生活经验想要告诉现在的人？"

智者笑着回答道："金钱名利乃身外之物，要想活得轻松，就别将名利计心头。人们应该知道，一生中最有价值的不是拥有别的东西，而是拥有健康的心态；人们应该知道，与他人攀比是不好的；人们应该知道，富有的人并不是拥有最多，而是需要最少；人们应该知道，要在所爱的人身上造成创伤只要几秒钟，但是治疗创伤则要花几年的

时间,甚至更长;人们应该知道,有些人在深深地爱着他们,但却不知道如何表达自己的感情;人们应该知道,金钱可以买到任何东西,但却买不到幸福;人们应该知道,两个人看同一件事物,会看出不同的东西;人们应该知道,得到别人的宽恕是不够的,他们也应当宽恕自己。造物主在把那么多美德赋予了人类的同时,也把追逐名利的欲望同时嵌入了人类的身体。于是这些固有的心病便成了桎梏与羁绊,成了悬崖与深渊,它们将许许多多的人挡在了幸福的大门之外。"

事实上,除了名利之外,还有许多东西都能够让人实现自我价值,能够让人获得满足,而为了名利而活也不是一种珍惜人生、享受生命的态度。人的一生转瞬来去,我们何不妨任性一下,去做自己想做的事情、去过自己想过的生活,做个淡泊名利、宠辱不惊、从容不迫的人。

圣人之道,为而不争

人们为了实现各种人生目的,无不承受着巨大的心理压力,有的是为了最基本的生存,有的是为了获取高额的利润,有的是为了争取一定的社会地位和名誉,有的是为了权力,等等。为了一己私利,有些人常不择手段,相互争斗,结果酿出了不少悲剧。在一个充满竞争的社会中,人们看重结果而忽略过程,以成败论英雄,尤其是渴望成为强者的人,害怕失败。一些人做事过分强求,不从自己的实际出发,一味追求成功,总是强求硬干、强作妄为,结果身心俱疲。

从历史上许多事实来看,极力求功名的人,难以得到功名;极力求富贵的人,难以得到富贵。如不重视名声反而能得到名声,不重视利益反而能得到利益,不企求富贵反而能得到富贵,这就是适得其反的道理。因此,经常要从反面去看待问题、去做事,或者安静等待,机会到来了,就朝所希望的方面去努力,要懂得"不用之用""不为之为""不争之争""不胜之胜"的方法。如此,天下就没有可争之功、可争之名了。如果能参透这些,也就懂得了极为精微、高深的终极奥义，不会再被蝇头小利所扰，称为"圣人"也不为过了。

一次樊迟向孔子请教如何种田，孔子说："吾不如老农。"

樊迟又问如何种菜，孔子答曰："吾不如老圃。"照理来说，孔子虽不是专家，但多少还是有些农业知识的，但他却宁愿承认自己不如老农、老圃，因为他在种田、种菜方面无所为，因而对这方面的无所知也就无所谓了。

孟子曰："思不出其位。"每个人的社会分工不同，在我们职权之外的事情，我们获得的信息少，所掌握的知识也有限，如果我们不在其位而谋其政，不但会引起别人的不快，甚至可能会影响我们处理自己职权之内事情的效果，并且也不利于我们个人的发展。老子说："以其不争，故天下莫能与之争。""不争"乎？"争"也。静坐无所为，春来草自青。

才能出众的人不一定居于显耀的地方，德行好也不一定自求名声。抛去权势、放弃功名，也许会到达别人不能到达的境界，如此以无为而达到无所不为，还有何求？做人若明白了这个道理，不就超越了吗？

其实，我们真的没有必要去争什么名、争什么利，只要我们尽力去做，自然就是你的，因为所有的成绩不是争来的，而是做出来的。

无所争未必无所得

人处于世间，如果从宇宙和历史的眼光来看待人生，会深感人之渺小，生命之短暂。以此而论，斗胜争强、求名夺利的意义何在？如此就会生活得更好吗？苏东坡说："西望夏口，东望武昌，山川相连，郁乎苍苍，此非孟德之困于周郎者乎？方其破荆州，下江陵，酾酒临江，横槊赋诗，固一世之雄也，而今安在哉！"天大的事，几十年过后再看，都是一个笑话，都已付于笑谈之中。

公元前283年，蔺相如完璧归赵之后，接着又在渑池会上巧妙地跟秦王争斗，维护了赵国的尊严。赵惠王见他功劳大，就提拔他做了上卿，地位在老将军廉颇之上。

这样一来,廉颇有意见了,他对人说:"我为赵国立了不少战功,而蔺相如本来是一个出身低下的人,只靠说了几句话的功劳,职位竟然比我还高,这太没道理了。"并传言出去,"如果遇上蔺相如,一定要羞辱他一番。"

当这话传到蔺相如耳里后,他做出的举动却让很多人不解,他并没有与廉颇针锋相对,而是处处相让,尽量不与廉颇见面。

当早朝时,他就说有病,躺在家里不与廉颇争位次。有一次蔺相如乘车外出,碰巧遇上廉颇,就连忙让车夫驾车躲开他,蔺相如身边的人见到这种情形都想不通,说蔺相如太软弱、畏缩了,甚至有的门人为此感到羞愧,要离开他。

蔺相如劝解门人时,说:"你们想想看,秦王那样威严,我都敢在秦国的朝廷上当众斥责他,我之所以避让廉颇将军,并不是因为我惧怕他,我是在想,强暴的秦国之所以不敢侵犯赵国,只是因为我们的文臣武将们都能同心协力的缘故。我与廉颇将军好比是两只老虎,两虎相争,结果必然两败俱伤。我之所以采取忍让的态度,正是考虑到国家的安危啊。"

蔺相如的这些话不久也让廉颇听到了。老将军对自己的言行感到既悔恨又惭愧,于是,为了表示自己认错改过的诚意,毅然决定采取一种特殊的方式向蔺相如道歉。他用荆条捆着自己来到蔺相如家,向其请罪。一见蔺相如,老将军就恳切地说:"我这个粗鲁的人,不知道您对我能如此的宽宏大量啊。"这样,蔺相如与廉颇成了生死与共的朋友,通力合作,为赵国筑起了一道安全屏障。

可能有人会认为这个故事太老生常谈了。其实，这其中的道理很多人也都明白，但就是在现实生活中难以应用，而原因就是人们心中争求名利的欲望在作怪。两人德行不相上下，不分优劣，就以能够谦让的为优；争相突出自己，而又难分高下，就以用力多的为次。因此，蔺相如引车回避而比廉颇贤明。观察并能选择形势的反面，就是有德行的表现，就是有修养的人所说的"道"。因此，君子知道受屈可以成功，所以不加躲避；知道谦卑礼让可以成就美名，所以勤于修身自勉。如果人们都能懂得"无所争未必无所得"的道理，那么世间的许多事情都将变得容易多了。

争一步不如让一步

世界多姿多彩，每个人从呱呱落地起就是一个独立的个体，任何人都不能将自己的思想、行为强加于人，而人们又必须在同一片天际下生活，所以自然会有争端出现，人类要和谐共处就必须要学会谦让。放开胸襟，绽开笑脸，接纳天下事，心灵便比大地更厚重，比天空更广阔。

每个人都懂得"争一步不如让一步"的道理，但生活中却很难做到。

上初中的方杰放学后气冲冲地回到家里，进门后便使劲儿地把门关上。他的母亲正在厨房里干活，看到方杰生气的样子，就把他叫了过去，要和他聊聊。

方杰不情愿地走到母亲身边，气呼呼地说："妈妈，我现在非常生气，李强居然在背后说我的坏话。"方杰的母亲一边干活，一边听儿子诉说。方杰说："李强让我在朋友面前丢脸，我现在特别希望见到他的时候和他吵一架，希望他遇到倒霉的事情！"

母亲走到墙角，找到一袋木炭，对方杰说："儿子，你把前面挂在绳子上的那件白衬衫当作李强，把这个塑料袋里的木炭当作你想象中的倒霉事情。你用木炭去砸白衬衫，每砸中一块，就象征着李强遭到一件倒霉的事情。我们看看你把木炭砸完了以后会是什么样子。"

方杰觉得这个游戏很好玩,他举起木炭往衬衫上砸去。可是衬衫挂在很远的绳子上,他把木炭扔完了,也没有几块砸到衬衫上。

母亲问方杰:"你现在觉得怎么样?"

"累死我了,但我很开心,因为我扔中了好几块木炭,白衬衫上有好几个炭印子了。"

母亲见儿子没有明白她的用意,于是让方杰去照照镜子。方杰在一面大镜子里看到自己满身都是黑的,从脸上只能看到牙齿是白的。

母亲这时才继续说道:"你看,白衬衫并没有变得多脏,而你自己却成了一个'黑人'。你想让别人身上发生很多倒霉的事情,结果最倒霉的事却落到你自己身上了。有时候,我们的坏念头虽然在别人身上兑现了一部分,但也同样在我们身上留下了难以消除的污迹。"方杰这才明白了母亲的用意。

所以,退一步是为进十步,这种忍让,不是无条件的软弱可欺,更不可能是人格的丧失和自尊的抛弃。只有目光长远、胸怀宽广的人才能明白,忍让是一种虚怀若谷的雍容大度,是一种丰满圆润的心理状态,更是一种美德。

争一世而不争一时

身处大千世界的我们,每时每刻都会遇到各种各样的机会,也会时刻面临着各种各样的选择。如果这些机会和选择只是个人的事情,也许就好办多了。但现实往往不是如此,冲突、竞争也伴随着我们的每一次机会与选择。

面对这种情况,我们不可能事事争、处处上,有时不仅要放弃一些无关宏旨的东西,还必须对一些自己颇为想要、但出于某些原因而不能为之的机会忍痛割爱。在一些唾手可得的东西上,以及在一些自己本身完全具有竞争力的机会中,我们也可能会由于某些因素不得不主动地让予他人。一句话,我们想要的常常无法完全获得,尽管它们本来应该是属于我们的。

所以,小不忍则乱大谋。那些不懂得这样做的人,表面上看可能争取到了他认为不错的机会，但实际上他可能陷于已有的机会中，而失去选择的主动权；相反，有远见的人则始终把这种主动权掌握在自己手中，尽管有时会失去一些眼前的机会，却为达到某一个更高的目标，打下了坚实的基础，可谓稳操胜券，这正是一种明智的选择。

东汉时，班超一行在西域联络了很多国家与汉朝交好，但龟兹恃强不从，班超便去结交乌孙国。乌孙国王派使者到长安来访问，受到汉朝友好的接待。使者告别返回，汉帝派卫侯李邑携带不少礼品同行护送。李邑等人经天山南麓来到于阗，传来龟兹攻打疏勒的消息。李邑害怕，不敢前进，于是上书朝廷，中伤班超只顾在外享福，拥妻抱子，不思中原，还说班超联络乌孙，牵制龟兹的计划根本行不通。

班超知道了李邑从中作梗，叹息说："我不是曾参，被人家说了坏话，恐怕难免见疑。"他便给朝廷上书申明情由。

汉章帝相信班超的忠诚，下诏责备李邑说："即使班超拥妻抱子，不思中原，难道跟随他的一千多人都不想回家吗？"诏书命令李邑与班超会合，并受班超的节制。汉章帝又诏令班超收留李邑，与他共事。

李邑接到诏书，无可奈何地去疏勒见了班超。班超不计前嫌，很好地接待李邑。他改派别人护送乌孙的使者回国，还劝乌孙王派王子去洛阳朝见汉帝。乌孙国王子启程时，班超打算派李邑陪同前往。

有人对班超说："过去李邑毁谤将军，破坏将军的名誉。这时正可以奉诏把他留下，另派别人执行护送任务，您怎么反倒放他回去呢？"

班超说："如果把李邑扣下的话，那就气量太小了。正因为他曾经说过我的坏话，所以才让他回去。只要一心为朝廷出力，就不怕人说坏话。如果为了自己一时痛快，公报私仇，把他扣留，那就不是忠臣的行为。"

李邑知道后，对班超十分感激，从此再也不诽谤他人。

"争一世，不争一时。"人生有得意时就有失意时，在不利的形势下，面对强大的敌对势力，要能委屈自己，不计眼前得失，把目光放远，才能最终达到自己的目的。

只有无争，才能无忧

名声是一个人追求理想、完善自我的必然结果，但不是人生的目标。一个人如果把追求名声作为自己的人生目标，处处卖弄自己、显示自己，就会超出限度和理智。人一旦超出限度、超出理智时，常常会迷失自我。此时就不是你想干什么就能干什么，而是名声要你干什么你不得不干什么。这样岂不是变成了名声的奴隶了吗？

一个人要想过幸福快乐的生活，他的精神中必定不能缺少与世无争的淡泊，否则，他不是活得太忧郁，就是活得太无聊。不过，并不是每个人都懂得与世无争的意义，很多人甚至认为这是一种颓废，是不思进取。实际上，与世无争不是没有追求，而是以一颗纯美的灵魂对待生活和人生，这或许是人生的另一个境界。

古希腊哲学学会主席不幸辞世，必须选出一位德高望重的人来做他的接班人。几乎所有的人都认为，最有资格继任的是伟大的哲学家苏格拉底。苏格拉底学问深，堪称当时最伟大的哲学大师，他还提出哲学的目的在于"认识你自己"，而不是"认识自然"，以及"美德就是知权""只有具备美德的人才有资格治理国家和人民"；是他，使逻辑学上升到了一个新的领域……除了他之外，恐怕没有一个人可以担任这一职位。

然而，出乎所有人的意料，新上任的哲学学会主席竟然是一个叫"西格拉底"的人，可谁都知道这个西格拉底只是一个夸夸其谈、不学无术的人，他的学识根本无法与苏格拉底比。

"我的天哪，这实在是一个天大的笑话！"

"这简直就是雅典的耻辱！"

"为什么是那个家伙，而不是苏格拉底！"

"荒唐，这实在是太荒唐了！"

人们开始纷纷为苏格拉底感到不平，猜想他知道这个结果后会是如何苦恼、气愤，有些人甚至连安慰词都想好了。然而，出人意料的是，苏拉格底只是淡淡地说道："我压根儿就没有想过要得到它，怎么会有失去它的烦恼呢？"

就是因为一开始便没有"争"的欲望，所以苏格拉底才不会感到痛苦，这一点不正是很多人需要学习的地方吗？我们必须明白：当你费尽心机地去争一样东西时，它往往给你带来痛苦，而当你对其不屑一顾时，反倒收获一份平静与安宁。

人生在世，没有人不希望活得更体面些，也没有人不希望受人尊重，但是一旦把捏不住其中的尺度，心态就会越轨，欲望就会泛滥。所以，任何人都应该放平自己的心态，认识到"天生我才必有用"，每个人都有自己的人生价值。无论是天皇巨星，还是平凡百姓，既不要为自己有所专长自命不凡，也不要为自己暂时的失败灰心丧气。只有不攀比、不崇拜、不沽名钓誉，我们才能脚踏实地地积极进取，成就一个真实的自己。

主动让人是一种可敬的智慧

留一步，让三分，是一种谨慎的处世方法，适当主动的谦让不仅不会招致危险，反而是寻求安宁的有效方式。个人生活中，除了原则问题必须坚持，对于小事和个人利益，谦让一定会带来身心的愉快以及和谐的人际关系。有时，这种"退"即是"进"，"予"就是"得"。

两人相争，有的人也能做到让步，但大多是不利形势下不得已而为之的权宜之计；而有的人处于优势地位，也能诚意让步，则显得殊为可贵。

主动让人首先是一种博大的胸怀，小肚鸡肠的人是绝对做不到的；其次，它还是一种智慧，可以为你赢得广泛的尊重，使人的地位更加稳固。

麦金莱刚任美国总统时，他指派某人做税务部部长，当时有许多政客反对此人，他们派遣一位代表前往总统府觐见麦金莱，要求他说明委任此人的理由。派去的代表是一位身材矮小的国会议员，他脾气暴躁，说话粗声粗气，开口就把总统大骂了一番。麦金莱却不吭一声，任凭他声嘶力竭地骂着，等他停下来了才和气地说："你讲完了，怒气可以平息了吧？照理说你是没有权利来这样责问我的，不过我还是愿意详细地给你解释。"

几句话说得那位议员羞惭万分。但总统不等他表示歉意，就和颜悦色地对他说："其实，也不能怪你，因为我想任何不明真相的人，都会对这件事很生气。"接着，他便把理由一一解释清楚。

其实，不用麦金莱再解释什么，那位议员就已经被总统的气度所折服，他心里很懊悔，不应该用这样恶劣的态度来责备一位和善的总统。因此，当他回去向同伴们汇报时，只是说："我记不清总统的全部解释，但有一点可以肯定，那就是总统的选择并没有错。"

如果麦金莱也一样大发脾气，那么无疑不能达到这样的效果，反而会使矛盾激化。欲制服一个大发脾气的人，再没有比主动让步更具有智慧了。

在生活、工作中，我们有时需要不断地做出让步，向朋友让步、向父母让步、向上级让步、向竞争对手让步……通过让步最终赢得他们的心。所以，有人说让步是一种智慧，是赢得人心的一个高明策略。因为人心是很微妙的，有时哪怕是你做出一点点的让步，也能取得很大的收益。

谦虚的人懂得怎样尊敬别人、包容别人。比如山谷，山谷因为胸怀空阔而罗纳万物。万物生长其间，不受排斥、不受拘禁、自由生长，得到了长久的来自于山谷的给养和尊重，同时山谷间的万物也装饰和点缀了山谷，使山谷变得郁郁葱葱、生机勃发。所谓谦虚礼让、敬人敬己就是这个道理。

第十三章

挣脱情绪枷锁，得享自在人生

气便是别人吐出而你却接到口里的那种东西，你吞下便会反胃，你不看它时，便会消散了。

火气太大，难免被列入作恶者之中

凡事不要冒火，不要记恨。看见公交车上年轻的小伙子旁边站着一个孕妇，可是那小伙子却丝毫没有让座的意思；看见恶人横行，明明就没有好的品德，却能够吃好喝好……我们常常恼火，甚至于对自己的家人都不能心平气和地说话。可是，当我们心怀不平的时候，一定要把火气压下去。即便你认为自己的理由很充分，但是发火并不是解决问题的最好方法。

罗斯福深得其子女的爱戴，这是众所周知的。有一次，罗斯福的一位老友垂头丧气地来找罗斯福，诉说他的小儿子居然离家出走，到姑母家去住了。这男孩本来就桀骜不驯，这位父亲把儿子说得一无是处，又指责他跟每个人都处不好。

罗斯福回答说："胡说，我一点儿都不认为你儿子有什么不对。不过，一个人如果在家里得不到合理的对待，他总会想办法由其他方面得到的。"

几天后，罗斯福无意中碰到那个男孩，就对他说："我听说你离家出走，是怎么回事？"男孩回答："是这样的，每次我有事找爸爸，他都会发火。他从不给我机会讲完我的事，反正我从来没有对过，我永远都是错的。"

罗斯福说："孩子，你现在也许不会相信，不过，你父亲才真正是你最好的朋友。对他来说，你是这世上最重要的人。"

"也许吧！不过我真的希望他能用另一种方式来表达。"

接着罗斯福去告诉那位老友，发现几乎令其惊讶的事实，他果然正如其儿子所形容的那样暴跳如雷。于是，罗斯福说："你看！如果你跟儿子说话就像刚才那样，我不奇怪他要离家出走，我还觉得奇怪他怎么现在才出走呢？你真是应该跟他好好谈一谈，心平气和地跟他沟通才是。"

跟孩子沟通需要的是耐性，因为孩子很少能理智地面对问题，如果我们强硬地表达自己的想法，那么等来的肯定是他们的不理解，并且很可能会加重他们的叛逆思想。当孩子对我们的不满越积越多的时候，在他们的眼里，我们也就成了恶人，再没有办法走入他们的世界了。

  同理，在处理事情的时候，如果不能冷静地分析其中的缘由，提供解决问题的办法，而单单用呵斥和责骂来表达你的情绪时，很可能会招致对方的不满。尽管当时对方可能没有表达对你的恨意，可是时间久了，他们对你的反感可能会与日俱增。

  火气越大的人越容易发怒，而愤怒常常让人失去了理智。如果长期被这种情绪所控制，不仅会损害我们的身体，还可能在心理上形成焦躁、恼恨、嫉妒、粗暴等情绪，让我们的生活从此失去谦和的香气。

  试想，如果一个人总是粗暴地对待别人，经常嫉恨别人，那么还会有人愿意跟他相处吗？所以，我们要适时控制自己的火气，别因为一时的冲动将自己打入恶者的行列。

操纵你的是隐蔽在内部的信念

如果有人冒犯你,请先不要动怒,愤怒是不能解决任何问题的,只会让自己过于激动,没有办法运用理性正确地看清问题,被愤怒蒙蔽了双眼、蒙蔽了心灵,从而不能正确地看清事物的本质、判断事物的好坏,这是毫无益处的。其实真正打扰我们的不是别人的行为,别人的行为不会直接作用于我们身上,真正打扰我们的是我们自己的意见,只有我们自己的意见才会对我们的行动产生影响。所以,先放弃你对一个行为的判断吧,尝试一下下面介绍的方法,也许可以让你回归理性。

第一,思考一下你和人类的关系。所有的人类都是被神明派到世上来相互合作的。如果万物都不只是原子的聚合,那么自然必定就是支配所有事物的力量。那样的话,低级的事物必然是为高级的事物而存在的,而高级的事物之间又是彼此依存的。

第二,思考一下别人在用餐时、在睡觉时、在别的场合都是怎样的?他们遵从怎样的思想支配?在他们冒犯别人的时候,是带着怎样的骄傲?

第三,如果别人正在做着他们该做的事情时,我们不必感到不快;而人们有时候会出于无知而做着不正当的事情。但对于他自己来说,他只是在追求他的真理,因为没有一个灵魂是会放弃追求真理的。他也不愿意被剥夺宇宙赐予他的为人处世的能力,所以当他由于无知犯错而被人指责不正直、背信弃义、贪婪的时候,他是很痛苦的。

第四,要想到,你自己也和他们一样,犯了很多不自觉的错误。也许你已经纠正了这种错误,但难保你不会再犯。何况你戒除这些错误,很大程度上还是出于不纯的动机,比如出于怯懦,或者害怕失去名誉,或者其他的原因。

第五,当你断定别人在做着不正当的事情时,你也要想一想你的判断是否正确,因为很多事情其中另有隐情。我们必须了解更多,才能对别人做出正确的判断。

第六,在你烦恼、愤怒和悲伤时,想一想生命是很短暂的,也许下一秒你就会死去。

第七,困扰我们的实际上并不是别人的行为,而是你对于这些行为的看法。那么消除这种看法,放弃那些认为某件事情是极恶的东西的判断,你的怒火就能够得到平息。那么怎么才能消除这种判断呢?只需要明白一个道理:就是别人的行为并不是你的耻辱,只有你自做的恶行才是你的耻辱。如果你为别人的行为感到耻辱,那你就是在代替那些强盗或恶人受过了。

第八,要想一想,由于这种行为引起的烦恼和愤怒带给我们的痛苦,比这种行为本身带来的痛苦要多得多。

第九,保持一种和善的气质是令任何人都无法拒绝的,但要是真实的、发自内心的,而不是一种表面上故作的微笑。始终和善地对待他人,即使最暴躁无礼的人,也不会对你怎么样。在条件允许的情况下,你可以用一种温和的态度纠正他的错误,循循善诱地告诉他一些道理,不带着任何双重的意向,不带着任何斥责、怨恨的感情,亲切和善地关心他的感受,而不要做给旁人看。

按照上面的方法,你就会发现,只要自己恢复了平静和理性,那些打扰到我们内心的事物就几乎不存在了。可见,真正影响到我们的生活的,只是我们隐藏在自己内心深处的信念。所以,只要能够控制住自己的内心,我们就掌握了人生的主动权。

一个发条上得太紧的表不会走得太久

现代社会高速发展,人们的生活节奏也愈来愈快,忙碌的人们因此不知不觉地损害了自己的身心健康,整个心灵都被日益繁重的学习或工作压迫着。许多人整日坐于室内,活动量并不大,但心灵却分分秒秒地高速运转着,在此种情况下,一旦发生弹性疲乏,势必造成精神上的崩溃。因此,我们必须减慢生活的速度,否则,紧张的结果就是心灵超负荷运转,最后导致不幸的发生。

在美国全国高等院校篮球锦标赛上,一场比赛在加时赛还有几秒钟就要结束时，丹尼尔·马歇尔走到罚球线前。对垒的两队这时打成平手，马歇尔只要两罚进一，他的球队就可以获胜。

平常练习时，马歇尔投罚球几乎是百发百中的。这天晚上，他在全场观众的注视下深吸了一口气，拍了几下球，然后定睛注视着篮球筐——结果两罚俱失，他紧张得没有投中。加时赛之后，马歇尔的队输了。

紧张情绪是人们精神活动的一种现象，是一种因某种压力引起的高度调动人体内部潜力以应对压力而出现的生理和心理上的应激变化。适度的紧张有助于人们激发内在潜力，但过度紧张则会使简单的变得复杂，复杂的变得更加复杂。

过度紧张会使人动作失调、行为紊乱，会降低效率。因为人们在过度紧张的情况下，脑神经的兴奋和抑制过程失调，会出现暂时性的不平衡。这时，人就会体验到一种难以自制的心慌、不安、激动和烦躁的情绪。

一个发条一直上得太紧的表不会走得太久；一个马力经常加到极限的车不会用得太久；一个绷得过紧的琴弦易断；一个心情日夜紧张的人则容易生病。所以，善用表的人永不会把发条上得太紧；善驶车的人永远不会把车开得过快；善抚琴的人永远不会把琴弦绷得过紧；善养生的人永远不会使自己的心情日夜紧张。

第二次世界大战时，丘吉尔有一次和蒙哥马利闲谈，蒙哥马利说："我不喝酒，不抽烟，到晚上10点钟准时睡觉，所以我现在还是百分之百的健康。"丘吉尔却说："我刚巧与你相反，我既抽烟，又喝酒，而且从来都没准时睡过觉，但我现在却是百分之二百的健康。"蒙哥马利感到很吃惊，像丘吉尔这样工作繁忙紧张的政治家，生活如果这样没有规律，哪里会有百分之二百的健康呢？

其中的秘密就在于丘吉尔经常放松自己，让心情轻松。即使在战事紧张的周末他还是照样去游泳；在选举战白热化的时候他还照样去垂钓；工作再忙，他也不忘抽一支雪茄放松心情。

富兰克林·费尔德说过："成功与失败的分水岭可以用五个字来表达——我没有时间。"当你面对繁重的工作任务感到精神与心情特别紧张和压抑的时候，不妨抽一点儿时间出去散心、休息，直至感到心情比较轻松后，再回到工作中来，这时你会发现自己的工作效率特别高。紧张过度，不仅会导致严重的精神疾病，还会使美好的人生走向阴暗。只有舒缓紧张情绪，放松自己的心灵之弦，才能在人生的道路上踏歌前进。

用沉默来回应无理

面对他人无理的对待，你不必硬碰硬，试着以巧妙圆融的智慧来处理，事情一样会有回转的余地，其实最大的智慧便是以沉默来回应。正如哲人所说，忍耐与智慧是抵御嘲讽与羞辱的最佳盾牌，当你面对小人无理的羞辱和嘲弄，当场的硬碰硬也许只会得到更大的欺辱，尤其当你处于弱势的境地。

此时何不忍耐一下，事后冷静思索，找到对方的致命弱点，攻其不备，这才是明智的处世哲学。

当然，这需要你当时的忍耐，不能忍一时之气的人，是无法领会这种智慧的高深的。对于大多数人来说，逞一时口快，泄一时之愤，是最大快人心的事。但是有涵养的人是不会这么做的，那么也让自己做有涵养之人吧。

很简单，无论对方发出什么招，多难听的话，多过分的举动，都不要理会他，仿佛与己无关，专心做自己的事，不要因为对方的言行停下你手中的活，让对方以为，你根本对他不屑一顾，你根本不拿他的无理当挑衅。也就是说，你根本不拿他当对手，其实这才是对一个争强好胜的人的最大反击。

吵架有时候是种发泄，但是，如果碰到无理取闹的人，你说再多也是白费口舌，对自己的精神绝对是种折磨，还不如睁一只眼闭一只眼，不予理睬。这个人说话很不讲道理，让人恼火，你可能真的快沉不住气了，很想冲上前打骂一顿。但是这种无理取闹的人，他的目的就是想闹，惹恼你他才高兴，看着你气急败坏的样子他肯定在心里偷乐。其实，对付这种人最好的办法就是不理他，任其吵闹，你还是继续做自己手中的事，保持你脸上的微笑，这个微笑是留给自己的。慢慢地，对方也会觉得很无趣，或者会为你的豁达所折服。

当然，这样做也许很难，因为人都有血性，很难成为圣人。当别人真的很过分的时候，保持一颗平静的心就显得是多么的难能可贵。但是你要相信自己一定能做到，并在心里默默地鼓励自己，甚至还可以对吵闹的人说，你要不要坐下来慢慢说？或者干脆逃开，说我有事要先出去，你自己慢慢说吧！所谓眼不见，心不烦，走开了还落得个耳根清净。对方可能会大叫大嚷，故意拿话来激你，这个时候你尤其要沉住气，要知道一时的口舌之快只会带来更多的烦躁和气恼。除非你也不讲道理，跟对方展开大战，不顾形象地破口大骂，即使最后你在气势上压倒了对方，你也累得筋疲力尽，这样值不值呢？因此，碰到无理取闹的人，最好的办法就是不要当场就出招，除非你有绝妙的反击策略，而且已经胸有成竹。但是，对于大多数人来说，愤怒和激动会让你失去理智、思维迟钝，这个时候往往是想不出什么好点子的。所以，不如用沉默换来冷静的时间，让头脑清醒一下，想想你的绝招吧。

卸下情绪的重负，对自己说"没关系"

接纳自己，欣赏自己，将所有的自卑全都抛到九霄云外，这是一个人保持快乐最重要的前提。一个以高标准来要求自己、不能容忍自己不完美的人，终其一生只能在对自己的哀叹中度过，是无法享受到生活的快乐的。他们给自己设订了太多的条条框框，强迫自己去遵守，以达到他们期望的目标，这使得他们的生活背负了太多的重担，负重的情绪必然无法去感受生活的轻松和快乐。

亨利是一个快乐的年轻人。他3岁时不慎被高压电流击伤，因双臂坏死而截肢致残。在这之后，父母将他送到附近的一座残疾人孤儿院去，他在那里整整住了16年，父母很少去看他。在孤儿院没有人教他应当怎样做事情，一切都得自己摸索。开始亨利用嘴叼着笔写字，由于离纸太近眼睛疼痛，于是他改用脚写字，他在孤儿院上完了中学。

回到故乡后亨利开始边工作边学习，他在一个师范学院学习文学专业。他并不想当老师，只是想完善自己，他和大学生们一样要做作业，通过各门测验和考试。亨利通过训练能够自己照顾自己的生活；他会用脚斟茶，拿小勺往茶里加糖，并灵巧地抓住小小的茶杯慢慢地品茶；电话铃声响了，他能够抓起听筒。他能够处理一些简单的家务。

他的妻子琼斯说："亨利很聪明，要是什么事情做不了，他就会琢磨该怎么办。他是一个优秀的绘图员，他会修各种电器，搞得懂所有的线路。例如电子表坏了，他就把它拆开修理，用小镊子灵巧地把零件一一装好。他的表总是挂在脖子上，他是用膝盖托起表来看时间的。他总是一刻不停地干这干那，他还改过裙子呢，又是量，又是画线，又是剪，最后用缝纫机做好。在家乡他挺知名的，一天到晚总是吹着口哨或哼着歌曲，是个无忧无虑的快乐人。"

亨利喜欢唱歌，参加过巡回演出团。他常常到孤儿院去义演。他和他16岁的儿子一起录制磁带送给朋友们。他靠600美元的退休金和妻子微薄的工资生活，十分清苦。但是，对于他来说，令他最开心的是他在生活，在唱歌，感觉他自己是一个自食其力的人。

亨利的故事告诉我们,只要一个人学会接纳自己,能够以平常的心态去接纳自己的不完美,他就能够拥有一个快乐的人生。如果总是让自己背负着沉重的负担,终日陷在悲观郁闷的情绪中,生活对他来说就只能是一场苦旅。所以,遭受困难、悲伤失意时,多给自己说几声"没关系",生活的希望永远存在,只要努力,一切困苦对我们来说都是没关系的。

情绪低落时不妨假装一下快乐

很多人都有这样的体会:当我们在做一些有兴趣也很令人兴奋的事情时,很少会感到疲劳。因此,克服疲劳和烦闷的一个重要方法就假装自己已经很快乐。如果你"假装"对工作有兴趣,一点点假装就可以使你的兴趣成真,也可以减少你的疲劳、紧张和忧虑。

有一天晚上,艾丽丝回到家里,觉得精疲力竭,一副疲倦不堪的样子。她也的确感到非常疲劳,头痛,背也痛,疲倦得不想吃饭就要上床睡觉。她的母亲再三地求她……她才坐在饭桌上。电话铃响了,是她的男朋友打来的,请她出去跳舞,她的眼睛亮了起来,精神也来了,她冲上楼,穿上她那件天蓝色的洋装,一直跳舞到凌晨3点钟。最后等她回到家里的时候,却一点儿也不疲倦,事实上还兴奋得睡不着觉呢。

在8个小时以前,艾丽丝的表情和动作,看起来都精疲力竭,她是否真的那么疲劳呢?的确,她之所以觉得疲劳是因为她觉得工作使她很烦,甚至对她的生活都觉得很烦。

世界上不知道有多少像艾丽丝这样的人,你也许就是其中之一。

一个人由于心理因素的影响,通常比进行肉体劳动更容易觉得疲劳。约瑟夫·巴马克博士曾在《心理学学报》上发表一篇论文,谈到他的一些实验,证明了烦闷会产生疲劳。巴马克博士让一大群学生做了一连串的实验,他知道这些实验都是他们没有什么兴趣的。其结果呢?所有的学生都觉得很疲倦、打瞌睡、头痛、眼睛疲劳、很容易发脾气，甚至还有几个人觉得胃很不舒服。所有这些是否都是"想象出来的"呢？

不是的，这些学生做过新陈代谢的实验。由试验的结果发现，一个人感觉烦闷的时候，他身体的血压和氧化作用，实际上会减低。而一旦这个人觉得他的工作有趣的时候，整个新陈代谢作用就会立刻加速。

心理学家布勒认为，造成一个人疲劳感的主要原因是心理上的烦恼。

加拿大明尼那不列斯农工储蓄银行的总裁金曼先生对此是深有体会。在1943年的7月，加拿大政府要求加拿大阿尔卑斯登山俱乐部协助威尔斯军团做登山训练，金曼先生就是被选来训练这些士兵的教练之一。他和其他的教练——那些人从42岁到59岁不等——带着那些年轻的士兵，长途跋涉过很多冰河和雪地，还用绳索和一些很小的登山设备爬上40英尺高的悬崖。他们在加拿大洛杉矶的小月河山谷里爬上百米高峰、副总统峰和很多其他没有名字的山峰，经过15个小时的登山活动之后，那些非常健壮的年轻人都完全精疲力竭了。

他们感到疲劳，是否因为他们军事训练时肌肉没有训练得很结实呢？任何一个接受过严格军事训练的人对这种荒谬的问题都一定会嗤之以鼻。不是的，他们之所以会这样精疲力竭，是因为他们对登山这项运动觉得很烦。他们中很多人疲倦得不等到吃过晚饭就睡着了。可是那些教练们——那些年岁比士兵要大两三倍的人——是否疲倦呢？不错，他们没有精疲力竭。那些教练们吃过晚饭后，还坐在那里聊了几个钟头，谈他们这一天发生的事情。他们之所以不会疲倦到精疲力竭的地步，是因为他们对这件事情感兴趣。

耶鲁大学的杜拉克博士在主持一些有关疲劳的实验时，用那些年轻人经常保持感兴趣的方法，使他们维持清醒差不多达一星期之久。在经过很多次的调查之后，杜拉克博士表示"工作效能减低的唯一真正原因就是烦闷"。

因此，经常保持内心愉悦是抵抗疲劳和忧虑的最佳良方。在这里，请记住布勒博士的话："保持轻松的心态，我们的疲劳通常不是由于工作，而是由于忧虑、紧张和不快。"如果你此刻不快乐，会导致身体更加疲劳，情绪也就更加低落，因此，此时不妨假装一下自己是快乐的，当你的心理产生快乐的愿望时，身体也会跟着调整到快乐时的状态，从而形成良性的循环。不信你就试试。

用幽默和微笑来战胜不良情绪

平和宁静的心境不仅是衡量一个人心理是否健康的重要指标，同时也是我们保持心理健康的一个有效方法。心理学研究证明，幽默作为一种心理防卫机制，能使处于沮丧困苦中的人放松紧张的心理，降低心理压力，缓和内心冲突，排除内心的抑郁，解放被压抑的情绪，调节和保持心理健康。所以，心理学家主张用幽默和微笑来战胜不良情绪对人们心理的侵蚀和损害。

英国著名科学家法拉第曾经由于紧张的研究工作而导致经常性的头痛失眠，使他苦不堪言。一次他去看病，医生开给他的处方不是药名，而是一句英国谚语："一个丑角进城，胜过一打医生。"

法拉第马上悟出了其中的奥妙，于是经常去看喜剧、滑稽戏等表演，被逗得哈哈大笑。不久，他的健康状况明显好转。

20世纪70年代，在英国的一所大学里，创建了一个"幽默教室"，人们可以用各种手段在那里发笑，以便使自己心情舒畅、精神愉快、驱除疲劳、解除烦恼。幽默和笑实际上成了一种有效的心理疗法，成了"精神上的消毒剂"，成了"抑制精神危险的武器"。

现代生活节奏太快，有不少人得了抑郁症或其他类型的疾病，这时我们不妨也采用"笑疗"的方法，具体的做法是：

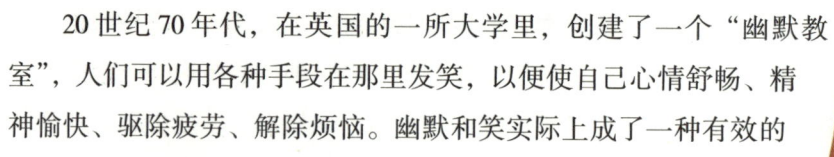

（1）当自己感觉苦闷、忧愁而又难以摆脱时，采取"逆向思维"法，多听听相声、小品、喜剧，在阵阵欢笑中化开心中的郁结，这比任何药物或许更管用。

（2）多和那些喜欢幽默又好说笑话的朋友接触。与他们在一起，幽默的话语不绝于耳，一个个笑话让人心中充满欢悦。有时还会从笑声中得到不少人生的感悟。

（3）平时多看些欢乐的演出或电视节目。像文艺演出，还有电视及电台中的娱乐节目等，听着看着，你会沉浸在会心的笑意中，那些郁闷就会一扫而光。

（4）找友人聊天，和性格开朗的人相聚，把心中的不快说出来，给心灵来个"减负"，并从别人的劝解中释疑解惑，同时对方的幽默语言会让你发笑，从而获得好心情。

（5）找个环境幽雅之处，静下心来专门去想那些可乐的事。或一段相声，或一件让人捧腹的事，也可以使自己突发奇想。假设出一些让人笑的事，这样你会情不自禁地笑出声来。"笑疗"可让朋友为你治"心病"，但大多还是自我疗法，也不用去医院，更不用花钱，可谓简便易行，且无副作用。您若受到不良情绪的困扰不妨试一试。

生气是拿别人的过错来惩罚自己

一位智者说过，生气是用别人的过错来惩罚自己的愚蠢行为。

从前，有一个妇人，常常为一些琐碎的小事生气。她也知道自己这样不好，便去求一位高僧为自己说禅解道，开阔心胸。

高僧听了她的讲述，一言不发地把她领到一座禅房中，落锁而去。妇人气得跳脚大骂，骂了许久，高僧也不理会。妇人又开始哀求，高僧仍置若罔闻。妇人终于沉默了。

高僧来到门外，问她："你还生气吗？"

妇人说："我在生自己的气，我怎么会到这地方来受这份罪。"

"连自己都不原谅的人怎么能心如止水？"高僧拂袖而去。

过了一会儿，高僧又来问她："还生气吗？"

"不生气了。"妇人说。

"为什么？"

"气也没有办法呀。"

"你的气并未消失，还压在心里，爆发后将会更加剧烈。"高僧又离开了。

高僧第三次来到门前，妇人告诉他："我不生气了，因为不值得生气。"

"还知道值不值得，可见心中还有衡量，还是有气根。"高僧笑道。

当高僧的身影迎着夕阳立在门外时，妇人问高僧："大师，什么是气？"高僧将手中的茶水倾洒于地。妇人视之良久，顿悟，叩谢而去。

何苦要气？气便是别人吐出而你却接到口里的那种东西，你吞下便会反胃，你不看它时，便会消散了。人生苦短，幸福和快乐尚且享受不尽，哪里还有时间去生气呢？人的一生难免会有不如意的事情，但不能动辄生气，将自己的精力耗费在不必要的事情上。

20世纪三四十年代，一直敏于行、讷于言的巴金先生，也曾受过无聊小报、社会小人的谣言攻击。巴金先生有一句斩钉截铁的话："我唯一的态度，就是不理！"因为受害者若起而反击，"小人"反倒高兴了，以为他们编造的谣言发生了作用。

学者胡适先生在给友人的一封信中写道："我受了十余年的骂，从来不怨恨骂我的人。有时他们骂得不中肯，我反替他们着急；有时他们骂得太过火，反损骂者自己的人格，我更替他们不安。如果骂我而使骂者有益，便是我间接于他有恩了，我自然很情愿挨骂。"

巴金、胡适面对他人的辱骂所表现出的平静、幽默、宽容，不失为排除心理困扰、享受慢生活的妙药良方。

做自己情绪的主人

调节好自己的情绪，永远保持好心情，可以让我们更轻松、更简单地享受生活。人活在世上总会遇到各种各样的事情，或忧或喜。当我们在生活中出现情绪问题时，如果我们能够通过自己的行动，及时调整好自己的情绪，那么我们就能更简单地面对自己的人生。

一位著名的心理专家说过，"我们生活中 80% 以上的情绪问题都是由自己造成的"。生活中可能出现的矛盾随时都会影响到我们的情绪。例如，你可以假想某一天，你站在一间珠宝店的柜台前，把一个装有几本书的纸袋放在柜台上。这时一个衣着讲究、仪表堂堂的男子进来，开始在柜台前看珠宝，你礼貌地将自己的纸袋移开。但这个人却愤怒地看着你，说他是个正直的人，绝对无意偷你的纸袋。他觉得受到了侮辱，重重地将门关上，走出了珠宝店。你感到十分惊讶，一个无心的动作，竟会引起他如此的愤怒。后来，你领悟到，这个人和你仿佛生活在两个不同的世界，但事实上世界是一样的，只是你和他对事物的看法相反而已。

第二天一大早醒来，你就觉得情绪不好，想起自己又要开始度过枯燥、乏味的一天，周围的一切都好像在和你做对。当你驾车挤在密密麻麻的车阵中，缓慢地向市中心前进时，你满腔怨气地想：为什么有那么多笨蛋也能拿到驾驶执照？他们开车不是太快就是太慢，根本没有资格在高峰时间开车，这些人的驾驶执照都该被吊销。后来，你和一辆大型卡车同时到达一个交叉路口时，你心想："这家伙一定会直冲过去的。"但就在这时，卡车司机将头伸出车窗外，向你招招手，给你一个开朗、愉快的微笑。当你将车子驶离交叉路口时，你的愤怒突然完全消失，心胸豁然开朗起来。

由此可见，控制情绪的钥匙就掌握在我们自己手中。你可以采取下面的方法有效地控制自己的情绪，让自己度过平和快乐的每一天。

输入自我控制的意识是有效控制自己情绪的第一步。曾经有个初中生，不会控制自己的情绪，常常和同学争吵，老师批评他没有涵养，他还不服气，甚至和老师争执。老师没有动怒,而是拿出词典逐字逐句解释给他听,并列举了身边大量的例子,他嘴上没说心中却早已心悦诚服。从此他有了自我控制的意识,经常提醒自己,主动调整情绪,自觉注意自己的言行。就在这种潜移默化中他拥有了健康的情绪状态。

另外,在众多调整情绪的方法中,你也可以学一下"情绪转移法",即暂时避开不良刺激,把注意力、精力和兴趣投入到另一项活动中去,以减轻不良情绪对自己的冲击。

情绪转移的第一个关键是积极参加社会交往活动,培养社交兴趣。人是社会的一员,必须生活在社会群体之中。一个人要逐渐学会理解和关心别人,一旦主动爱别人的能力提高了,就会感到生活在充满爱的世界里。如果一个人有许多知心朋友,就可以获得更多的社会支持,更重要的是可以感受到充足的社会安全感、信任感和激励感,从而增强生活、学习和工作的信心和力量,最大限度地减少心理应激和心理危机感。

情绪转移的第二个关键是多找朋友倾诉,以疏泄郁闷情绪。生活和工作中难免会遇到令人不愉快和烦闷的事情,如果有好友听你诉说苦闷,那么压抑的心境就可能得到缓解或减轻,失去平衡的心理可以恢复正常,并且可以得到来自朋友的情感支持和理解,获得新的思考,增强战胜困难的信心。还可向自然环境转移,郊游、爬山、游泳或在无人处高声叫喊、痛骂等。也可积极参加各种活动,尤其是将自己的情感以艺术的手段表达出来。

另外,营造一个温馨的家庭氛围也是转移不良情绪的一个有效途径。家庭可以说是整个生活的基础,温暖和谐的家是家庭成员快乐的源泉,是事业成功的保证。

如果我们在遭遇了不良情绪的袭击之后，能够及时地投入到温馨的家庭氛围中，让家人的关怀清洗我们内心的烦恼，那么我们就能保持一种平和快乐的心态。

不生气等于消除坏情绪的源头

抱怨就好像是一种可以迅速传开的疾病，能够在最短的时间里在人群中扩散开来。所以像下面这样的事情，你也许会经常看到：

张敏是某个公司的员工，已经在公司干了两年了，但是公司一直没有给她涨工资。老板总是说，公司的发展还没有上轨道，所以一些不必要的开销能省就省，所以很多时候连员工的饭补也省了。公司主管还经常在快要下班的时候开会，一开就是很长时间，占用了员工的很多私人时间。

这个月，张敏一直在领导的强制下加班，可是到了月末，公司并没有给加班费，这让张敏越想越气，所以公司之前的种种不合理的做法，让她一起想起来了。

她越想越气，恰好赶上同事李佳走进了办公室，她就把所有的不满和牢骚都跟李佳说了。李佳一听，也觉得公司太过分了，明显的克扣工资，还总是占用他们那么多私人时间，实际上就是变相的加班，也觉得很生气，所以越说情绪越激动。

渐渐地，办公室里的人多了起来。大家都加入了张敏和李佳的行列，开始为张敏抱不平，也数落公司的种种不是。你一言我一语的，说个没完。

看到这样的情形，你也许会很奇怪，刚开始的一个人的不满情绪，怎么会那么快就传染给了每一个人？下面我们来分析一下：

我们都知道，人类具有很强的模仿天性，而且具备很强的情绪传染共性。通常情况下，看到身边的人在做什么，很容易就跟着他去做。这样的行为是没有加入任何的思考因素的，而是下意识的模仿。所以看到别人在抱怨，就不自觉地跟着抱怨，是模仿的作用。而另一方面，人跟人之间是很容易被感染的,比如你看见一个人哭得很伤心,那么你的心情也很难快乐起来的,有时候甚至会跟着哭;工作中,你的同事觉得有些疲倦,他把这样的信息传达给你的时候,你也会逐渐地意识到自己有些累了……这就是相互感染。所以,当那些同事看到张敏和李佳很生气的时候,心里也会跟着产生不满和气愤的共鸣,所以导致大家都在跟着抱怨。

在生活中,我们说抱怨的话,是不可能找跟我们无关的人说的。那些倾听我们怨言的人,往往都是跟我们比较亲近的人,或者在某种利益上能够达到共识的人。所以,你的问题很可能也是他的问题,你说出来的话,尽管他当时没想到,可能在你说出来以后,他就会觉得:"对,事情就是这个样子的。"一旦这样在精神上达成了共识,那么你就成功地把抱怨的情绪传给他了。

所以说,抱怨就好像是一场传染病,一场瘟疫,能够在最短的时间内在人群中传播。可是,如果我们能够摆正心态,将抱怨的心理从自己的身上剔除,那么我们等于是给抱怨消灭了一个传播源头。而如果生活中的每一个人都不再去做这个传染源,那么在我们的身边也就不存在抱怨了。

情绪化常常让人丧失理智

一旦情绪失控,怒气就会像是一匹脱缰的野马一样难以掌控。它对人的毒害最大,其爆发往往有指向性,一旦发作,"大则为兵为刑,小则以斗以争",不仅害人,也会令自己追悔莫及。不过,"忍怒"并不是一件容易做到的事情,唐太宗李世民作为一代明主,也难免有耐不住的时候。"太宗不能忍于蕴古祖尚之戮"说的便是他因怒斩张蕴古的事。

贞观二年,河内一位名叫李好德的人总是胡言乱语,妖言惑众。太宗便派大理丞张蕴古调查此事。张蕴古调查的结果是,李好德患有心病,所以他说的话都是疯话,按律不应该逮捕。但是,权万纪却对太宗说:"李好德是相州刺史李厚德的弟弟,张蕴古正是相州人。他不法办李好德是为了讨好李厚德。"太宗听完，怒气攻心，一时没有克制住便将张蕴古斩了。

太宗冷静下来以后觉得非常后悔。不过事已至此，他无奈之下只得法办权万纪等人。在当时，权万纪的罪应判死刑，然而这一次，太宗再三复审才施行。也正是在这一年，太宗派才华出众的卢祖尚去管理交趾，然而卢祖尚却托病请辞。即使太宗再三召请，他也辞不受命。太宗大怒，下令将卢祖尚斩首。但命令下完后，太宗又后悔了。后来，在魏徵的劝谏下，太宗认识到，卢祖尚虽然没有身为人臣的道义，但自己作为君主就这样将人才杀死，也着实残暴，因此便收回成命，将卢祖尚官复原职。

生活中难免与人磕磕碰碰，难免遭别人误会猜疑。你的一念之差、你的一时之言，也许别人会加以放大和责难。这时，用愤怒对待愤怒是一件不明智的事。但如果能对愤怒的人报之以"恕"，以一颗宽大心来包容对方的怒火将可得到两个胜利：知道他人的愤怒，而以正念镇静自己的人，不但胜于自己，而且胜于他人。

生活时时有不顺，处处有不如意，生气解决不了问题。这种情绪不但不能成就好事，反而会坏事。放大心量自然是克制怒气的最根本方法，但这需要长时间的体悟与修炼，是"忍怒"的指导原则。在日常生活中，克制怒气有更加直接的方法——忍气于口，不轻易开口伤人，忍气于面，不现怒颜，忍之于气，不挂念不怨恨，具体来说，可以这样做：

首先，也是最重要的，应该是让自己保持冷静。这样才能清醒准确地分析现状。然后给自己一些时间，先从令你心烦气恼的事情中抽身，不要在当下便对事情做出激烈的回应，而是要给自己找到一些其他的发泄方式，比如进行一场剧烈的运动。总之，不要让自己的心绪缠在当下的怒火中。

当心绪稍平静时，你应该尝试回忆当初你与对方一起经历的美好时光，并站在对方的角度对问题进行考虑。这样做会让你发现对方的难处，体会对方此时受到的压力。这个步骤也是《忍经》中所说的"忿思难"，即在愤怒的时候想想其他人的难处，想想当时你和对方一起患难的经历。或许，解决问题的方法便在这样的换位思考中被发现了。

最后，可以试着寻找自己的"怒气燃点"，即触发你的不良情绪的具体事情。尽可能找到这件事情，并为这件事情找到解决的方案。这样，当它下次再发生时，你就不至于如第一次那样生气了。

所以，遇到不平，不顺之事要争气，不要生气。心中要有大志愿，能经得住逆境的锤炼才能有所成。即便真的生气了，也不要赌气。不高兴时要找适当的途径宣泄。如果一口气堵在胸口，气冲冲地做出不理智的事情，后果将不堪设想。

把烦恼写在沙滩上

人一旦进入红尘的轨道，就在忙碌中忘了自我，忘了快乐，忘了满足，只剩下烦恼。烦恼来自于执着，来自于追求，来自于对尘世的执着的追求。其实烦恼就像写在沙上的字，海水一冲就流走了。

有一个中年人，年轻时追求的家庭、事业都有了基础，但是却觉得生命空虚，他感到彷徨无奈，情况越来越严重，只好去看医生。医生给他开了几个处方，分四帖药放在药袋里，让他去海边服药，服药时间分别为9点、12点、下午3点和下午5点。

9点整，他打开第一帖药服用，里面没有药，只写了两个字"谛听"。他

真的坐下来，谛听风的声音、海浪的声音，甚至还听到自己的心跳和大自然的节奏合在一起。他觉得身心都得到了清洗。他想，我有多久没这么安静地坐下来倾听了？

到了中午，他打开第二个处方，上面写着"回忆"两字。他开始从谛听转到回忆，回忆自己童年、少年时期的欢乐，回忆青年时期的艰难创业，他想到了父母的慈爱，兄弟、朋友的情谊，他感觉到生命的力量与热情重新从体内燃烧起来了。

下午3点，他打开第三个药方，上面写着"检讨你的动机"。他仔细地想起早年的创业，是为了热情地工作，等到事业有成，则只顾挣钱，失去了经营事业的喜悦，为了自身的利益，他失去了对别人的关怀。想到这儿，他开始有所醒悟了。

到黄昏，他打开最后一个处方，上写"把烦恼写在沙滩上"。他走进离海最近的沙滩，写下"烦恼"二字，一个波浪很快上来淹没了他的"烦恼"。沙滩上又是一片平坦！

当他走在回家的路上时，他再度恢复了生命的活力，他的空虚无奈也治好了！

我们不妨也把自己的烦恼写在沙滩上，让海水把它冲走。然后，学会静静地"谛听"，让自己回归自然，享受自然生存的乐趣！静坐海边，让涛声带领我们去回忆、去感受，感受父母的温暖，感受兄弟姐妹的情谊。这时，你会发现，人生的真正喜悦是浓浓的亲情、友情和爱情！还等什么呢？现在就出发去海边吧！

心情的颜色影响世界的颜色

明人陆绍珩说，一个人生活在世上，要敢于"放开眼"，而不向人间"浪皱眉"。

"放开眼"和"浪皱眉"就是对人生正反面的选择。你选择正面，就能乐观自信地舒展眉头，面对一切；你选择背面，就只能是眉头紧锁、郁郁寡欢，最终成为人生的失败者。

一个阳光的人，心情乐观开朗，他的人生态度是积极的，不管在工作中还是在生活上，都能很好地完成任务，因此这类人在这段时间里自我价值的实现也就相对比较多，自我价值实现得越多，自我肯定的成就感也就越多，这样就能拥有一个好的心情，形成一个良性循环。

相反，一个心情阴暗的人悲观、抑郁，整天愁眉苦脸地面对生活，不管做什么事情都不积极，甚至错误百出，那么他的自我价值就会实现得越来越少，自我否定的因素就会增加，使心情更加消极抑郁，成了一个恶性循环。

因此有人说，积极的心态会创造阳光的人生，而消极的心态则让人生充满阴霾；积极的心态是成功的源泉，是生命的阳光和温暖，而消极的心态是失败的开始，是生命的无形杀手。

有两个人在沙漠的黑夜中行走，水壶中的水早就喝完了，俩人又累又饿，体力渐渐不支。在休息的时候，其中一个人问另一个人，现在你能看到什么？

被问的那个人回答道："我现在似乎看到了死亡，似乎看到死神在一步一步地靠近。"发问的这个人却微微一笑说："我现在看到的是满天的星星和我的妻子、儿女等待我回家的脸庞。"最后，那个说看到死亡的人真的死了，就在快要走出沙漠的时候，他用刀子结束了自己的生命；而另一个说看见星星和自己妻子、儿女脸庞的人靠着星星的方位指示成功地走出了沙漠，并成为人们心目中的英雄。

其实这两个人并没有根本的区别，仅仅是当时的心态有所不同，最后却演绎了截然不同的命运。

悲观失望的人在挫折面前，会陷入不能自拔的困境；乐观向上的人即使在绝境之中，也能看到一线生机，并为此努力。有位诗人说："即使到了我生命的最后一天，我也要像太阳一样，总是面对着事物光明的一面。"勇敢的人一路纵情歌唱，到处都有明媚宜人的阳光，即使在乌云的笼罩之下，他也会充满对美好未来的期待，跳动的心灵一刻都不曾沮丧悲观；不管他从事什么行业，他都会觉得工作很重要、很体面；即使衣衫褴褛不堪，也无碍于他的尊严；他不仅自己感到快乐，也给别人带来快乐。

既然世界的变化完全是由自己来决定的，那么，何不让自己永远保持良好的感觉呢？

世界是快乐的还是悲伤的，是精彩的还是单调的，关键在于你怎么看。

安德烈在小时候，不知道从哪儿得到了一堆各种颜色的镜片，他喜欢用这些有颜色的镜片遮挡住眼睛，站在窗台上看窗外的风景。用粉红色的镜片，面前的世界便是一片粉红色；用蓝色的镜片，眼前就是一片蓝色；当用黄色的镜片的时候，世界又变成黄色的。用不同的镜片去看眼前的世界，世界便为他呈现不同的颜色。

这是在他小时候发生的一件事情。后来安德烈渐渐长大，每当遇到不高兴的时候，他就会想起这件事情。他总是对自己说："世界并没什么不同，我可以决定这个世界的颜色啊！"

安德烈的故事给了人们很好的启示：既然你不能改变一些无法改变的东

西，那就改变一下自己吧。

世界的色彩随我们情绪的变化而变化，你拥有什么样的心情，世界就会向你呈现什么样的颜色。

连根拔除内心的冲动之苗

伟人不会稍有什么念头就立刻为之动心。他们总是自我检讨，这始于自知之明。然而，有的人天生疏狂，总是由着性子行事，风吹草动都会影响其情绪变化。由于受到情绪的影响，他们做起事来总是自相矛盾，被欲望左右。我们应当无论何时都尽可能让思考与反省压倒自己的激情。首先控制住自己的情绪，然后懂得制怒之法。

自制力说来容易，做来极难。要想把每个人心中的冲动之苗连根拔除，首先应当有自我认识，知道自己是个轻率或浮躁的人，意识到自己好冲动。如果连这点自知之明都没有，必然会受自己的情绪所影响，做出不经大脑的蠢事来。

美国著名的巴顿将军就犯过这样致命的错误。

巴顿将军某日来到前线医院看望伤员。他走到一位病号前，病号正在抽泣。

巴顿将军问："为什么抽泣？"病号说："我的神经不好。"

巴顿又问："你说什么？"病号回答说："我的神经不好，我听不得炮声。"

巴顿将军大发雷霆："对你的神经我无能为力，但你是个胆小鬼，你是混蛋！"之后，巴顿依然难以泄恨，又给了这个病号一个耳光，喊道，"我不允许一个混蛋在我们这些勇敢战士面前抽泣。"他接着大声对医务人员说，"你们以后不能接收这种人，我不允许这种没有半点儿男子汉气概的混蛋在医院内占位置。"

巴顿将军转头又对病号吼道："你必须到前线去，你可能被打死，但你必须上前线！如果你不去，我就命令行刑队把你毙了。说实话，我真想亲手把你毙了。"

这件事很快被披露，在美国国内引起了强烈的反响。好多母亲要求撤巴顿的职，有一个人权团体还要求对巴顿进行军法审判。尽管后来马歇尔将军从大局出发，巧妙化解了这件事，但巴顿还是因为打骂士兵而声名狼藉。这种轻率、浮躁的作风以及政治上的偏见，也为他日后埋下了祸根。

如果巴顿能和颜悦色地批评那个士兵，而不是暴跳如雷，相信他伟大的一生里将会少了这个污点。轻易动怒，只会损害名声、有害身体，明智者很少随意宣泄自己愤怒的情绪。因为一些小事而与人相争，它不仅危害自己，而且会影响到周围的人。

没有一种胜利比战胜自己和自己的冲动情绪更伟大，因为这是一种意志的胜利。它是避免麻烦的明智之举，也是获得他人尊重的途径。易怒不会给你带来任何好处，而忍耐和克制往往助人成事。

1076年，神圣罗马帝国皇帝亨利四世与教皇格里高利七世争权夺利，斗争日益激烈，发展到了势不两立的地步。亨利想摆脱罗马教廷的控制，教皇则想把亨利所有的自主权都剥夺殆尽。

亨利首先发难，召集德国境内各教区的主教们开了一个宗教会议，宣布废除格里高利的教皇职位。格里高利针锋相对，在罗马拉特兰诺宫召开全基督教会的会议，宣布驱逐亨利出教，不仅要德国人反对亨利，也在其他国家掀起了反亨利浪潮。

一时间，德国内外反亨利的力量声势震天，特别是德国境内的大大小小封建主都兴兵造反，向亨利的王位发起挑战。

亨利面对危局，被迫妥协，1077年1月身穿破衣，骑着毛驴，冒着严寒，翻山越岭，千里迢迢前往罗马，向教皇忏悔请罪。

格里高利故意不予理睬，在亨利到达之前躲到了远离罗马的卡诺莎行宫。亨利没有办法，只好又前往卡诺莎拜见教皇。

教皇紧闭城堡大门，不让亨利进来。为了保住皇帝宝座，亨利忍辱跪在城堡门前求饶。

当时大雪纷飞，天寒地冻，身为帝王之尊的亨利屈膝脱帽，一直在雪地上跪了三天三夜，教皇这才开门相迎，饶恕了他。

亨利恢复教籍、保住帝位并返回德国后，集中精力整治内部，曾一度危及他王位的内部反抗势力逐一被消灭。在政治基础稳固之后,他立即发兵进攻罗马,以报跪求之辱。在亨利的强兵面前,格里高利弃城逃跑,客死他乡。

中国有句俗语"大丈夫能屈能伸",说的便是忍辱负重。假如亨利放弃信念而"破罐子破摔",就不可能拥有以后的至尊和荣耀。

聪明人时常为情所动,但知道如何克制自己的过激行动。愤怒会使人丧失理智,令事情变得更糟。克制自己的热血沸腾,转移愤怒爆发的方向,冷静下来仔细思考,经常总结经验教训,这便是制怒之法。

第十四章

烦恼如梦幻泡影，世事无常心平常

人生必然要经历欢乐和悲伤，只要我们心中对此不再迷茫，便能从容地面对世间的沧桑。

生命的原生态：不矫揉，不做作

在纷繁复杂的社会大染缸中，我们很多人会被染成五颜六色、绚烂多彩，而自己本身的颜色早已经分不清了，以至于后来都忘记了自己当初的颜色是什么了。保持本色似乎就如同阳春白雪一样稀有，所以保持本色十分珍贵，而出演《士兵突击》中许三多一角的王宝强，现实生活中人们几乎分不清他究竟是王宝强还是许三多，因为太本色了。王宝强有着许三多一样的纯朴、一样的谦卑、一样的坚毅，他成功了。即使是在他成名之后，他依旧是那样一副灿烂的笑容，言语行动依旧纯朴自然。康洪雷对王宝强的未来这样评价："人的未来不能设计。没有人知道明天是晴天还是雨天，是刮风还是下雨。但人总要成长，谁又敢说，本色的王宝强成不了世界巨星。"

本色的王宝强能否成为国际巨星还是个未知数，但是依旧本色的张曼玉却已经成了一代影后，她的地位无人能比。如果说张曼玉的成名20%靠的是机遇，那么80%则是靠她本身特有的气质和不懈的努力。

张曼玉从小就喜欢电影，但没敢做明星梦。机缘巧合，她当上了广告模特儿，也慢慢知道这是一条通向影坛的道路。1983年，18岁的张曼玉报名参加了当年的港姐选美大赛，并在决赛中获得了亚军和"最上镜小姐"的荣誉。从此，人们便认识了这个容貌秀丽、活泼可爱的小姑娘，而她的职业生涯和人生理想也随之发生了根本性的转变。她就像她的名字一样，给人曼妙灵秀、温雅纯净的感觉。身材修长、笑容纯真、娇憨可爱，乌黑飘逸的长发、明亮慧黠的双眸总会给人留下深刻的印象。她的相貌在演艺界里算不上最漂亮，但绝对最有特点，她的美丽让人无法复制。在多年的演艺生涯里，张曼玉一直保持着清新自然的本色，也正因为如此，她成为世界影迷心中无法替代的瑰丽。同年与张曼玉一起选上的佳丽还有48人，而当时的冠军恐怕已经不为人所知了，张曼玉却是我们所不能忘记的。对张曼玉而言，如果她没有保持自己清纯自然的本色，而是随波逐流，追赶所谓的"时尚"，可能也不会得到命运女神的眷顾，不会成为人们正在寻找的新面孔。

也许你感叹自己没有张曼玉般的美丽容貌、修长身姿，也许你曾经抱怨自己没有出生在那个年代，否则自己也可以成为"李曼玉""王曼玉"了。可我们为什么不找找我们与张曼玉共同的特点呢？花样的年华、青春的气息、迷人的笑容、健康的身体，我们也有属于自己的最本色的东西。本色就是不矫揉造作，不过分修饰，把自己最本真的一面呈现出来。现实生活中的我们往往试图通过学习和模仿别人来改变自己，让自己变得更酷，或者更有所谓的"魅力"，但到最后却丢掉了自己。因为不管你模仿得如何逼真，终归是假的。你永远做的是别人第二，永远不会超越别人，反而丢失了自己。

每个人都是世界上独一无二的，别人完全没法复制。一个人，最重要的是要有自己的特色，清纯率真也好，朴实木讷也罢，不要盲目崇拜别人。固然，学习别人的长处，是为了弥补自己的短处，但是为了学习他人而把自己的长处丢掉，便是贻笑大方的事了。宁做自己第一，不做别人第二，保持一个真实和真诚的自己，谁能说你的"本色"不是这个时代正在寻找的"新面孔"呢？

顺境舒展身心，逆境安顿自己

何处才是一个人生命当中最不堪忍受的低谷？

假如，在我们面前摆放着一盆精美的插花，一般人都会以非常愉悦的心情来欣赏它。但是，一旦另一位插花师带来一盆更漂亮的花，我们就会发现之前的那盆花其实并不够好。世间的事，往往你认为最差的，在过去某一个时间，它也曾是最好的；而你认为最好的，可能转眼间就变成最坏的了。

对待生命中的低潮，首先要面对问题，才能解决问题；其次，对待挫折，要把危机当作转机。如此一来，每个自认为置身苦海的人，都应做正面的思考。所谓"正面思考"，并不是要求每个人都去相信人生只有阳光，没有阴暗，阴晴圆缺是必然的，但是，人人都可以做到"在阳光处尽情舒展身心，碰到阴暗时懂得安顿自己"。

圣严法师暮年，身体每况愈下，走路也不像以前那么轻快了。

一天，圣严法师在他人的搀扶下慢慢行走着，他的一位弟子施炳煌看见后紧走几步，来到圣严法师身边。

施炳煌关切地问候法师："师父，您还好吗？"

圣严法师停下来微微一笑，说道："好重！脚好重，似乎快走不动了！"

一瞬间，施炳煌不由得心生感慨，神色间也有些黯然。

到了禅房里，圣严法师一坐下来就对施炳煌说："施炳煌啊，你看看我们的法鼓山像不像极乐世界！"施炳煌一愣，但刹那间只觉得心中一片澄明，跟随圣严法师十多年来的感触瞬间涌上心头。

施炳煌在回忆起这件事时写道："虽然师父走路走得很累，但是他看到了一种很大很广的平静跟祥和，或许是一种法喜，似乎就是我在十几年前，看到他的那一份自在！当我听到他讲这一句话，我也从某些角度中，看到了我心中的理想。"

施炳煌的回忆中，字字句句都是对圣严法师的由衷赞美。这件事之所以会给施炳煌留下如此深刻的印象，一方面是因为圣严法师直面衰老、死亡不逃避不隐匿的态度，另一方面则是法师那一份超然豁达、心无旁骛的境界令人叹服。

其实，人们所遭遇的挫折、所犯下的错误就像蹒跚的脚步、眼角的皱纹一样，往往越遮掩就越容易暴露。生活中，当一些人深陷困境或犯错之时，常常下意识地掩饰自己的窘态，结果往往差强人意，弄巧成拙。

在禅宗中有这样一则故事：

一个和尚挑着扁担匆匆忙忙地赶路，扁担一头的筐里放着一个精致的香炉。

和尚看上去有些心急，以至于一不小心跌了一跤，香炉落地，瞬间摔得粉碎。和尚停下来，低头看看地上的香炉碎片略微停顿了一下，便若无其事地继续向前走。

旁边一个路人忍不住叫道："和尚，你的香炉摔碎了！"

"我知道。"和尚不紧不慢地回答道。

路人不解："那你怎么也不停下，只顾着赶路呢？"

和尚一笑，说："它已经碎了，我停下又能如何？"

和尚所言极是！既然破碎的香炉已无法黏合，又何必为了一堆碎片耽误前行的脚步呢。

人生如潮，潮起潮落的自然规律也是每个人不可逃避的人生轨迹，任何人都有可能被浪头打翻在地，但只要能爬起来，生命就会多出另一份精彩。

淡看世间风光，枯荣皆有惊喜

人人都喜欢观日出，因为那是新生命的象征，也是希望的昭示，然而，却不是每个人都知道这世上生生死死的永不停息。观日落可以定心性，智者不同于常人的地方，在于他们看淡日出，而对日落情有独钟。

其实日出也是无常，落日却是永恒，即生必然走向灭的归宿，能洞察生灭现象者，才是智慧人。日出固然美丽，但其中也饱含着未脱无常的凄美。

药山禅师在庭院中打坐，身边有云岩和道吾两名弟子相伴。禅师坐禅之后，看两名弟子仍然若有所思，便指着院中的两颗老树问道："你们看这两棵老树，已经在寺中经历了上百个年头，如今，这两棵树一枯一荣，你们说，是枯的好，还是荣的好呢？"

道吾回答道："荣的好。"

云岩答道："枯的好！"

药山禅师看着他们，并未讲话，恰逢一位侍者从旁边路过，于是药山禅师便将他喊了过来，问他道："你看院中的这两棵树，是枯的好呢？还是荣的好？"

侍者回答道："枯者由他枯，荣者任他荣。"

药山禅师面露微笑，赞许地朝侍者点了点头。

同一个问题有三种不同的答案，"荣的好"，这表示一个人的性格热忱进取；"枯的好"这表示清净淡泊；"枯者由他枯，荣者由他荣"，这就是顺应自然。所以有诗曰："云岩寂寂无窠臼，灿烂宗风是道吾；深信高禅知此意，闲行闲坐任荣枯。"

花草树木的枯荣与太阳的东升西落，就像昼夜的交替、四季的转换一样，是自然界里极其平常的事情，而一旦与人的个人际遇联系，便会生发出无限感慨，大多数人都会因为美好事物的逝去而感伤慨叹，但实际上大可不必如此。

枯有枯的道理，荣有荣的理由，本无好坏之分，荣枯都好，不好只是个人根据主观感受做出的评判而已。事无好坏，唯人拣择，就像是世上的我们，每一天的起卧作息皆顺其自然，饥来张口困来眠，看似平常，却正是无限的风光！

有一位老师带学生们登山赏雪，雪在山崖树影中交织成一幅美丽无比的画卷，所有人的都被造物的神奇所震慑。

老师站在一棵树下，恰好一滴融化的雪水滴在了他的头上，于是他向学生们提了个问题："同学们，雪融化之后，会变成什么呢？"

学生们异口同声地回答："水！"

老师非常欣慰，对同学们做了一个赞赏的手势。

这时，一个老和尚从旁边经过，他抬头看了看满山的雪色，若有所思地说："雪融化了，难道不是春天吗？"

雪化之后，变成了"春天"，一则生活中随心而至的常识，却绽放出了童话般的美丽。冬天过去，春天将至，日落之后，还有日出，我们又何必自讨纷扰？

日出有日出的精彩，日落有日落的美丽，性格热忱进取者与清净淡泊者都能找到自己的乐趣，却也都有自己的烦恼，热忱的人有时候会疲于世俗生活中的喧嚣与众多不必要的纷扰，而寡淡者也难免会觉得寂寞无聊。

只有真正做到"枯者由他枯，荣者由他荣"的人才能够宠辱不惊，笑看花开花落，静观云卷云舒。

淡定从容，更能让人折服

许多人在遇到紧急情况时，总是会表现出惊慌、忙乱。这种反应对解决问题没有丝毫的帮助，有时反而会令事情越来越糟。唯有淡定从容才是解决问题的最好方法。

日本的江户时期，社会局势很不稳定，当时的武士、浪人都恃自身的武艺而横行霸道。

一次，一位非常有名的茶师被告之将随主人去京城一趟。

茶师对主人说："您看，我手无缚鸡之力，又没有能力保护自己，万一在路上遇到坏人怎么办？我就不去了吧。"

"不行，我每天都得喝你泡的茶，怎么能不带上你呢。我看这样吧，你就佩上一把剑，扮成武士的样子，或许这样就没有人敢惹你了。"主人说。

茶师见无法说服主人，只好换上武士的衣服，跟着主人去了京城。

一天，在京城的大街上，茶师遇到了一个浪人，还来不及避开，那个浪人就举剑向茶师挑衅说："你也是武士，那咱俩比比剑吧。"

"我不懂武功，只是个茶师。"茶师战战兢兢地说。

"你不是一个武士而穿着武士的衣服，就是有辱尊严，你就更应该死在我的剑下！"浪人说。

茶师一想，躲是躲不过去了，就说："你能不能容我几小时，等我把主人交代的事做完，今天下午我们在郊外的南山下见面。"

浪人想了想答应了。

这位茶师直奔京城里面最著名的大武馆，他看到武馆外聚集着成群结队的前来学武的人。

茶师分开人群，直接来到武师的面前，对他说："武师，求您教给我一种作为武士的最体面的死法吧！"

武师非常吃惊地说："来我这儿的所有人都是为了求生，你是第一个求死的。这是为什么呢？"

茶师把与浪人相遇的情形复述了一遍，说："我是一名茶师，我只会泡茶，但是今天不能不跟人家决斗了。求您教我一个办法，我只想死得有尊严一点儿。"

武师说："那好吧，你就再为我泡一遍茶，然后我再告诉你办法。"

茶师很是伤感，说："这可能是我在这个世界上泡的最后一遍茶了。"

茶师做得很用心，很从容地看着山泉水在小炉上烧开，然后把茶叶放进去，洗茶，滤茶，再一点一点地把茶倒出来，捧给武师。

武师一直看着他泡茶的整个过程，他品了一口茶说："这是我有生以来喝到的最好的茶了，我可以告诉你，你已经不必死了。"

茶师说："您答应要教给我方法吗？"

武师说："我不用教你什么，你只要记住用泡茶的心去面对那个浪人就行了。"

这个茶师拜谢过武师后，就去赴约了。

浪人已经在那儿等他。见到茶师，立刻拔出剑来说："你既然来了，那我们开始比武吧！"

茶师一直想着武师的话，就以泡茶的心面对这个浪人。只见他笑看定了对方，然后从容地把帽子取下来，端端正正放在旁边；再解开宽松的外衣，一点一点叠好，压在帽子下面；又拿出绑带，把里面的衣服袖口扎紧；然后把裤腿扎紧……他从头到脚不慌不忙地装束自己，一直气定神闲。

对面这个浪人越看越紧张，越看越恍惚，因为他猜不出对手的武功究竟有多深。对方的眼神和笑容让他越来越心虚。

等到茶师全都装束停当，最后一个动作就是拔出剑来，把剑挥向了半空，然后停在了那里，因为他也不知道再往下该怎么办了。

此时，只见浪人"扑通"一声，就给他跪下了，说："求您饶命，您是我这辈子见过的最有武功的人。"

茶师极具智慧，他用从容、笃定的气势战胜了浪人，真正做到了"不战而屈人之兵"。

心灵的从容、坦荡、平静，有时能胜过利剑和绝世武功。谁在处世时能够做到从容、平静，谁便会成为最后的赢家。

受挫不惊，解困不喜

在我们每个人或长或短的一生中，要经历过许多困境，也会有顺境。困境时不抱怨、不消沉、不自暴自弃，顺境时不得意、不炫耀、不猖狂，这样的人才是生活的智者。

在《动物世界》里有这样一组镜头：

草地上，一只屎壳郎推着一个粪球，急急忙忙地往家里赶。虽然草地高低不平，但这只屎壳郎毫不在意，它推的速度比自己的同类要快得多，显然，这只屎壳郎是快乐的。

在屎壳郎回家的必经之路上，一根伸到路面上的荆棘格外显眼，这根荆棘上有根尖尖的刺，它就成了这条路上的拦路虎。屎壳郎没有发现危险，它依旧专心地、快乐地推着粪球，前进，前进……

也许是冥冥之中的安排，不偏不斜，屎壳郎推的那个粪球一下子扎在那根刺上。

但是，屎壳郎好像并没有发现自己已经陷入困境。屎壳郎正着推了一会儿，不见动静，它又倒着往前顶，还是不见效。屎壳郎还推走了周围的土块，试图从侧面使劲——该想的办法它都想到了，但粪球依旧深深地扎在那根刺上，没有任何出来的迹象。

这时，一位过路的人刚好看到了这一切，他不禁为屎壳郎的锲而不舍好笑，因为对于这样一只卑小而智力低微的动物来说，实在是不能解决好这么

大的一个"难题"的。

就在这个路人暗自嘲笑它,并等着看它失败之后如何沮丧离去时,屎壳郎突然绕到了粪球的另一面,只轻轻一顶,咕噜——顽固的粪球便从那根刺里"脱身"出来。

屎壳郎赢了!

没有胜利之后的欢呼,也没有冲出困境后的万千感慨。赢了之后的屎壳郎,就像什么事也没有发生过一样,它几乎没有做任何停留,便又推着粪球急匆匆地向前去了。

这个路人怔住了,他突然悟到自己在某些方面并不如屎壳郎。比如自己一旦陷入困境,就牢骚满腹,一旦小有成就,就会到处欢呼,而屎壳郎则受挫不惊,解困后不喜,或许,这也是一种大智慧!

小孩子都知道,论智力,论情商,屎壳郎远不及人类,但是,面对生活中突然出现的难题,突然遭受的挫折,屎壳郎解决问题的态度却值得我们人类学习。虽然屎壳郎不懂输赢,不懂得什么是成功,什么是失败,但是它明白这样一个道理:推得过去是生活,推不过去也是一样的生活。

从屎壳郎身上,我们能够悟到这样一个道理,我们平时所抱怨的痛苦、烦恼,也大多是自找的。生活原本不会给人施予这些负面的情绪,而我们之所以会在得失面前表现出大喜大悲,全因放不下名利,而一旦得不到,就心生怨恨,这实在不是明智之举。

一呼一吸间,看透自然的归宿

喜欢月圆的明亮,就要接受它有黑暗与不圆满的时候;喜欢水果的甜美,也要容许它通过苦涩成长的过程。真正幸福的人生,难以圆满。有苦有乐的人生是充实的,有成有败的人生是合理的,有得有失的人生是公平的,有生有死的人生是自然的。

一只飘摇的生命之舟,从时空的长河中缓缓驶来。舟中有一个刚刚诞生的生命，他不会说、不会笑、不会跳、不会闹，也不会思考，他只是沉睡着，远处传来一个声音："你从何处来？要到何处去？"刚诞生的小生命重复道："我从何处来？要到何处去？"

生命之舟在时空的长河中默默前行。忽然，又传来一个声音："等一等！我们想与你一同旅行，请载我们同去！"随着声音传来的方向看去，只见痛苦与欢乐、爱与恨、善与恶、得与失、成功与失败、聪明与愚钝，手拉着手游向生命之舟。痛苦从左边上了船，欢乐从右边上了船；爱从左边上了船，恨从右边上了船……待这些人生的伴侣们进到了船舱，这只飘摇的生命之舟顿时沉重了许多，舱中的气氛顿时活跃了，哭声和笑声接连从舟中传出来。

忽然，又一个喊声传来："等一等，等一等，还有我们。"众人寻声望去，只见清醒与糊涂、路人与朋友双双携手游来。清醒从左边上了船，糊涂却迟迟不肯上去。路人从左边上了船，朋友也迟迟不肯上去。"喂！怎么回事？朋友！糊涂！你们快上来呀！"一个声音招呼着他们。"不！除非糊涂先上去，我才会上去！否则，生命是容不下我的！"朋友说。"不！我也不想上去，我知道我是不受欢迎的！"糊涂说。"请上船吧，糊涂！你知道你在我的一生中多么重要吗？我要得到朋友，首先要得到你，我要成就一番事业，没有你是万万不行的。"船中的生命呼唤着。于是，糊涂犹犹豫豫地上了船，朋友紧跟着也上去了。

飘摇的生命之舟，在时空长河中满载着前行。这时，后面又传来了呼唤声："等一等我，别忘了我！我一直在追随着你哪！"这是死亡的呼喊。在死亡的追赶下，生命之舟一路向前。显然它不肯为死亡停驻，不知是装作没有听见死亡的呼喊，还是不愿听见死亡的声音，但无论如何，死亡依然紧紧地跟在它的后面，寸步不离。

这只飘摇的生命之舟，必须满载着痛苦与欢乐、爱与恨、善与恶、得与失、成功与失败、聪明与愚钝、清醒与糊涂、路人与朋友……在人生的得意与失意间破浪前行。凭山临海不系舟，山水系不住生命之舟，个人的心愿意志也系不住，它有着自我的轨迹，我们只能将其尽量圆满，却不能彻底改变。若想在这茫茫旅途中获得真实的幸福，唯有认清并接受生命中必然存在的缺陷。

人生是一个自然规律

明代学者徐文长写过一首五律《读庄子》：庄周轻死生，旷达古无比。何为数论量，生死反大事？乃知无言者，莫得窥其际。身没名不传，此中有高士。徐氏说庄子"轻生死"，这个"轻"字并非轻视、侮蔑之意，而是表示一种淡然的态度。这种参破生死的态度，早已经消除了对生的执着和对死的恐惧。庄子不为生死烦忧，听从生命的自然安排。道家对生死的态度可从他曾讲述的一个故事窥见一斑。

《庄子·齐物论》中记载了"丽姬出嫁"的故事。

丽姬原本是一个民女，因为皇宫选宫女，她被选中。当时的她哭天喊地，争闹不休。但还是被选入宫中，结果后来当上了皇后，过了清闲一世。而在

她回想当初被选中在家里哭得一塌糊涂的悲惨情形时，就觉得当初是多么的荒唐、愚蠢和无知。同样的道理，在生死问题上也是如此，因为人心怀死亡的恐惧而在临死前拼命哭泣，死了以后若真的有泉下有知一说，估计才知道临死时的哭泣与挣扎都是多余的。生死就是最根本的大问题，所以哲学家常常会思索死亡的问题。所谓"千古艰难唯一死"，如果能够看透这一点的话，人生还会有什么困难呢？生与死是人生旅途中的一个大转折，有着看透生死的勇气，就等于把人生中的生死问题彻底解决了。

　　庄子的妻子去世后，老朋友惠施来吊丧，结果看见庄子席地而坐，两腿叉开。这是一种很不合礼仪的坐法，惠施有些不满了。结果庄子竟然还"鼓盆而歌"。惠施就很生气："你妻子给你生儿育女，与你共同生活，身老而死，你不哭就算了，还敲着盆子唱歌，真是过分。"庄子便告诉老朋友自己的想法，他认为人的生死变化，如同四季运行，春夏秋冬不断变换交替也是自然而然的事情。这是天命，既然天道如此，又何必哭泣呢？看透生死，节哀顺变，一切随遇而安，就不会在人生的旅途中为生死而饱受困扰。一个人活在这个世界上，是顺着生命的自然之势来的；年龄大了，到了要死的时候，也是顺着自然之势去的。

　　生死的问题看空了，随时随地心安理得、顺其自然，自己就不会被后天的感情所扰乱了。生命活着的时候，把握现在的时间，现在就是价值，要回去的时候就回去，所以一切环境的变化、身心的变化也都没有关系，因为这些都是自然本来的变化。这个道理弄通了，就会达到"哀乐不能入"的境界，也就是喜怒哀乐都无所谓，都不入于心中。

失去,生命中永恒的主题

生命的主题就是"失去"。我们每天都需要做好准备,因为我们每天都可能失去一些东西。正如美国著名心理学家威廉·詹姆斯所说的,我们应该善待万物。我们每天都应寻觅那些可爱美好的事物,如同生命会延续一百年。在悲伤的时候,这种习惯会帮助你坚强起来。我们必须努力克制自己,让自己接受那些我们不可能改变也不可能推动的事情。当痛苦的伤口开始愈合并且重新生长时,我们就能够战胜痛苦。我们应该更深地领悟到:你此时此刻所拥有的东西不会重现。如果你认真地生活,你就能充分珍惜眼下的时光,而不会漫不经心地对待每件事。你现在所拥有的也许就是最好的。

可以想一想,生命的流逝也许会让你失去某样东西,或者失去某个人。也许死亡会让你失去爱人;也许你会失去健康;也许你的房子会毁于洪水或火灾;也许你会遇到意外,失去行走的能力;也许小偷会偷走你的艺术收藏品或是首饰。

我们不可能紧紧抓住身外之物不放手,但是我们却可以欣赏我们所爱的人和所爱的事物。你对生活中现在拥有的一切都要怀有真挚的感情。你能够去深深地爱他们,这是你的荣幸,你应该对此心存感激。你所拥有的一切为你提供了美好的生活,如果你对此有深切的理解,那么当你失去一些东西时,你将能够坦然接受。

当你有了新生的孩子,你会对他无比地欣赏和喜爱。时光飞逝,你发现那个纯洁的婴儿变成了一个蹒跚学步的淘气包,你也许还会有些伤感,因为你再也没有抱在怀里的小宝贝了。其实,这只是孩子不断成长的第一阶段,他会继续走向成熟、独立和自主。

要努力以超脱的眼光来看待生活,这样你才能看到生活的全貌和所有的精彩细节。你不要总是盯着生活的阴暗面,而要看见丰富美好的事物。当孩子对你微笑时,这是美好的;当你坐在书桌前,而爱人走到你身后,用手按摩你的双肩时,这是美好的;当你看到美丽的日出,你会很高兴自己的生命在延续，这是美好的。让生活中的美好事物充满你的身心，对任何事情都不要漫不经心。即使你眼下正在失去什么，你也能体会到我们的生命是多么神圣，多么美好。爱绝不会把任何东西全部带走，万事万物只不过是在轮回转变。只要你愿意寻找，美好可爱的事物就在你眼前。

当你经历失去的痛苦时，那些哭泣的人、说错了话的人以及情绪消极的人会使你难以摆脱痛苦。尽管如此，你也要原谅他们。在我们痛苦的时候，社会、家庭和朋友虽然想努力地帮助我们，但不会有多大作用。人们往往都会变得消沉而抑郁。怜悯肯定于事无补，不要相信过多的同情会有什么帮助。对于别人的爱、理解和同情，我们总是要及时表示感谢。

人们的有些表示是善意的，但却会对你产生坏影响，你要拿定主意，不受他们干扰。你不需要别人提醒你的损失有多么可怕，你正在重新恢复，你正在用生命中的所有力量，为自己塑造新的未来。你可以离开人群，不必有什么心理负担。你要保证充足的睡眠，不要接待络绎不绝的访客。当你和别人在一起时，要从事一些积极的活动，以使你精神振奋。去参观博物馆，去茶楼喝茶，或者驾车出游。如果你和家人待在家里，那就做一些点心和家人共品；你可以在屋里摆放花草，擦擦餐具，放你喜欢听的音乐；让孩子们待在你身边，他们知道怎么让你开心，怎么让你破涕为笑。理解自己，也要理解别人。每个人都会受到伤害，只是方式不同、原因不同而已，正因为如此，所以你也要帮助别人摆脱痛苦。他人的损失也就是我们所有人的损失。

别人曾告诉我们，要忍受痛苦，与痛苦相伴。但你尽量不要被别人左右，要相信时间会治愈你的痛苦。不论你在心理上、肉体上还是精神上感到痛苦，你都要放开心胸，全面地看待生活。要反省你的情绪，看看究竟是什么使你痛苦。你是不是真的因为损失、灾祸或可怕的事情而感到痛苦，或者你只是因为别的人、别的事感到焦虑，而这些人和事又与眼前发生的事情有关系。

要明白，即使发生了不幸，你仍然是你。所以，我们要努力平静而安详地面对痛苦。这样，你在体会人生经历的过程中就会有非常平和的心态。你可以为自己和别人做些什么呢？那就是尽可能在痛苦的时候过着正常的生活。要从"失去"的痛苦中有所收获，而不是沉湎于痛苦。生活不是被痛苦左右的。生活的完整性将随痛苦而诞生，你要让痛苦的痊愈期早日到来。

不幸和挑战总是让我们获益匪浅。我们正是通过这种途径来了解自己的美德和内心世界。要善待自己，做那些让你感觉良好的事情。

英国著名诗人威廉·布莱克告诉我们：人生必然要经历欢乐和悲伤，只要我们心中对此不再迷茫，便能从容地面对世间的沧桑。

既然缘变无迹可寻，不如娴雅度过一生

才华横溢、名满天下的李叔同先生，也即后来的弘一法师，其变幻多姿的一生本身就是一个传奇，从风光八面的文化名流转而皈依佛门，在风花雪月的杭州避世而居，潜心修行，从此往昔种种仿佛一切两断。在弘一法师的心念中，浮华红尘中的李叔同已死，而清净佛界的弘一法师方生。这是处在无常中无可奈何、只有束手就擒的大多数人无法领略的境界。

弘一法师的出家动机，显然是以"看见"了无常为基础的。然而，这是否意味着大师的转现僧相是为了要逃避生离死别的痛苦，而急于切断与妻儿、亲友的关系发展，以求避免所谓的情爱执着呢？

鲁迅先生在临死前写过一篇《无常》，无常就是没有定数，是对幻化人生的经典概括。

对于无常所引发之苦，至少有三种："爱别离""怨憎会"和"求不得"。爱恋不舍的偏偏总有尽时，讨厌排斥的偏偏一再重复，想要的要不到、不想要的无法摆脱，如此而让人受尽苦楚。

人生本无常，又何必深陷其中？生命中有太多的偶然，茫茫宇宙有太多的不确定。我们像鱼一样生活在尘网中，越挣扎越紧。回头想一想，我们要做的不是如何冲破这网罗，而是

怎样超脱这张无常尘网,不被它罩住。

出家之后,弘一法师曾作《佛说无常经叙》,推广此部少为人知的佛经,且有言曰:"生逢末法,去圣时遥;佛世芳规,末由承奉。幸有遗经,可资诵讽,每当日落黄昏,暮色苍茫,吭声哀吟,讽是经偈。逝多林山,窣堵波畔,流风遗俗,仿佛遇之。"

这仿佛是大师自道,倾诉他痛感无常而追寻因自受及目睹他人为难忍、不舍无常所受之苦,而在认识无常、接受无常,却又能在了解接受无常之后的茫茫生命变化洪流中保持淡然、悠闲,同时又奋力积极于安然度日的同时不懈于永续付出,服务利益一切众生的情怀。凡此种种,都透露了大师对无常人生感受之深,及其自无常现象中由佛法修习所得之法喜禅悦。

面对的是同样一个因缘所生、幻化无常的世间现象,有人惶恐不已,结果意志消沉,自暴自弃;有人难以承担,故假装忽略而醉生梦死;也有人希求永远霸占而盲目扩张自己的占有控制欲,做得很累、忙碌得很辛苦,结果是无益的"苦行"(抑或"酷刑")。有多少人能在这人人必经、人人同样面对的无常生死问题中清醒过来、超越出去?

弘一法师曾经手书门联曰:"草藉不除,时觉眼前生意满;庵门常掩,勿忘世上苦人多。"此句中确实有真实滋味,悠远芬芳,淡淡久存。狼藉的杂草堆何以生意怡然?关闭的庵门之内何以是无穷的慈悲?看似矛盾冲突的背后其实是绝对的和谐。

山穷水尽之际,转过头来,就此游目四顾,或许你会发现:就眼前脚下的此片林地水光山色一点儿不差,何异于本来日夜赶路寻求的梦里桃源?随手一摘,就得野果果腹,随地一卧,何妨就在此地安歇?快乐和幸福、安心真的需要那么费劲吗?极乐世界真的远在十万亿程之外的山长水远吗?

来到长安,长安只是脚下安然行走的土地;未到庐山,庐山却是梦寐以求的千山之外!天才艺术家达·芬奇说过:"认真度过一日,使人睡得安稳;努力付出一生,使人死得安详。"菩提法师在书中中介绍弘一法师为僧半生的作为:"持戒谨严,淡泊无求,一双破布鞋,一条旧毛巾,一领衲衣,补丁二百多处,青白相间,褴褛不堪,还视为珍物。素食唯清水煮白菜,用盐不用油。信徒供养香菇、豆腐之类,皆被谢绝。"

不是为了要得世人的崇拜称赞,也不是为了邀得后世美名,更非内心空虚而要显异惑众以平衡濒临崩溃的"自我价值感",弘一法师让我们看到的其实只是一个安然度日,"淡有淡的滋味,咸有咸的滋味"的快乐幸福人。

这样的人生令人羡慕,值得我们学习:淡与咸,本来就各有滋味;缘变无常,本来就是天天存在,何以会让人忧心呢?弘一法师的一生值得我们再三细细体会。

"不以物喜,不以己悲"是我们追求的境界

生命中的许多东西都是可遇而不可求的,那些刻意强求的东西或许我们一辈子都得不到,而不曾被期待的东西往往会在我们的淡泊从容中不期而至,因为生命是偶然和必然的机缘,也是内心得自由的体现。生命放达,内心自由,首先就要拥有一颗纯净飘逸的心,随风如白云般漂泊,安闲自在,任意舒卷,随时随地,随心而安。随不是跟随,而是顺其自然、不怨怒、不过度、不强求、不悲观、不刻板、不慌乱、不忘形;不以物喜,不以己悲。

一日,长沙景岑禅师到山上去散步,回来的时候碰到了住持长老。住持问他:"你今天去了哪里?"长沙禅师:"我到山上去散步了。"住持追问:"去哪里了?"长沙禅师:"始随芳草去,又逐落花回。"

长沙禅师所怀抱的心境一片和风煦日,没有狂风暴雨;禅师所体验的世界一片光天化日,没有黑暗罪恶。并不是这世界没有狂风暴雨和黑暗罪恶,而是他的心不受外在环境影响,永远安详、稳定、慈悲、宁静、光明磊落。所以,不论他面对什么样的世界,他的心境始终自在安闲。

"人生不满百,常怀千年忧。"过多的执着造成过多的苦恼,执着于其中不能自拔的人又怎么了解禅者的自有境界呢?"始随芳草去,又逐落花回",心境坦然,悠然无滞,眼前自然是海阔天空,到处会是盎然的芳草,遍地都是缤纷的落花,徜徉其中,天高云淡,鸟语花香,神奇的造物,悠然的心灵,一切如诗话般和谐动人。其中境界就如寒山诗偈中所言:"一住寒山万事休,更无杂念挂心头;闲于石壁题诗句,任运还同不系舟。"

第十五章 ／
十年寂寞心，一朝成名事

清闲无事，坐卧随心。虽粗衣淡饭，但觉一尘不染；忧患缠身，繁扰奔忙，虽锦衣厚味，只觉万状苦愁。

守得云开见月明

在中国，马云无疑是成功创业最好的榜样。马云不可思议的梦已经变成现实。马云的成功经验告诉我们：从小做起，从基层做起，不贪大，不求多，十年如一日，必有所成。

马云在接受记者采访时说："我觉得现在的创业者要有这样一种境界：痛苦地坚持，快乐地去死。创业的过程是痛苦的，你要不断地克服一个又一个的困难，获得更大的成功。百年以后，当你死的时候，你会觉得很快乐：人的一生，我奋斗过了，我得到了快乐。"

马云说："对所有创业者来说，永远要告诉自己一句话：从创业的第一天起，你每天要面对的是困难和失败，而不是成功！你最困难的时候还没有到，但有一天一定会到。困难不是不能躲避，但不能让别人替你去扛。10年创业的经验告诉我，任何困难你都必须自己去面对，创业就是面对困难。"

马云10年取得的任何成功、失败等等经历，就是他最大的财富。

成功的路很艰辛，并不是一帆风顺的，有很多的坎坷，有很多的无奈，有寂寞，有孤独……当你苦苦追求时，却还看不到成功的希望，这时候，成功与否就要看你是否耐得住寂寞。

守住成功也是不容易的，世事变化飞快，商海无常，又有多少人感慨"创业容易守业难"，同样，守业除了需要智慧、进取、执着之外，还需要耐得住寂寞。

耐得住寂寞是商人成功的前提条件，成功之前，只有你一个人踽踽独

行，没有鲜花，没有掌声，没有人会把目光多留在你身上一点，你需要一天天在冷清中度日，而且得前行。

成功了，有了鲜花，有了掌声，但是你这时候，除了考虑自己，还要考虑更多，你的员工、你的发展、你的社会使命……这个时候，你觉得压力会更大，鲜花和掌声的后面，是更多的要求，所以，你在繁荣一片的时候，还得继续忍住寂寞。

成功者，善于调整自己的各种状态，这样，才会立于不败之地，成功者，也必须耐得住寂寞。

不要一开始就想赚大钱，先生存，后发展，积累经验，蓄势待发，终有起色。即使成不了大英雄，也可以做一方豪杰。

人生的辉煌需要成功去证明，经历了撒播种子时的期待，经历了风霜雪雨的洗礼，终于得到了收获果实时的喜悦。从一无所有到财富的巅峰，他们所走过的路与众不同。

成功在于努力，不在于智力，这世界充满了不得志的天才；也不在于教育，这世界充满了博学的穷书生；也不在于你先有多少金钱，这世界充满了无数的败家子。毅力是感到想要放弃的时候保持继续前进的决心和力量。成功是思想和性格的成功。孙正义在被问及软件银行公司成功的秘密时说："所有的一切都开始于一种毫无根据的信念，然后接下来的事情就是坚持力了。"

坚持这还只是第一步，更艰苦的征途才刚刚开始。少数人迈出了第一步，少数人中的少数人，能够历尽各种磨难坚持下来。比如：一直存在的资金问题；一直存在的人才短缺问题；一直存在的竞争压力问题；规模大了一点儿后的管理问题；人员多了一点儿后的沟通问题；业务发展后的策略选择问题；有了一点儿成功之后的心态问题；公司规模大了以后企业政治问题等。绝大多数人的失败不是失败于外部的条件，而是失败于被自己打倒，自我放弃。

无数成功的创业者告诉我们，成功不是将来才有的，而是从决定去做的那一刻起持续积累而成的。身无分文不可怕，没有经验不可怕，只要处处用心，事事留意，只要在合适的时候勇敢地跨出第一步，就能闯出一片属于自己的天空。也许三五年，也许三五万，万事虽难终有起点，亿万家产虽多终有开端，只要坚定不移地走下去，定会有成功的一天。

今天，是一个创业的时代，是一个呼唤创业精神的时代。每个创业者都有实现梦想的冲动，这便是走向创业之路的初始力量。然而创业是艰苦的，是人生的历练，创业需要有一种创业精神。创业精神是一种境界，决定着人们的人生态度，有了这种精神，才能激励人们奋发图强，获得财富与进步。

成功是不容易的，马云的成功更不容易，但是，还有很多普普通通的人，还在通往成功的路上走着，或许他会成功，或许他会倒下，这时候，得看一个人的忍耐力，能否守得住那份痛彻心扉的寂寞。

创业是艰辛的，创业是艰难的，但只要有恒心和毅力，定能守得云开见月明。

创业是一个过程，辉煌是从寂寞开始的

寂寞是考验一个人能否取得成功的试金石。事实证明，许多成功人士在取得辉煌成就之前，都曾经历了漫长的寂寞。

在创业过程中，耐得住寂寞的人更容易成功。发展心理学里有个著名的"糖果实验"表明：那些忍住诱惑的孩子，成年后在事业上更易成功。

实验情况是这样的：美国心理学家瓦特·米伽尔给一些4岁的小孩子每人一颗非常好吃的软糖，同时告诉孩子们可以吃糖，如果马上吃，只能吃一颗；如果等20分钟，则能吃两颗。有些孩子急不可待，马上把糖吃掉了；另一些孩子却能等待对他们来说非常漫长的20分钟，为了使自己耐住性子，他们闭上眼睛不看糖，或头枕双臂、自言自语、唱歌，有的甚至睡着了，终于吃到了两颗糖。

这个实验后来一直继续了下去，那些在他们几岁时就能等待吃两颗糖的孩子，到了青少年时期仍能等待，而不急于求成；而那些急不可待只吃了一颗糖的孩子，在青少年时期更容易有固执、优柔寡断和压抑等个性表现。

当这些孩子长到上中学时，就会表现出某些明显的差异。对这些孩子的父母及教师的一次调查表明，那些在4岁时能以忍耐换得第二颗软糖的孩子常成为适应性较强，冒险精神较强，比较受人喜欢，比较自信、独立的少年；而那些在早年经不起软糖诱惑的孩子则更可能成为孤僻、易受挫、固执的少年，他们往往屈从于压力并逃避挑战。

研究人员在十几年以后再考察那些孩子的表现后发现，那些能够为获得更多的软糖而等待得更久的孩子要比那些缺乏耐心的孩子更容易获得成功，他们的学习成绩要相对好一些。在后来几十年的跟踪观察中，有耐心的孩子在事业上的表现也较为出色。

哈佛大学心理学家丹尼尔·戈尔曼得出结论：自律对一生的成功都非常重要！他在《情商》一书中，把情绪智力（也称情商，EQ）定义为"能认识自己和他人的感觉、自我激励，以及很好地控制自己在人际交往中的情绪的能力"。这一理念很快跨过大西洋，成为英国工业、教育和公共生活领域的主流思潮。

　　一些国际大公司也将情商测试作为选用人才的依据。情商分为5种情绪能力和社会能力：自知、移情、自律、自强和社交技巧。自知，意味着知道自己当前的感受。因为我们整天都忙忙碌碌，所以就无暇顾及反省和自知。一个人的自我形象与其在他人眼中的形象越一致，他的人际关系就越成功。情商的第二个组成部分（移情）能培养同情心和无私精神，并能带来合作。情商的第三部分（自律）是控制自己情绪的能力。情商高的人能更好地从人生的挫折和低潮中恢复过来。第四部分是自强。自强的人能够很好地控制情绪，不靠冲击或刺激就能采取行动。最后，社交技巧指的是通过与他人友好地交流来掌握人际关系的能力。一个高智商的人，完全可以与一个低智商但有着高水平交往技巧的人很好地合作。戈尔曼将高情商与成功联系起来，并以上面提到的"糖果实验"的例子来阐明控制冲动的重要性。"糖果实验"说明自律对人一生成功的重要性。在生活中，寂寞也是对人的一种考验。人有时候需要寂寞，需要在寂寞中思考、认准自己。如果耐不住寂寞，就容易走入歧途。有的人用不良的行为发泄自己，无法在寂寞中把持自己，于是只有在寂寞中堕落。寂寞往往是人放纵自己的绿灯，是腐化堕落的开端。人不在寂寞中升华，便在寂寞中糜烂；不在寂寞中永生，便在寂寞中腐朽；不在寂寞中战胜自己，便在寂寞中成为奴隶。

　　寂寞是洗涤人心灵的最佳清洁剂，是陶冶人情操的最清新空气，是磨炼人意志的最无情时光，是体现人胸怀的最公平秤砣，是检验人品德的最好试金石。寂寞是痛苦，也是快乐，寂寞让人讨厌，也招人喜欢，寂寞既丑恶，也美丽迷人！因为耐得住寂寞的人，才是生活的强者。

　　一位作家说："其实人与人都很相似，不同就那么一点点。"这一点点，在相当程度上就是指一种自我克制的能力。正是由于对自我欲念的调控，才显现出人性的高贵与光辉。

成功是熬出来的

成功的秘诀有千千万万,有人凭靠天赋,有人借助机遇……而有些人却凭着一种"熬"的韧性,几十年来潜心做了一件事,最终由一个几乎被所有人认为"很一般"的平常人,获取巨大的成功。

古希腊哲人苏格拉底说:"许多赛跑者的失败,都是失败在最后几步。跑'应跑的路'已经不容易,'跑到尽头'当然更困难。"一个人的成功往往来自于自己内心的一份坚持,虽然每个人的境遇完全不同,可是他们都没有放弃自己内心的追求!这一点点坚持使他们成为真正的赢家!

鲁冠球起家于一个只有3000块钱无牌照的小型米面加工厂,现在却是一家资产过百亿的跨国集团老总。有的人将他的创业经历归纳为一个字:熬。鲁冠球真的是一点一点熬出来的。

他15岁辍学,20岁开始了第一次艰苦创业。鲁冠球从亲戚那里东拼西凑借来3000块钱,创办了只有一台磨面机和一台磨米机,连牌子都没有的小型米面加工厂。但第一次创业的鲁冠球不仅没赚一分钱,反而欠下一身外债。不得已,只能变卖家产还债。但他总不甘心,于是就有了第二次的创业经历和艰苦的原始积累。

第一次创业后没多久,鲁冠球就又发现在当时铁锹、镰刀没处买,自行车没处修。鲁冠球又勒紧裤腰带借了4000块钱,和5个人合伙开了一个铁匠铺。没有原料,就大街小巷地收废钢废铁,回去后就打铁锹和镰刀,生意越来越红火。公社领导不久就发现了鲁冠球的才能,就让他接管宁围公社农机汽配厂——一个84平方米的烂厂房。他没有丝毫犹豫就答应了下来,变卖了自己所有的家产投入到厂子中。最开始,厂子的产品没有销路,鲁冠球就带领几十名骨干,兵分多路四处打听销售渠道。

终于,他们得知在这一年,山东胶南会举办一次全国性的汽车零部件订货会。这个消息让所有人乐得炸开了锅,鲁冠球用最快的速度租了两辆车,拉着产品和销售科长等人直奔胶南而去。谁知,他们被挡在了会场之外。这让在场的所有人没了办法，鲁冠球也围着会场大门转了好几圈，突然，他盯着场外的空地说："我们为什么不在这里试试？不让进去就摆地摊，我就不信招不来人！"众人就齐手将产品随地摊开，最开始的3天无人问津，就在大家坚持不下去的时候，鲁冠球果断地说："调价！降20%，我看看有没有人来买！"果然，这招吸引了210万订单，农机厂的销路自此打开，工厂也度过了最初的难关。

最初的艰苦磨砺不但使鲁冠球更具经商智慧，也使其具备了优良的品质。他曾经因为收到一位消费者的投诉，就收回3万余件产品，全部销毁，损失达40余万元。他并不心痛，只有防微杜渐，企业才能走得更远。

相比同时期的其他人，鲁冠球获得了一个"商界不倒翁"的名号，因为他的稳，他的持久和反思，更因为他能耐得住"熬"。

一个"熬"字承载了多少意义。如果他不熬，就背负不起艰苦创业的重担，就不能在企业面临困境时，努力地寻找突破口。熬是一种忍耐力和持久力，代表稳定性。鲁冠球用39年的时间将一间小铁匠铺发展成一家跨国集团。39年来，稳扎稳打，步步为营。不冒进、不张扬，默默做事，俯首前行。商界之中，最先揭竿而起的并不一定笑到最后。成大事者往往经得住煎熬，耐得住寂寞。黎明前的时刻是最黑暗的，这段时间也往往最宝贵。只有将自己投入波涛汹涌的大海，才知风的凛冽、雨的瓢泼。而经历了这些，即是为将来打通一条光明大道。所谓的英雄，不是只有鲜花和光环，那些铭刻其身的伤疤，才是最耀眼的勋章。

英国有这样一句谚语："一个人如果有自己系鞋带的能力，那么他就有上天摘星星的机会。"只要你足够坚强，一个庸俗平凡的人也会有成功的一天，否则即使是一个才识卓越的人，也只能遭遇失败的命运。

寂寞是铺就成功之路的基石

寂寞是有群星环绕的明月，身处繁华却孤独清冷。寂寞是被沙漠包围的胡杨，置身荒凉却坚忍顽强。

寂寞犹如月夜独自品一杯香茗，皓月当空，银辉满地，又有清风徐来，茶香悠远，令人赏心悦目，气爽神怡，于是寂寞时有一份淡泊。寂寞是一种心境。寂寞时，即使身边有万人聚集也宛如无形，即使耳旁有笑语欢声也置若罔闻，于是寂寞时有一种宁静。寂寞是一种感觉。寂寞时，即使珍馐美味在前也无心享用，即使玉液琼浆入口也索然无味，于是寂寞时有一丝淡淡的忧愁。

寂寞使人远离世俗，感觉超脱尘世的一种独立与完整，感觉掌握自己的一种实在与安稳。经历了寂寞的洗礼，就可以得到升华，完成对人生的诠释，对生命的认识。太阳是寂寞的，可是它毫不在意，把它的光和热释放出来，照耀宇宙；昙花是寂寞的，可是它不放心上，让它的芬芳洒满乾坤，成为永恒；流星是寂寞的，可是它不以为然，将它的灿烂留给人间，铸成辉煌。

寂寞其实是一种很美丽的东西，因为寂寞一次又一次地敲打着你的心灵，没有原因，没有理由，寂寞就是这样和我们如影相随，害怕寂寞，但是又离不开寂寞。

在浮躁、功利的社会里，有几个人能守住属于自己的心灵家园，又有几个人能耐得住清贫与寂寞呢？

李白说："古来圣贤皆寂寞，唯有饮者留其名。"要耐得住寂寞，得有十年磨一剑的胆量和勇气，得有"我自横刀向天笑，去留肝胆两昆仑"的壮志豪情。

能耐得住寂寞的人，必是勇者，更是智者。古今中外有多少科学家、伟人、名人。他们在无数个日日夜夜里耐得住了寂寞，经过了艰苦的努力，最后赢得了人生的辉煌，为人类做出了伟大的贡献，这都与他们的坚守和耐住寂寞是密不可分的。

著名乒乓球运动员邓亚萍就是这方面的典型。邓亚萍生于1973年，在父亲的影响下5岁开始学打乒乓球。因为身高问题一度被拒于省队、国家队的门外。然而她并没有因此而却步，相反，她耐得住了一个又一个寂寞漫长的日日夜夜，经过无数次的流血流汗，终于浇铸出一个永不言败，一切追求最高、最好、最快的巾帼英雄。

退役后，邓亚萍不但钻研精深的体育课题，更是广泛地参加社会活动，她曾经两次参与了中国申奥活动。2001年2月她从英国返回祖国，担起了申奥形象大使的重任，为成功申办2008年奥运会做出了杰出的贡献。

我国现代数学家华罗庚，1910年11月12日生于江苏省金坛市，1924年初中毕业后，在上海中华职业学校学习不到一年，因家贫辍学，刻苦自修数学。他一生都是在国难中挣扎。他常说他的一生中曾遭遇三大劫难：失学、患重病、腿残疾。但这许多的苦难，并没有压垮他。他反而愈加坚强，愈加刻苦学习，默默忍受着孤单和寂寞，不断攀越着人生的一个又一个高峰。他在广阔的数学领域和国民经济建设中为我国做出了重大的贡献。

寂寞是一种力量，是一种状态，更是一种境界。经得起寂寞，就能获得自由；耐不住寂寞，可能会受人牵制。我要把自己藏起来，独享寂寞的美丽！

永远，永远，永远不要放弃

成功学大师卡耐基告诫人们，挫折是在所难免的，重要的不是绝对避免挫折，而是要在面对挫折时采取积极进取的态度。

1938年，本田宗一郎还是一名学生，就为了研究制造心目中理想的汽车活塞环而变卖了所有家当。他夜以继日、废寝忘食、一心一意地期望早日把产品制造出来，卖给丰田汽车公司。为了继续自己的工作，他甚至变卖了妻子的首饰。功夫不负有心人，最后产品终于研制出来了，并且被送到丰田公司，但却被认为品质不合格而打了回来。为了获取更多的知识，以便能制造出合格产品，他重回学校苦修了两年。终于在两年之后，他赢得了丰田公司的购买合同，实现了他长久以来的心愿。但是此后一切并没有一帆风顺，他又碰上了新问题。二战时期日本一切物资紧缺，政府禁卖水泥给他建工厂。

本田宗一郎没有怨天尤人，也没有抱怨上天的不公平，他相信他一定会成功。与其把时间浪费在找理由和抱怨上，不如加紧行动，以寻求解决问题的新办法。最后他决定另辟蹊径，和工作伙伴一起来研究新的水泥制造方法，终于建好了工厂。战争期间，这座工厂遭到美国空军的轰炸，毁掉了大部分制造设备。然而对于本田宗一郎来说，灾祸并没有结束，在此后，他们又碰上了地震，整个工厂被夷为平地。这时，本田宗一郎不得不把制造活塞环的技术卖给丰田公司。虽然遭到一系列的打击，他仍很清楚迈向成功的路该怎么走，那就是除了有好的制造技术，还得对所做的事深具信心与毅力，一味地抱怨和忧伤、自暴自弃，只会减少自己前进的动力，因此他始终不屈不挠。

二战结束后，日本遭逢严重的汽油短缺，大多数日本人根本无法开着车子出门买家里所需的食物。这时，本田宗一郎又一次看准商机，决定建一家工厂，专门生产用脚踏车改装的摩托车，但是又遇到一个让人头痛的问题：没有资金。

他决定无论如何要想出办法来，最后他求助于日本全国18000家脚踏车店。他给每一家脚踏车店用心写了一封言辞恳切的信，最终说服了其中5000家，凑齐了所需资金。经本田宗一郎改装的摩托车一经推出便赢得热烈欢迎，他为日本战后经济复苏做出了巨大的贡献。本田本人也因此获颁"天皇赏"，随后他的摩托车又外销欧美，同样获得了一致好评，本田宗一郎终于成功了。

我国有一句古语叫作"苦心人，天不负"。无论我们遇到什么样的困难，都应当学习本田宗一郎百折不挠的精神。坚持到底，面对困难永不气馁，这样才能为自己赢得机会。

第二次世界大战后，功成身退的英国前首相丘吉尔应邀在剑桥大学毕业典礼上发表演讲。经过邀请方一番隆重但稍显冗长的客套话之后，丘吉尔走上讲台。只见他两手抓住讲台，注视着观众，大约在沉默了两分钟后，他就用他那种独特的风范开口说："永远，永远，永远不要放弃！"接着又是长长的沉默，然后他又一次强调："永远，永远，永远不要放弃！"最后，他再度注视观众片刻后蓦然回座。

场下的人这才明白过来，紧接着便是雷鸣般的掌声。

丘吉尔用他一生的成功经验告诉人们：成功根本没有秘诀，如果有的话，就只有两个：第一个是坚持到底，永不放弃；第二个是当你想放弃的时候，回过头来照着第一个秘诀去做：坚持到底，永不放弃。

靶子只能有一个

很多人对孔子的人生选择感到困惑：他不辞辛苦地四处游说，只是希望君主们"为政以德"，反而视功名富贵如粪土。庄子曾经这样形容过孔子周游列国的情形："再逐于鲁，削迹于卫，伐树于宋，穷于商周，围于陈蔡，杀夫子者无罪，藉夫子者无禁。"当时并没有人能理解孔子的作为，甚至有人放狂言说："杀死孔丘无罪，羞辱孔丘也不是过错。"但孔子受尽折辱仍不改初衷，把自己的一生都用在了这件"明知不可为之事"上，从未抱怨过命运的不公，一生安贫乐道，乐以忘忧。

明代哲学家王守仁曾说：持志如心痛，一心在痛上，岂有工夫说闲话，管闲事？

这句话的意思便是，如果一个人拥有了唯一一个明确的追求目标，就会专注地追求它，心中再不会容下其他扰人心智的凡俗杂事。孔子之所以能够在颠沛流离之中自得其乐，原因就在于此。

人生好比走路，事先知道自己要去哪里，早早上路，或迟或早，总能到达。如果根本不知道自己想去哪里，漫无目的地寻找所谓幸福，那就只有碰运气了。

目标不专一的人,他再勤劳也是徒劳,就像面对众多靶子犹豫不决的猎人,注意力被分散,满脑子都在衡量每个标靶后的猎物的价值,瞻前顾后,迟迟不敢出手,到最后一无所获,反倒不如一开始就认准一个靶子,追逐、瞄准、心无旁骛,定能予取予求。

人浮于事,乱花渐欲迷人眼,看似是无数的机会,实则无数的选择放大了人类的贪婪,结果是无数的人竹篮打水一场空。

其实越是面对看似无穷的机会,越要让自己的心宁静。就像浑水中摸鱼,浑的应该是水,而不是自己。

是什么让自己的心变浑呢,是人类本性中的贪婪。人类的贪多务得,"吃着碗里的,看着锅里的"。喜得怕失,恨不得自己时时得、刻刻得。

只有静心才能专注,要做到静心,就必须明白只有自己抓得住的机会才是真正的机会,否则只是镜中花、水中月。

《倚天屠龙记》的九阳真经里有一句话"尔强任他强,明月照大江"。你无法左右别人,但是你可以左右自己,得与失都在于对自己的掌控之间。面对眼前无数的标靶,哪怕近在咫尺、一击即中,如果不是你自己擅长的、有把握的,就坚决不要去碰它,也不要在心理上患得患失。

本来无一物,何处惹尘埃

从某种意义上说,我们的头脑和电脑硬盘类似,会把所见所闻的信息都储存起来。但和电脑硬盘不同的是,人脑不仅是一个储存器,还是一片肥沃的土壤,你种下什么就会得到什么。如果耳濡目染皆是熙攘打闹、铜臭色欲,那你的心中绝不会长出一朵空谷幽兰,只会被欲望的藤蔓缠绕窒息、不得安宁,这便是"妄念"的生长模式。

妄念,又称为"妄想"。例如,我们早晨睁眼,脑子里不断想事情,种种念头、种种幻想、公事私事、人我是非、陈年往事,就会像过电影一样一幕一幕地过去，又像奔流不息的瀑布，没有一分一秒停止。心中有很多割舍不下的事或物，那么妄念是很难被清除的。而且这些妄念不会自生自灭，经过一段时间之后逐渐形成固定的观念就长久地占据人的大脑。清除妄念的最好方法就是大量接受真诚、善良、宽容等良性信息，以人的正念取代脑中的妄念与邪念，其他任何人为的强制方法都难以消除思想中的妄念。

六祖慧能禅师称"菩提本无树，明镜亦非台"，主要在于打破修持中对身心的执着。在慧能看来，心生种种法生，心灭种种法灭，染净、圣凡关键在于自心一念，心生善端即为善，心生恶念即为恶。心性自然，本来清净，故云"本来无一物，何处惹尘埃"。

佛陀带领众弟子云游四方十年后，回到了山上寺院前的一块草地上。

佛陀说："十年云游，你们一定增长了许多见识，现在师父给你们上最后一课。你们看，旷野里有什么？"

众弟子一听，都笑了，齐声说："旷野里长满了杂草。"

佛陀又问："你们该怎样除掉这些杂草？"

弟子们很惊讶，他们没想到师父会问这么简单的问题。

第一个弟子说："师父，只要有一把铲子就够了。"佛陀点点头。

第二个弟子说："师父，用火烧。"佛陀笑了一下。

第三个弟子说："师父，在草上撒上石灰。"

第四个弟子说："把草根挖出来，斩草除根就行了。"

待所有弟子们都说完了，佛陀告诉大家："今天的课就上到这里。明天你们下山，按照你们自己的说法去除草，一年后再回来。"

一年后，弟子们都回来了。不过原来他们坐的地方已经不是杂草丛生，它变成了一片长满庄稼的田地。这时，佛陀说："今天我给你们补上这最后一课。要想除掉杂草，方法只有一种：那就是在上面种上庄稼。同样，要想让心灵不荒芜，唯一的方法就是修养自己的美德。"

对待妄念，我们要记住两个词：一个是"不忘"，另一个为"不起"。不忘"见宗自相光明"，不起"遮遣、成立、取舍"等心，这是最最重要的。这样，妄念突起时，不压制它、不随它跑，不产生任何爱憎、取舍之心，才能感悟到逍遥人生。

正如慧能禅师所说："本来无一物，何处惹尘埃。"我们不必将那些不现实的妄念挂于心间,让"妄念"自心生、随心灭吧。佛曰:一花一世界,一草一天堂,一叶一如来,一砂一极乐,一方一净土,一笑一尘缘,一念一清静。这一切都是一种心境。心若无物就可以一花一世界,一草一天堂。参透这些,一花一草便是整个世界,而整个世界也便空如花草。

目标专一,方成大器

每个人的出生背景不同,天赋条件各有差异,但机会均等,人人都有成大器的可能。

这个道理好比狮子追赶猎物,狮子会盯紧前面的目标穷追不舍,即使身边出现有其他猎物,距离前面的猎物更近,它也不会改换目标。这是为什么呢?狮子追赶猎物,不仅是速度的较量,也是体能的较量。只要盯紧前面的目标,当猎物跑累了,十有八九会成为狮子的美餐。如果狮子改换目标,新猎物体能充沛,跑得会更快、更持久,捕捉到的可能性更小。如果狮子不断更换目标,累死了也不会有收获。

禅宗慧远大师悟道,就是一个目标专一的例子。

慧远年轻时喜欢四处云游。

有一次，他遇到一位嗜烟的行人，两人结伴走了很长一段山路后，坐在河边休息。那位行人给慧远敬烟，慧远高兴地接受了。由于谈得投机，那人又送给他一根烟管和一些烟草。

两人分手后，慧远心想：这个东西实在令人舒畅，肯定会打扰我禅修，时间长了一定恶习难改，还是趁早戒掉吧！于是，他把烟管和烟草都扔掉了。

过了几年，慧远迷上了《易经》，每日钻研，乐此不疲。冬日的一天，慧远写信给自己的老师索要寒衣。没想到，信寄出去很长时间，老师还没有寄衣服来。慧远用《易经》所教的方法卜了一卦，算出那封信没有寄到。他想："《易经》固然奇妙，如果我沉迷此道，怎么能全心全意参禅呢？"从此，他再也不学《易经》了。

再后来，慧远又迷上了书法，进步甚快，受到行家好评。慧远又想："我的目标不是成为书法家，何必潜心于书法？"自此，他又放弃了书法。

最后，慧远摆脱了一切爱好的诱惑，一心参悟，终成一代大师。

心灵若是能够专注一心而不散乱，就如同锻炼心灵的肌肉，让心灵充满了力量。人生的意义是极为深广、非常人所能及的，因此也只有极为深广、非常人能及的心灵，才能如实了解自己的价值。

身体的力量，使它有能力完成我们交付给身体的任务；心灵的力量，也同样能够完成我们交付给它的任务。充满着力量的心灵，是不会受到无趣、挫折、失望和不悦的影响，因为心灵已经有能力排除这些负面情绪。

大器，并不独指世俗意义上的"成功"，而是了悟人生真谛，让自我的价值充分地实现，从而从这种付出中获得心灵的安宁与充实，要成"大器"必须先从专一开始，把心训练至柔软、平顺、专一。这就如同一位牧民要训练自己的马匹一样，健壮的马匹未经训练，它是不能从事工作的。经过良好训练的马，会具有很多能力，聪明的马匹能够独自从很远的地方自己回到家里，能够干很多专业的工作。静心也是一样，让奔流不已、纷纭万变的心先专一在一个目标上，使它逐渐安定下来，这样的心才会一步一个脚印地带领你朝目标走去。

清除妄念之草，勤植心灵后花园

曾国藩认为心静如水、不生妄念、淡泊名利、把万事看空，不仅有益于养生，而且也是忍道心境修炼所必需，这与佛家所强调的"断妄念"的观点是一致的。烦恼是什么？就是妄想、杂念。我们头脑中不断想事情，这种想事的心，就是"妄心"。

心的杂乱实际上是妄念纷飞的结果。日常生活中，我们总以为我们能够掌控一切，事实上我们是受妄念左右，而无法拥有真正的自我。因此，真正能够觉知到自己有很多妄念的时候，恰恰说明我们在不断地进步。

中国的传统思想中有很强的"静"的色彩，几乎每一位伟大的思想家都曾在"静"字的基础上立论。《易经》中说："寂然不动，感而遂通天下之故。"《乐记》中说："人生而静，天之性也；感于物而动，性之欲也。"老子说："致虚静，守静笃。"孔子说："仁者静。""静"之一字，蕴含着奥妙无穷的人生真谛和成功谋略。

治妄念的方法有很多，根本还在于不能够有去除妄念的想法和努力。不要总想着"我不能乱想"，而是放开心胸，让念头自己流动。这里让念头自己流动简单地说就是觉知念头，我们只需要做到——当知道心念升起时，直接察觉、觉知就可以了。

南怀瑾说："一笑罢却闲处坐，任他着地自成灰。"虽然是"任他着地自成灰"，但这里的关键应该还在于，当我们觉知到妄念的时候，是否能够不断地提起正念。如果我们没有正念，那无论如何我们是做不到"一笑罢却"的，只能够随妄念天南海北了。就像清除花园杂草的最好办法就是要在花园中种上其他植物，每日辛勤耕耘，不让花园荒芜。"不怕念起，单怕觉迟"，所以不断提起正念，不断察觉、觉知心念，强大敏锐的察觉力是关键。我们应时时训练心的这种能力，让其保持灵敏细致的觉察力。只有觉察的能力得到提高，努力做到了对念头不即不离，不相信也不排斥，只是观察它，当它们发生，你只是旁观者，无论发生什么，就让它发生。安住一念，念念清明，那么自然妄念就淡化了。这一念就是明觉之念，知道烦恼是妄想这一念，观察清楚不随烦恼去，也不压制它。你并没有期望，你只是看，一切的妄念就自然落地成灰。

所以，在物欲的羁绊下，一个人要"静"下来是很不容易的。如果一个人不经历高山，就会对高山仰止；没有得到的，总是有渴求的。人能大彻大悟，就不容易了。因此，思想清静，除私欲，戒妄念，实为修身一大要素。

清心寡欲淡无忧

"夫君子之行，静以修身，俭以养德。非淡泊无以明志，非宁静无以致远。夫学须静也，才须学也，非学无以广才，非志无以成学。淫慢则不能励精，险躁则不能治性。年与时驰，意与日去，遂成枯落，多不接世，悲守穷庐，将复何及！"

这是诸葛亮写给儿子的书信。他教儿子如何做人，强调要实现远大的目标，就必须注重道德修养，清心寡欲，才能集中精力做大事。

清心，就是内心清静而无杂念；寡欲，就是不要有过多的欲望。清心寡欲，保持思绪宁静、神气清灵是养生养神的重要途径。

但在现在社会中，要做到"清心寡欲"四字却越发地不容易。老子说："不见可欲，使民心不乱"，但我们现在一出门，到处是"可欲"之事：我们身边有些人就是喜欢攀比，一直不会满足，你有25寸的彩电，他的是液晶的；你有彩屏手机，他的是能摄像照相的；你有奇瑞QQ车，他的是宝马。总是觉得不满意，总是想追求最新潮的东西。

这些东西真的就那么重要吗？值得为这些东西付出你的青春、你的自由、你的爱情、你的热血吗？其实简单的生活才能有更多的滋味："清闲无事，坐卧随心。虽粗衣淡饭，但觉一尘不染；忧患缠身，繁扰奔忙，虽锦衣厚味，只觉万状苦愁。"

清心寡欲，说的是要做到内心清静，节制嗜欲。头脑里没有非分之欲、邪恶之欲、有悖于法律与道德之欲。古人讲过："寡欲者，其志洁；多欲者，其心贪也。"寡欲之人，不仅对自己生活享受要求较少，清贫朴素，而且追求高尚的道德情操，崇尚精神上的富有。道德高尚是心理健康的基础，精神富有是心理养生的重要因素。孔夫子说得好："大德必得其寿。"诚然，我们所说的清心寡欲，并不是说脑子什么都不想，什么欲望都没有，如金钱欲、权力欲应该少些再少些，而求知欲、工作欲还有对生命的热爱，那是不可少的。

心理学家研究认为，欲望愈高的人，愈容易自寻烦恼；奢望愈大的人，愈容易挫折缠身。物质上的清贫，可以拥有精神之乐；欲望上的清贫，可以舍去烦恼之苦。因为欲望不高，容易产生满足感和幸福感，无怨、无悔、无忧、无虑，自得其乐，自然有益身心健康。

当我们能够品味恬淡的滋味的时候，我们便会发觉，恬淡的滋味最有味。古代圣人以恬淡愉悦的心境为追求，以自乐自得的心态为有功，形体就不会败坏，精神就不会耗散，当身心都处于最佳状态时，我们又何愁幸福不会来敲门呢？

现在应该放下那些阻碍自己前进的想法，清心寡欲，认真把眼前事做好。待时机成熟时，自然能够龙出升天。

认真做好每一件小事

时间是由一分一秒构成的,空间是由一厘一毫形成的。佛祖之所以成为佛,是由无数的事情构成的,无数的功德,无数的修行历程,无数的感悟,无数的付出,救渡了无量无边的众生,一个一个都做到了,最后积累圆满了才成就的。我们做事也是这样,都是由一件小事一件小事积累起来的。

老子曾说:"天下难事,必做于易;天下大事,必做于细。"只要你肯认认真真、踏踏实实地去做,一定会做出成绩、做出精彩的。

用心做好每一件小事,包括我们在家里、在单位、在社会中的每一件小事,而不是去抱怨、批评、挑剔、指责,尤其是要尽自己的本分,这个是最不容易做到的。我们大家往往好高骛远,本分的事情不做,尽是干些好高骛远做不到的事,结果呢,荒了自己的地,种了别人的田,最后一无是处。自己的生活、身心往往一塌糊涂,家庭、事业往往也是障碍重重,为什么呢?就是因为没有用心做好每一件小事,没有尽自己的本分。都想不劳而获,不想脚踏实地去付出、去耕耘,这样的话,怎么可能有真正的收获呢?

我们一定要把自己的心安稳住,用自己有限的精力做好每一件事,不要好高骛远,贪大贪全贪高,最后恐怕会因为没有基础而摔得粉身碎骨、一塌糊涂。

汪中求说:"细节决定成败。"张瑞敏说:"把平凡的事情做好就是不平凡,把简单的事情做好就是不简单。"但是,人们往往热衷于轰轰烈烈,却忽略脚踏实地地做小事,但正是这些小事情,积累着成功、成就着辉煌。不管多么不乐意,也要把手头的事情认真做好,这是一种责任,也是在为自己的卓越之厦增砖添瓦。

西方有一句格言说:"时间和耐心能够把桑叶变成云霞般的彩锦。"我们中的很多人之所以一事无成,是因为我们总是把那些发生在身边的日常细微的小事看得无足轻重,总以为未来有一件惊天动地的大事等待着自己去完成。事实上呢?那样的大事仅仅局限于极个别的人和极个别的时刻。对于绝大多数人而言，那样的机会是没有的。我们生活中时刻发生着的都是些很不起眼的小事情，正是这些微不足道的小事情，构成了我们的人生。

人的心是极纤细的物质，如同几个传送装置接在一起、互相牵动旋转一样，微妙细小的心理活动总是一瞬一瞬地相互重叠活动，绝不可忽视这种心理上的精细状况。幸福的婚姻总是让人们觉得来之不易，实际上不过如此简单而已，注重细节，从小事做起，不要让小事夺走你的幸福。池田大作就曾说过："要说是小事，可能确实是小事。但是有时小事就能成为左右现实的'大事'。一天的喜怒感情也常常被这些小事情所支配。"

人生中的小事情，不仅仅会使你的人生丰富多彩，还会在某一个不经意的时刻，使你走向伟大和崇高。

绳锯木断，水滴石穿，做事一定要专注

关于专注，中国民间的格言甚多。

髫发励志，白首不衰。是说人到了满头白发时，还专注于少年选定的事业。

绳锯木断，水滴石穿，更是突出了专注无坚不摧的作用，令人奋发图强。所以又有：精诚所至，金石为开。

荀子反复说"用心一也"，就是讲专注。历史一再证明无专注即无成功。李白逃学遇老太婆磨铁杵的故事；唐代诗人贾岛，路上入迷地推敲诗句，迎面撞着韩愈的"推敲"故事；美国大发明家爱迪生，5万次实验终于发明电灯的故事；法国作家福楼拜写《包法利夫人》，写到美丽的女主人服毒自杀时，他竟然闻到砒霜的气味，入迷竟至如此……

在专注的心态下，一件事、一桩事业，从一开始便能一步步地进行下去。

一位久负盛誉的企业家在告别职业生涯之际，应多人要求，公开讲一下自己一生取得多项成就的奥秘。

会场座无虚席，奇怪的却是在前方的舞台上吊了一个大铁球。观众们都莫名其妙，这时，两位工作人员抬了一个大铁锤，放在老者的面前。老者请两位身强力壮的年轻人上来，让他们用这个大铁锤去敲打那个吊着的铁球，把它荡起来。

一个年轻人抢着抡起大锤，全力向那吊着的铁球砸去，可是那吊球却一动也没动。另一个人接过大铁锤把吊球打得叮当响，可是铁球仍旧一动不动。

观众们都以为那个铁球肯定动不了，这时，老人从上衣口袋里掏出一个小锤，对着铁球敲了一下，然后停顿一下再敲一下。人们奇怪地看着，老人敲一下，然后停顿一下再敲一下，就这样持续地做。

10分钟过去了，20分钟过去了，会场开始骚动。老人仍然不理不睬，继续敲着。大概在老人进行到40分钟的时候，坐在前面的一个妇女突然尖叫了一声："球动了！"霎时间会场立即鸦雀无声，人们聚精会神地看着那个铁球。那球以很小的幅度摆动了起来，不仔细看很难察觉。吊球在老人一锤一锤的敲打中越荡越高，场上爆发出一阵阵热烈的掌声。在掌声中，老人转过身来，慢慢地把那把小锤揣进兜里。

老人用小锤就可以敲动的球却不能被年轻人敲动，足以看到想要有所成就，就必须有专注的精神和坚持的毅力。

但除了做事态度专注之外，还有两件大事实值得注意，那就是乐趣与自娱。

生活中，专注不是一种枯燥的实践。对于很多因专注而成功的人，在实际的做事与事业追求中他们做事专注，像小朋友搭积木，拆了搭、搭了拆，其乐无穷，乐在其中；辛劳惯了的农民，让他闲上三五天，他便心里发慌，不如在田里勤苦开心；作家码字苦不堪言，但如果一天不看书、不动笔，便会觉得魂不守舍。大抵各行当专注其事的人都如此。所以有位哲人说，人生有一种境界："衣带渐宽终不悔，为伊消得人憔悴"。换一句话说：事业即生命，为它受苦正是人生乐事。做一行爱一行，乐在其中便是专注。因为有乐趣，专注便顺理成章。试问：有什么比有感情更能使人进入专注的角色呢？曹操之于权谋，李白之于诗酒，还有拿破仑之于战争与冒险，毕加索之于绘画。这些人专注其中，既完成了自己的事业，也得到了娱乐。若无自娱的乐趣或让他们放弃心领神会的乐趣，他们便不会有最后的成就。

如果一生只做一件事，做好一件事，也很了不起，这样才能在单一、狭小的领域达到难以企及的高度。一生只做一件事，又能做好一件事是多么美好、多么值得啊，这是最能成就自己、实现自己的捷径。

剔除无谓的欲望，专注人生目标

比尔是个成功的演说家和作家，喜欢在闲暇时间观察鸟类。几年前，比尔买了一幢新房子，附近草木葱茏。入住后的第一个周末，他就在后院里装了个喂鸟器。就在当天日暮时分，一群松鼠弄倒了喂鸟器，吃掉了里面的食物，把小鸟吓得四散而去。在接下来的两周里，比尔绞尽脑汁想出各种办法让松鼠远离喂鸟器，就差没有使用暴力了。但丝毫不起作用。

万般无奈之下，他来到当地一家五金店。在那儿他找到了一种与众不同的喂鸟器，带有铁丝网，还有个让人动心的名字，叫"防松鼠喂鸟器"。这回可保万无一失，他买下它并安装在后院里。但天黑以前，松鼠又大摇大摆地光顾了"防松鼠喂鸟器"，照样把鸟儿吓跑了。

这回比尔拆下喂鸟器，回到五金店，颇为气愤地要求退货。五金店的经理回答说："别着急，我会给你退货的，不过你要理解：这个世上可没有什么真正的'防松鼠喂鸟器'。"比尔惊奇地问："你想告诉我，我们可以把人送到太空基地，可以在几秒钟之内把信息传到全球任何一个地方，但我们最尖端的科学家和工程师都不能设计和制造出一个真正有效的喂鸟器，可以把那种脑子只有豌豆大的啮齿类小动物阻挡在外？你是想告诉我这个吗？"

"是啊，"经理说，"先生，要想解释清楚，我得问你两个问题。首先，你平均每天花多少时间，让松鼠远离你的喂鸟器？"比尔想了一下，回答说："我不清楚，大概每天 10～15 分钟吧。"

"和我猜的差不多，"那位经理说，"现在，请回答我第二个问题：你猜那些松鼠每天花多少时间来试图闯入你的喂鸟器呢？"

比尔马上会意：在松鼠醒着的每时每刻。

原来松鼠不睡觉的时候，98%的时间都用于寻找食物。在专一的用心面前，智慧的大脑、优势的体格节节败退！

要做到更好，并不一定需要款式更新、功能更强大的电脑。它所需要的，是为了目标心无旁骛、投入所有的时间、发挥所有的才干。

但人毕竟和自然界的其他动物不同，我们的一生背负的东西太多，钱、权、名、利都是我们想要的，一个也放不下，这些东西压得我们喘不过气来。有时我们拥有的东西太多太乱，心思太复杂，负荷太沉重，有诱惑力的事物太多。这些事物大大地妨碍着我们的前进，无形而深刻地损害着我们的生活。生命如舟，载不动太多的物欲和虚荣，怎样使之不在中途就搁浅或沉没？我们该选择轻载，丢掉一些不必要的包袱，那样我们也许会多一分从容与安康。

在漫长而又短暂的人生中，我们都会有一些或大或小的目标，在这条通往目标的路上可能是山花烂漫，也可能是荆棘丛生。当我们前行在荆棘丛生的路上，可能会让我们失去信心，退缩不前。有很多能够披荆斩棘的勇士，却会被烂漫的山花迷惑了双眼，最终不能实现目标或者延迟了实现目标的时间。看来，要实现自己的目标并非一件容易的事情，这需要我们专注于自己的目标，用一颗宁静淡定的心克服通往目标途中所遇到的种种挫折和诱惑。

第十六章 /
淡泊容天下，快乐过一生

生活把你压缩到了一个拥挤不堪的小空间里，但你的思维空间却永远不受限制，你心灵的旷野更是没有藩篱。

包容有多少，拥有就有多少

包容的力量是巨大的。由于各种原因，人不可能没有过失，这时，包容就显得尤为重要。因为，将包容给了别人的同时，自己也同样得到了一次机会。

"二战"期间，一支部队在森林中与敌军相遇，发生激战。最后两名来自同一个小镇的战士与部队失去了联系。两人在森林中艰难跋涉，互相鼓励、安慰。

半个月过去了，他们仍未与部队联系上，幸运的是，他们打死了一只鹿，依靠鹿肉又可以艰难度过几日了。然而，这以后他们再也没看到任何动物。剩下的一点鹿肉，背在了年轻战士的身上。

这一天他们在森林中遇到了敌人，经过再一次激战，两人巧妙地避开了敌人。就在他们自以为已经安全时，只听到一声枪响，走在前面的年轻战士肩膀上中了一枪。后面的战友惶恐地跑了过来，他害怕得语无伦次，抱起战友的身体泪流不止，赶忙把自己的衬衣撕下来包扎战友的伤口。

到了晚上，未受伤的战士一直念叨着母亲，两眼直勾勾地。两人都以为他们的生命即将结束，身边的鹿肉谁也没动。天亮后，部队救出了他们。

30年过去了，那位受伤的战士说："我知道谁开的那一枪，他就是我的战友，他去年去世了。在他抱住我时，我感到了他发热的枪管，但当晚我就宽恕了他。我知道他想独吞我身上带的鹿肉，但我也知道他活下来是为了他的母亲。30年了，我装作根本不知道此事，也从不提及。战争太残酷了，他母亲还是没有等到他回来，我和他一起祭奠了老人家。他跪下来，请求我原谅他，我没让他说下去。我们又做了二十几年的朋友，我没有理由不宽恕他。"

生活中，可能会有很多人有心或无心地伤害了你，如果你要逐个去报复的话，那你就会永远生活在痛苦的仇恨里。所以，千万不要养成记恨报复的心理习惯，它会使你的生活失去秩序，行为越来越极端，最后受伤害的还是你自己。所以，人应该学会包容别人，因为包容有多少，拥有就会有多少。

人们之间的误会、矛盾，就如同挡在你们面前的一根立柱，只要轻轻地绕过去，继续前行就可以了。当回过头来看时，这些矛盾和误会其实很渺小，不值得一提。在得到互相包容之后，误会和矛盾立刻会转化为一股强大的力量，让友情更牢固，彼此从中获取的益处比以往任何时候都多。

安德鲁·马修斯在《宽容之心》中说过这样一句启人心智的话："一只脚踩扁了紫罗兰，它却把香味留在那脚跟上，这就是包容。"可见，被包容的人是幸运的，给予包容的人是幸福的。正所谓："人非圣贤，孰能无过，金无足赤，人无完人。"包容可以抚平一颗受伤的心，可以挽救一个自责的人，还可以避免一场战争，甚至可以拯救全人类。

友情如水，宽容是杯

茫茫人海，芸芸众生，你来我往，摩肩接踵，你或许因一件小事、一句不经意的话，使人不理解或不信任；或许别人的一个小小的过失、一句不当的言论，使你心生不满；亦或你的朋友，有意无意地做了令你伤心的事情，你会怎么做？是"以牙还牙，以眼还眼"？还是海涵谅解，对之宽容？如果选择后者，那说明你是明智的。

一个人拥有宽容，生命就会多一份空间，多一份爱心。朋友难免有缺陷和过错，理解、宽容是解除痛苦和矛盾的最佳良药，宽容能升华友谊，使之更高洁、更纯净。

从前，有两个一起长大的人，关系一直很好，以兄弟相称，娶妻生子之后，二人就商量着合伙开一间铺子，这样就不必太过劳累。

铺子开张以后，生意也一直很好，可突然有一天，家中丢了一吊钱。兄弟俩的钱一直放在一个木匣子里，就在店铺的厅里。

这兄弟二人都怀疑是对方偷了钱，于是为了一吊钱，两人吵了起来，并不欢而散，铺子就这样倒了。后来，他们各自有了自己的事业，只是谁都不肯理对方，而原先开铺子的房子也卖给了别人做药铺。

30年后，有个人到这个店买药。他和买药的小生说："30年前，我缺钱花,还在这里偷过一吊钱呢,转眼这里竟是你们的药店了。"

小生一听,说:"原来是你偷了那钱,害得那两个兄弟反目成仇,30年来没说过一句话,还不快快和我去澄清事实。"

两兄弟听到这个消息后,抱头痛哭。虽说事情澄清了,可是二人却失去了30年的感情。

这个因一吊钱而失去了友情的故事让我们深深体会到,学会宽容不仅是为了别人,也是为了自己。当我们总是怨恨朋友对不住我们的时候,我们自己也在受伤害,就像故事中的两兄弟一样。面对朋友曾经的冒犯,何不以宽容之心待之,让昨日的冲突与误会随着岁月的流逝消散,这不仅能让对方认识到你的胸襟和气度,同样也能够保持友谊之树长青。

如果我们真正看重与朋友之间的友情,那我们能做的最勇敢的事就不是和朋友赌气,而是原谅朋友的过错,试着与朋友和好。

如果说,友情是水,那么,宽容就是杯子,是一种生存的智慧、生活的艺术,是看透了社会人生以后所获得的那份从容、自信和超然。

若容不下生活，生活也容不下你

人有一种永不满足现状的本性，叫作"生活在别处"。每个人总感到别人的那种生活方式更飘逸、更舒适，峨冠博带羡慕蓑衣斗笠，长筵广席羡慕疏帘静几，其实乡下的饿汉又何尝不忆烤鸭而流口水呢？连阿Q也觉得城里人的坐法比他们村里人强多了。人们永远不停地在追求一种"再生之感"。一种生活沉积久了，换一种活法儿，犹若再生，这才是人们的真正天性。

有一位哲学家，当他是单身汉的时候，和几个朋友一起住在一间小屋里。尽管生活非常不便，但是，他一天到晚总是乐呵呵的。

有人问他："那么多人挤在一起，连转个身都困难，有什么可乐的？"

哲学家说："朋友们在一块儿，随时都可以交流感情，这难道不值得高兴吗？"

过了一段时间，朋友们一个个相继成家了，先后搬了出去，剩下了哲学家一个人，但是每天他仍然很快活。

那人又问："你一个人孤孤单单的，有什么好高兴的？"

"我有很多书啊，一本书就是一个老师。有这么多老师在时时刻刻都可以向它们请教，这怎能不令人高兴呢？"

几年后，哲学家也成了家，搬进了一座大楼里。这座大楼有七层，他的家在最底层。底层在这座楼里是环境最差的，上面总是往下面倒污水，丢死老鼠、扔鞋子、臭袜子和杂七杂八的脏东西。那人见他还是一副自得其乐的样子，好奇地问："你住这样的房子，也感到高兴吗？"

"是呀，你不知道住一楼有多少妙处啊。比如，进门就是家，不用爬很高的楼梯；搬东西方便，不必费很大的劲儿；朋友来访容易，用不着一层楼一层楼地去敲门询问……特别让我满意的是，可以在空地养些花，种些菜。这些乐趣呀，数之不尽啊！"

后来，那人遇到哲学家的学生，问道："你的老师总是那么快快乐乐，可我却感到，他每次所处的环境并不那么好呀。"

学生笑着说:"决定一个人快乐与否,不在于环境,而在于心境。"

泰戈尔曾说道,人生假如没有对生命和生活的爱,就会活得枯燥无味,与快乐无缘,甚至连生命都失去亮光,连生存都浸透黑暗。此言可谓令人称绝的奇思妙语、烛照古今的真知灼见。

在自己生活的世界中,自己永远处在这个坐标系的原点。能够把握好自己心态的人,就不必在乎他人的财富胜我多少、才气高我几许。因为人与人不仅有差别,很可能是天壤之别。能够明白"人比人,气死人",就会洒脱许多、开心许多、轻松许多。只有你开始对生活敞开怀抱,包容一切的不美好,生活才会真正对你敞开怀抱,让你把人生之路越走越开阔。

气量大一点,生活才祥和

气量是种情操,更是种修养。只有拥有"雅量"的人才真正懂得善待自己、善待他人,人生才会活出大境界。

气量和容人,犹如器之容水,器量大则容水多,器量小则容水少,器漏则上注而下逝,无器者则有水而不容,

气量大的人,容人之量、容物之量也大,能和各种不同性格、不同脾气的人处得来,能兼容并包,听得进批评自己的话,也能忍辱负重,经得起误会和委屈。

一位住在山中茅屋修行的禅师,有一天趁夜色到林中散步,在皎洁的月光下,突然开悟。他喜悦地走回住处,看见自己的茅屋遭小偷光顾了。

找不到任何财物的小偷要离开的时候在门口遇见了禅师。原来,禅师怕惊动小偷,一直站在门口等待。他知道小偷一定找不到任何值钱的东西,早就把自己的外衣脱下拿在手上。

小偷遇见禅师,正感到惊愕的时候,禅师说:"你走老远的山路来探望我,总不能让你空手而回呀,夜凉了,你带着这件衣服走吧!"

说着,就把衣服披在小偷身上,小偷不知所措,低着头溜走了。

禅师看着小偷的背影消失在山林之中，不禁感慨地说："可怜的人呀！但愿我能送一轮明月给他。"

禅师目送小偷走了以后，回到茅屋赤身打坐，他看着窗外的明月，进入空境。

第二天，他在禅室里睁开眼睛，看到他披在小偷身上的外衣被整齐地叠好，放在门口。禅师非常高兴，喃喃地说："我终于送了他一轮明月！"

《尚书》中说："有容，德乃大。"做人只有容人之所不能容，忍人之所不能忍，恕人之所不能恕，忘人之所不能忘，才能理人之所不能理，为人之所不能为，成人之所不能成，达人之所不能达。故事中禅师的大气量不仅让他自己达到了开悟的境界，也如一轮明月一样照亮了小偷本来阴暗的心。

培养自己的气量，要学会容忍，学会宽容，就能够去掉生气的烦恼。《论语》说："小不忍则乱大谋。"容忍是一种健康的心态，是强者的意志，也是明察事理的表现；容忍是"吃小亏占大便宜"，是宽恕的信号，是明智的选择；容忍也可以去掉许多烦恼，省却很多是非。

要心怀坦荡，宽容他人，就必须做到互谅、互让、互敬、互爱。互谅，就是彼此谅解，不计较个人恩怨，既需要他人的体谅，又有义务体谅他人；互让，就是彼此谦让，不计较个人的名利得失，自觉做到以整体利益为重，把好处让给别人，把困难留给自己，相互之间的矛盾就容易化解；互敬，就是彼此尊重，不计较我高你低；互爱，就是彼此关心，不计较品格气质的差异。爱能包容世界，使千差万别、迥然不同的人和谐地融为一个整体，使人间变得更加美好、生活更加祥和。

将怨恨收藏于心，只会让自己再度受到伤害

我们应当给自己的怨恨起个什么名字？生气？尖刻？还是失望？当自己的怨恨开始张牙舞爪时，谁是主要的攻击目标？丈夫？妻子？父母？自己的兄弟姐妹？朋友？孩子，还是其他什么人？

让我们审视一下，在现实中怨恨是如何影响我们的生活情趣、如何降低

我们的生活质量、如何摧毁我们的身心健康的。一般来说，我们在怨恨发作时，所表现出的症状有身体疲惫、情感倦怠、头痛、恶心、心口灼热；感觉孤立，人际关系紧张；脾气暴躁、心态失控、具有报复欲望；麻木冷淡、无法控制言语、常会说出不该说的话，事后懊悔；严重失眠、情绪低落等。有人也许嘴上说愿意摆脱怨恨，但如果事到临头，还是不能自持。

下面这个故事就是一个很典型的因怨伤己的案例：

他是一位颇有成就的副科长，在企业里兢兢业业地工作了近30年，就在他临近退休评正科长时，他的各项条件都已足够，岂料，该企业的总经理却在关键时刻提出反对意见，让他一生为之奉献的工作没能有一个完美的结局。为此他心里对那位总经理怨恨不已，直到很多年后，他心里的那种愤恨仍然不能平息。

就这样，因为心情不好，原本应该安享晚年生活的他，却总是感到身体不适。曾经去医院检查过，也服用了大量的药品，但情况还是没有好转。

后来他的一位做心理医生的老同学知道了他的事，就开导他说：一个人只有做到忘记怨恨，才能从不快的痛苦中解脱出来；否则，无异于拿别人的"错误"惩罚自己。他听后心情就豁然开朗起来，终于从心里忘记了那些微不足道的怨恨，并主动去那位总经理家登门拜访，经过一番推心置腹，双方的误解也就烟消云散了，身体的不适也不治而愈，从此笑容常常挂在他的脸上。

心理学家认为，与怨恨情绪作战的第一步，便是确定怨恨情绪的来源。如果我们能坦白地检讨，就会发现其来源多半在自己这一方。忽略自己的缺陷与弱点，乃是人之常情，就像故事中的主人公一样，多年来他一直在埋怨总经理，却从未想过自己可能也有一些不足是不能够胜任科长职位的；在任何可能的时候，我们总会把自己的短处变成别人的错处，而后加以无以名状的怨恨。心理学家说："我们自己的过错好像比别人的过错要轻微得多。我想，这是由于我们完全了解有关犯下错误的一切情形，于是对自己多少会心存原谅，而对别人的错误则不可能如此。"

发现怨恨的根由之后，要竭尽全力地对付，第二步要做且是最有效的事便是忘记它。

忘记怨恨就是忍耐。对于同事的批评、朋友的误解，过多地争辩和"反击"是不足取的，唯有冷静、忍耐、谅解才是最好的处理方式。

忘记怨恨就是快乐。人人都有痛苦、都有伤疤,经常去揭,会添新伤。如果无法忘却,就会淹没在对过去的懊悔、痛苦和对未来的恐惧、忧虑与烦恼之中。

忘记怨恨就是潇洒。"处处绿杨堪系马,家家有路到长安。"宽厚待人、忘记怨恨,乃是事业成功、家庭幸福的美满之道。

宽容别人也是方便自己

宽容不会失去什么,相反,却会为你聚拢人心。一个人若想成就一番大事,在人际交往中,就不要太计较个人的得与失,而是应将心比心,宽容对待他人过失。

人生是一个多彩的舞台,不断上演着形形色色的人情冷暖、世态炎凉,这时,不要忘记可化干戈为玉帛的宽容。宽容,是胸襟博大者为人处世的一

种人生态度。蔺相如的宽容换来了流芳百世的将相之和，智者总会用宽容这把慧剑，斩断冤冤相报的恶性循环。

有一个老师，她与她的母亲被自己的嫂子杀害，原因之一是嫂子认为婆姑两人常常"窃窃私语"，是在说自己的坏话，长期积怨下来，终于铸成大错。嫂子犯下大错，立刻自首，甚至交代自己的子女不要住在当地，这样会被别人看不起。由此可见，嫂子还是有悲怜之心，但是仇恨之心遮盖了善良，不懂宽容造成这人间悲剧。

事实证明，报复不会让我们获得任何好处，只会与人结怨，自食恶果。对别人的憎恨源于过去不愉快的记忆，我们之所以要记住过去的痛，就是要努力防止自己再度受到伤害，一旦硬将过去搬到现在，你便永远无法摆脱伤痛的威胁。而你若宽容了别人，其实也就是方便了自己。

宽容，应该成为我们的处世哲学。在宽容了他人的同时，也在无形中提高了自己。

在生活中，学会了宽容别人，别人也会包容你，每当你遇到了困难，朋友就会伸出友爱之手。宽容就是我们生活中的润滑剂，能让我们的心清澈如水、温暖如春。

宽容是人格魅力中的要点。一个人以敌视的眼光看人，对周围的人就会戒备森严、心胸窄小、处处提防，就不会有真正的伙伴和朋友，只会陷入孤独和无助中；而宽宏大量、与人为善、宽容待人、能主动为他人着想、肯关心和帮助别人的人，则讨人喜欢、被人接纳、受人尊重、具有魅力，因而能更多地体验成功的喜悦，收获心灵的宁静。

宽容别人，还心灵一份纯净

假如有人曾经伤害过你，即使这样，也不要轻易把他想象成是坏人，认为他是故意的，甚至怀疑他以后会加害于你。

我们会保护自己，以后会防范他，但没有必要总是存着猜疑、充满敌意。

用同样的方法处理你在生活中遇到的事情，宽容待人，只有心里不带有任何猜疑或仇恨，我们心灵的清泉才会恢复到最初的纯净，才能享受到生活的美好。

齐襄公死后，两个异母兄弟公子纠和公子小白分别从鲁国和莒国回齐国争夺王位。管仲是辅佐公子纠的，在回齐国途中曾箭射公子小白，为公子纠清除竞争对手。但公子小白并没有死，反而抢先回到齐国都城临淄夺取了王位，他就是历史上著名的齐桓公。

结果公子纠被杀，管仲被囚送回齐国。齐桓公本来对管仲有刻骨之恨，想杀死他，后来齐桓公听了鲍叔牙的劝告，不但没有杀管仲，还亲自出城迎接，任命他为相。齐桓公九合诸侯，一匡天下，成为春秋时代的第一位霸主，这和他不记一箭之仇，原谅并重用有治国之才的管仲是分不开的。

大多数人都一致以为，只要我们不原谅对方，就可以使对方得到一些教训，也就是说："只要我不原谅你，你就没有好日子过。"其实，倒霉的人还是我们自己：一肚子窝囊气，甚至连觉也睡不好。就像齐桓公如果不原谅管仲，他就会失去一位良相，用一时之快招来了终生的后悔莫及。

憎恨的情绪使人一再地浸润在痛苦的深渊里不能自拔，反复数落对方的不是，不断地懊悔自己当初所做的种种不理智的行为。憎恨的情绪持续在心里发酵，可能会使生活变得杂乱无章，失去正常的秩序，严重的有可能使行为变得越来越极端，最后一发不可收拾。

有一位学生总是抱怨生活贫乏无味、人生崎岖百折，于是整天都郁郁寡欢，老师看到他这样十分着急。

终于有一天，老师想出了一个办法。他把那位学生叫到身边来，让他把一包盐倒入一个小杯子中，然后尝尝它的味道，"感觉怎么样？"老师问道。"又咸又苦，老师，您为什么突然要我喝这个呢？"学生疑惑不解地问道。"呵呵，你别急，一会儿你就会明白了。"

老师又把学生带到一个清澈的水潭边，将同样的一包盐倒入潭水中，然后让学生再尝尝水的味道。"现在，你感觉味道如何？""味道很好，甘甜清爽，完全没有盐的咸苦味儿。"听到这话，老师会心地笑了，学生也从中悟出了老师的用意，心中豁然开朗。

这则小故事想要告诉人们的就是一个关于人的心胸的问题：同样分量的

盐，倒在不同容量的水里，就会产生不同的效果。如果拥有一颗宽容的心，便不难淡化这世间的烦恼与苦闷，再多的"苦难之盐"也无法破坏我们心灵的纯净。

宽容和忍让是一种大智慧

谁都有个人利益受到他人有意或无意侵害的遭遇，为了培养和锻炼良好的心理素质，你要勇于接受忍让和宽容的考验，即使在感情无法控制时，也要管住自己的嘴巴，管住自己的大脑，忍一忍，才能抵御急躁和鲁莽，控制冲动的行为。如果能像下面故事中的吕蒙正那样再寻找出一条平衡自己心理的理由，说服自己，就能把忍让的痛苦化解，产生出宽容和大度来，这才是真正的大智慧。

《宋名臣言行录》中记载了宰相吕蒙正的故事。吕蒙正中进士后没几年就当上了参知政事，在当时相当于副宰相之职。有一天早晨上朝，听到有人隔帘指责他资历太浅不能居参政之职，吕蒙正装作没听见。随行的同僚要为他追查说此话的人，吕蒙正却说："如果我知道这个人的姓名，我还会耿耿于怀，这有什么好处呢？再说，不追究此事，对我也没有什么损失。"正是因为有着这般的宽容大度，吕蒙正辅佐太宗完成了巩固宋初统治的大业，成为一代名相。

生活中有许多事当忍则忍，能让则让。忍让和宽容不是怯懦胆小，而是关怀体谅；忍让和宽容是给予、是奉献、是人生的一种智慧，是建立人与人之间良好关系的法宝。一个人经历一次忍让，会获得一次人生的亮丽；经历一次宽容，会打开一道爱的大门。

森林里，狗熊突然闯进了小蜜蜂的家。它趁着蜜蜂都外出采花粉时，偷吃了一大桶蜂蜜，然后溜回了自己的家。

小蜜蜂回家后，见辛辛苦苦酿的蜜被狗熊偷吃了，都十分气愤，它们聚集在一起，商量着要去找狗熊报仇。

一位过路的神见了，便说："你们原谅狗熊一次吧，不然，你们报复它的同时，自己也会受到伤害。"

"不，此仇不报，我们心中的怨气就难消。"领头的那只小蜜蜂对神说完这句话后便领着其他的伙伴浩浩荡荡地出发了。

正在家里酣睡的狗熊被嗡嗡声惊醒，才发现自己被成千上万只小蜜蜂团团包围。狗熊忙爬起来逃命，可小蜜蜂仍穷追不舍，它们纷纷把身上的毒针狠狠地向狗熊刺去。

狗熊浑身被刺得全是大大小小的包，又痛又痒了好几天。而那些把毒素留在狗熊身体里的小蜜蜂，回去后没多久就全死了。

以上故事告诉我们，宽容和忍让是制止报复的良方，你经常带上这个"护身符"，保你一生平安。因为擅于宽容和忍让的人，不会被世上不平之事所摆弄，即使受到了他人的伤害，也绝不冤冤相报，宽容忍让会时时提醒自己："邪恶到我为止。"

宽容是滋润心灵的甘泉

宽容是做人的一种境界，它如一眼滋润心灵的甘泉，它是送给他人也是送给世界的最好礼物。如果把仇恨仅仅当作仇恨，那么它除了禁锢人的心灵外，一无是处。假如用宽容代替仇恨，它能带给人们与人为善的力量，你就会觉得绿水青山、碧云蓝天，无一不是令人赏心悦目的彩图。

第二次世界大战期间，苏联在付出巨大的代价之后，终于取得了莫斯科保卫战的胜利，人们纷纷涌向街头庆贺。只见成千上万的德国战俘被荷枪实弹、威风凛凛的苏联士兵押解着走进莫斯科。

战俘过来的时候，这些原本善良的人们愤怒了，就是这些战俘让他们失去了亲人。对敌人满腔的仇恨和失去亲人的哀伤交织在一起，人群开始出现骚动。有人大喊"打倒法西斯"，有的直接就拥上前去撕扯战俘。负责维持秩序的警察企图阻止，可是在汹涌的人潮中根本就无济于事。最后警察和士兵手拉手组成人墙，才勉强将人潮挡住。

战俘低着头慢慢地走过，他们个个衣衫褴褛，步履蹒跚，好像每向前迈一步都十分艰难。他们有的头上裹着绷带；有的失去了双腿，躺在担架上不断发出痛苦的呻吟；有的明显是失聪了，脸上没有任何表情，一片茫然。他们面对激怒的人群，出于本能，目光中充满了恐惧，不断向后退缩，有的甚至吓得瘫软在地。担架上的重伤员，更是满脸的恐慌和无奈。

这时，一个中年妇女在混乱中挤过人墙，冲到一个受伤的战俘面前举拳要打。当她走近的时候，却没把拳头落下来。眼前的战俘头上打着绷带，破烂的军装上沾满血迹，脸上的稚气显示出他还不到20岁，面对举起的拳头，他无法躲闪，只是闭上了眼睛，流下了不知是害怕还是愧疚的泪水。中年妇女呆呆地站在那里，怔怔地看着这个年轻的战俘，心头一阵剧痛，她好像从这张充满稚气的脸上看到了她刚刚战死的儿子的影子。

妇女犹豫了一下，叹了口气，拳头无力地垂了下来。妇女从怀里掏出一块用纸裹着的面包，轻轻地递到了他的面前。年轻的战俘几乎不敢相信自己的眼睛，他惊恐地目视着妇女，不敢伸手去接。直到妇女硬塞给他时，他才如梦初醒，抓过面包连纸都顾不上撕就塞向嘴里，看来他已经几天没吃东西了，饿得什么都顾不上了。妇女用颤抖的双手轻轻抚摸着战俘的头，失声痛哭起来。

悲痛的哭声撕心裂肺，骚动的人群一下子静了下来。人们惊呆了，一个个用惊异的目光注视着眼前的一切。空气仿佛凝固，整条大街一片死寂。良久，人们好像才醒悟过来，这时，出人意料的一幕出现了：那些老人、妇女、孩子，纷纷拿出自己的面包、火腿、香肠等各种食品，慢慢向受伤的战俘走去……

或许你也有过伤心的往事，遭受过不公平的待遇，或许有人曾侮辱过你……未来的路还很长，这世界有很多东西，远比复仇更值得我们去追求，让宽容的甘泉滋润你受伤的心吧，当伤口愈合，你会重新感受到生命这场奇遇的美好。

宽容是一种风范

宽容是一种高贵的风范、崇高的境界，是精神成熟、心灵丰盈的体现。有了这种风范、这种境界，人就会变得豁达，变得成熟；宽容是一种仁爱的光、无上的福分，是对别人的释怀，也是对自己的善待。有了这种光芒、这种福分，就会远离仇恨、避免灾难；宽容是一种生存的智慧、生活的艺术，是看透了社会、人生之后所收获的从容、自信和超然。

学会宽容、诚实和正直是"学会做人"的基本条件，也是"擅于做人""敦厚做人"的基本教养。宽容是精于做人的首选风范，只有拥有了它，诚实和正直才会真正地有用武之地，我们应宽容他人无意中对自身所造成的损害，也要宽容自己无意中造成的失误。

有一个小女孩，把她的小狗带进了一家商场。当小女孩突然看到墙上"严禁携带小狗入内"的警示牌时，她马上意识到自己的行为出了问题，并紧张地看着迎面走来的商场工作人员，等待着训斥和惩罚。

然而，工作人员却笑呵呵地问她："啊，多么可爱的小狗，它叫什么名字？"

女孩儿轻轻回答："贝贝"。

工作人员又笑了笑，摸着小狗的头，说："亲爱的贝贝，你怎么糊涂了？我们这儿是不准小狗带小女孩进来的，但既然来了就不为难你了。但离开的时候请记住，千万别忘了带走你身边的这位小姑娘啊。"

很多时候，这个世界并不需要更多悲痛的哀鸣和愤怒的责难，或许更需要的是一种宽容，因为宽容有时更能成为一种拯救，拯救他人也拯救自身，使被宽容者得到身心的解放。

生活中很多时候就是这样，或许你不经意的一个善举，就可以感化一个迷失的灵魂、温暖一颗冰冷的心。

人性本善，很多人并非天生就是恶人，只因为某种原因才会一时冲动，让我们用一份宽容去唤醒那迷途的羔羊，让一个强盗放下屠刀，这是功德无量的善举。

世界上有无数的人等待别人的宽容，宽容的受益人不只是被宽容者，还有那些宽容他们的人。

在生活中，我们宽容了他人，换来的是他人的涌泉相报。因为你不仅宽容了别人的过失，也在无形之中扩展了自己的生活之路。

在职场中，我们宽容了同事，换来的是同事的鼎力相助。相反，过分的计较只会让你成为职场中的"孤家寡人"，在这个以团队为上的竞争时代里，你只会离别人越来越远。

正如某位智者所说，你待人的心有多宽，你的路也就有多宽。

心宽之人，看世界满是鸟语花香

有智慧之语曰："心宽则乐。"静心，首先要把心养"宽"——心宽体健、心平气和，五体安宁。可以说，唯宽可以容人，唯宽可以载物。无论对谁来说，都没有一帆风顺的人生——"比大海更宽阔的是天空，比天空更宽阔的是人的心胸。"即便是生活把你压缩到了一个拥挤不堪的小空间里，但你的思维空间却永远不受限制，你心灵的旷野更是没有藩篱。所以心宽之人，看世界满是鸟语花香，而生命的迷人之处也正在这里。

有这样一则民间故事：

有位秀才第二次进京赶考，住在一个以前住过的客店里。考试的前两天他接连做了两个梦：第一个梦是梦到自己在墙上种高粱；第二个梦是下雨天，他戴了斗笠还打伞，秀才认为这两个梦似乎意味着什么，于是他第二天赶紧去找算命先生解梦。

算命先生一听，连拍大腿说："你还是回家吧，你想想，高墙上种高粱不是白费劲儿吗？戴斗笠还打雨伞不是多此一举吗？"秀才一听，心灰意冷，回到客店收拾包袱准备回家。

客店老板非常奇怪，问道："不是明天才考试吗，你怎么今天就回乡了？"秀才就将算命先生的说法向客店老板说了一番，客店老板乐了："咳，我也会解梦的。我倒觉得，你这次一定要留下来。你想想，墙上种高粱不是高种（中）吗？戴斗笠打伞不是说明你这次是有备无患吗？"秀才一听，觉得客店老板的话比算命先生说的更有道理，于是精神振奋地去参加考试，居然还高中了榜眼。

和故事里的秀才一样，很多时候，心结困顿了我们的心灵，破坏了我们的情绪，让我们看不到身边的美景，享受不了人生的快乐，徒然增添了许多不必要的烦恼。人生如果背负太多的东西，就不可能走好，也不可能走远。

遇事不要总往坏的一面想，自找麻烦，钻牛角尖，不问自己得了什么，只看自己失去了多少，情况会越来越糟糕，心情会越来越低落；如果能从积极的方面看问题，那么就会有一个截然不同的结果，做起事来也会越来越得心应手。

因此，人在失意时要懂得放下心结，凡事要看开，这样才会活得更快乐。一件事情，心胸狭隘的人只会看到阴暗面，而心宽的人会看到洒在开阔之地的阳光。

总之，失意在所难免，权且把心放宽。